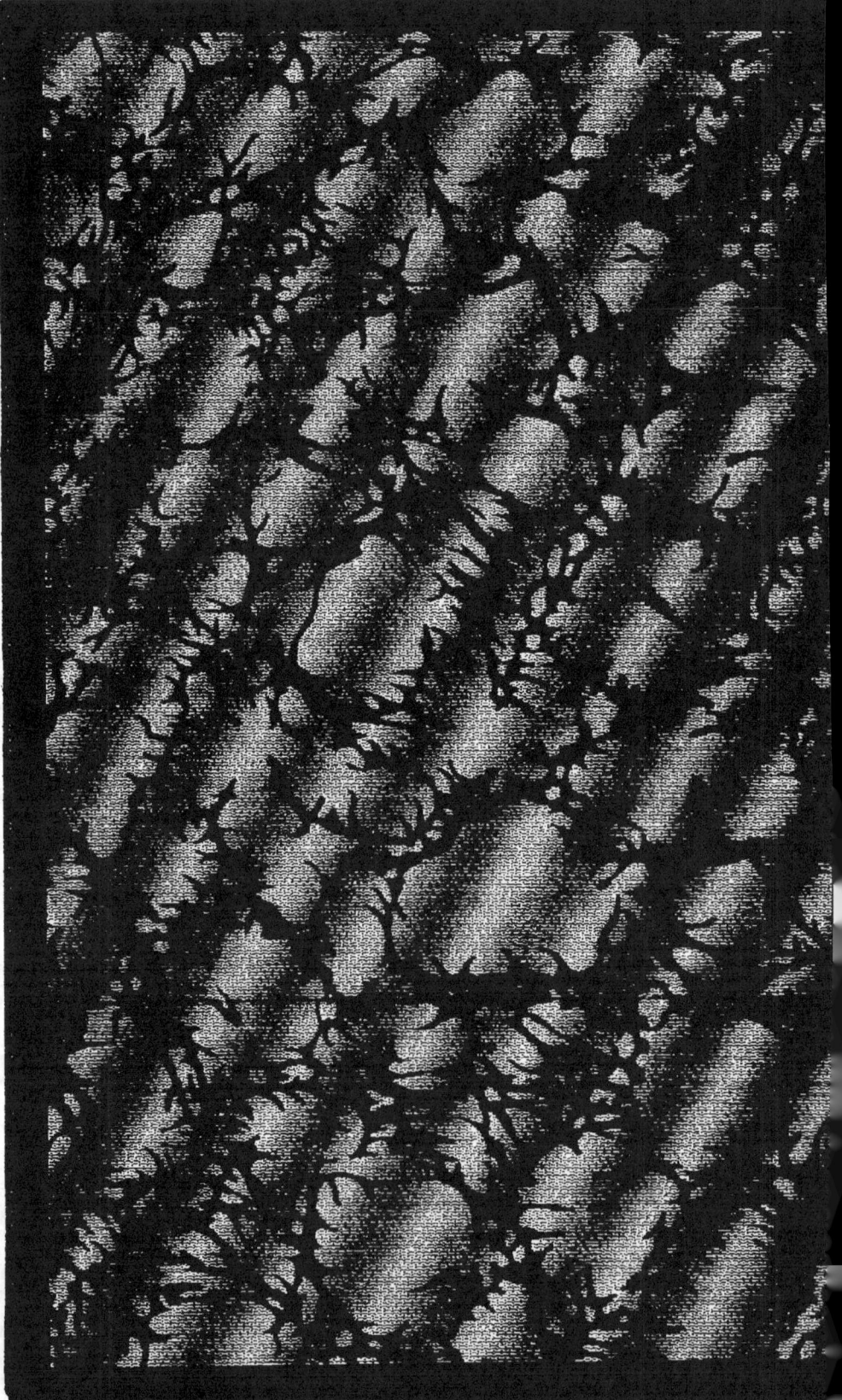

CAUSERIES & SOUVENIRS

1914-1915

UN COMBATTANT DE LA GRANDE GUERRE

GÉNÉRAL BON

CAUSERIES & SOUVENIRS

1914-1915

Préface de Gabriel BONVALOT

PARIS

H. FLOURY, ÉDITEUR

1, BOULEVARD DES CAPUCINES, 1

1916

PRÉFACE

Un auteur latin, je crois, a dit que les anciens Romains avaient laissé peu d'ouvrages parce qu'ils étaient trop occupés « à faire de l'histoire pour l'écrire ». C'est que, dans tous les temps, les hommes d'action, à l'image des faiseurs d'Empire qu'étaient les ancêtres de Salluste, ont eu peu de goût pour l'écriture. Ils agissent aussi longtemps qu'ils le peuvent et ils ne se reposent que dans la tombe. Où trouveraient-ils le temps de raconter leurs gestes ?

Des exceptions confirment cette règle. Car il arrive parfois qu'un guerrier de haut bord, qu'un grand batailleur, qu'un conquérant jouisse d'un repos forcé par suite de circonstances indépendantes de sa volonté. Et l'on a les mémoires de Villehardouin, ceux de Joinville, les commentaires de Montluc et les souvenirs de Napoléon.

Les « Causeries et Souvenirs » ont paru dans la France de Demain *sous la rubrique « Billets d'un mutilé ». L'auteur a été arrêté net dans sa carrière militaire, après avoir pris part jusqu'au printemps dernier à la plus grande, à la plus surprenante et à la plus inédite des guerres.*

Les péripéties en ont été si inattendues, les modes si différents des théories en cours, que ceux qui épiloguent sur ce drame sans en avoir été les acteurs, sont forcément désorientés. Leur expérience passée, leurs études, leurs méditations sur ce qui était arrivé, ne leur fournissent pas une clarté suffisante sur une action où sont aux prises des millions et des millions de combattants.

Aussi, fut-ce une bonne fortune pour la France de Demain *d'avoir eu pour parler sur le sujet qui absorbe l'attention de tous, un général qui a vu les Boches de près. Tout en participant à cette campagne, il a observé avec les yeux d'un homme de métier, avec le regard aigu d'un patriote, sans que l'occupation que lui donnait une lourde responsabilité lui enlevât la vision des choses et l'appréciation des individus.*

La consigne étant de rompre à peine le silence, l'auteur sait se taire. L'heure des explications n'a pas encore sonné.

Les « Causeries et Souvenirs » ont cette saveur unique de la grappe qu'on mange aussitôt après l'avoir cueillie. Ils sont tracés du même crayon qui prit des notes au soir du combat ou de l'étape. L'auteur n'avait pas secoué de ses bottes la poussière du champ de bataille qu'il nous disait ses impressions.

Son style est tout à fait de circonstance. Pas de périphrases, pas d'« astragales », ni de « festons », particulièrement odieux au moment où le canon gronde sans arrêt et où les « vies s'échappent par les larges blessures ». La pensée va droit au but comme une balle. La source où puise le « Mutilé » est la vie même. Pour nous mieux expliquer le présent, il recourt à ses souvenirs, tantôt il emprunte à Shakespeare, tantôt il nous ramène à Montaigne, puis il nous révèle ce qu'il a entendu de la bouche de certains grands de la terre. De temps en temps, il se sert de l'apologue et laisse deviner ce qu'il ne peut expliquer.

En sa compagnie, on revit les bivouacs, les marches irréfléchies, les retraites, la tension nerveuse de la lutte, les angoisses des nuits d'attente, les indécisions de certains chefs. Dans ces « Billets » alertes, relevés par les réflexions les plus judicieuses, on ne voit pas trace de cette littérature traînarde dont certains abusent. C'est un soldat doublé d'un homme d'expérience qui vous parle. Ses idées générales font un cadre solide à des croquis qui ne sont disparates qu'en apparence.

C'est un adversaire du pessimisme, il a l'entière certitude du succès final. Il vous rassure d'un mot sur les victoires partielles de l'ennemi. Il les appelle des « Victoires blessées à mort », selon l'expression de Lacordaire.

Il ne nie pas les qualités de l'ennemi, mais il n'ignore

pas non plus les nôtres. Il rend hommage aux soldats français, ces « merveilleux instruments de guerre », qui gardent leur gaieté au milieu des plus dures épreuves et qui sont prêts à tous les sacrifices.

Le retour des anniversaires lui est une occasion de nous faire revivre des épisodes émouvants. Convaincu que le temps est réellement notre allié, il nous conseille la patience, parce qu'il est évident que nos ennemis ne sauraient durer aussi longtemps que nous, ni renouveler les gigantesques efforts du début, alors qu'ils avaient mille raisons de croire à la victoire, car nous n'étions pas prêts. Depuis, nous nous sommes tous appliqués à réparer nos erreurs et nos négligences, ce qui a fait passer de notre côté les chances que les Allemands possédèrent autrefois et dont ils n'ont pas pu profiter.

Les « Causeries et Souvenirs » vous intéressent, vous instruisent, et vous remontent ; jamais ils ne vous ennuient, c'est le plus bel éloge qu'on puisse leur adresser.

GABRIEL BONVALOT.

GUERRE DE 1914-1915

CAUSERIES ET SOUVENIRS

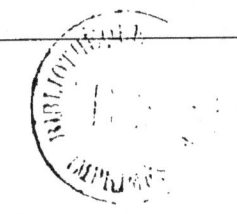

1er Mai 1915.

Vision d'avenir.

Comment ! nous ! au front, nous sommes gais, pleins de courage et d'espoir. Je dis plus : nous avons la certitude du succès final. Nous sentons que les forces naturelles, morales et même surnaturelles combattent toutes en notre faveur. Nous voyons approcher le moment de la victoire.

Et vous, civils ! vous faites de la stratégie, ou de la tactique en chambre. Vous n'y comprenez rien et vous discutez sur tout : sur l'échec de la côte 196, sur la prise de quatre mitrailleuses et, hochant la tête, vous dites : « Ce sera toujours comme ça, ça n'en finira pas et comment cela finira-t-il ? »

Mais si ! vous dis-je, ça finira ! ça finira bien !

Hélas ! je ne suis pas un académicien, je ne suis qu'un vieux soldat mutilé.

Je ne puis plus entraîner mes soldats ; je veux essayer d'entraîner les civils et d'étouffer parmi eux la voix des pessimistes.

Moi ! je vous dis que nous les tenons les Boches. Nous les aurons !

N'entendez-vous pas déjà les craquements sinistres, précurseurs des catastrophes ? Ne voyez-vous pas l'agitation saisir les peuples désireux de bénéficier de la victoire ? Ne sentez-vous pas se développer les sympathies des neutres pour notre cause ?

Excellents symptômes !

Oui, nous les tenons ! tout va bien ! C'est bien aux Allemands que s'applique l'oracle de l'Évangile du premier dimanche de la guerre (IX⁰ après la Pentecôte).

« Il viendra des jours malheureux pour toi *et tes ennemis t'environneront de tranchées ;* ils t'enfermeront, te presseront de tous côtés et te renverseront à terre. »

Et ils sont pressés, environnés de tranchées et bientôt viendra le jour, où, derrière le mur d'acier qui abrite les soldats du Kaiser, il n'y aura plus le nombre de poitrines suffisantes pour l'empêcher de s'écrouler.

Le colosse s'effondrera, et, comme Henri devant le cadavre de Guise, vous serez surpris de le trouver si grand. Petits soldats, vous pourrez être fiers : encore une fois David aura abattu Goliath.

Mon grand-père était corsaire.

Mon arrière-grand-père était corsaire, son père l'était aussi. Les corsaires étaient gens d'honneur, aussi le Roi fit-il de mon arrière-grand-père le premier lieutenant de vaisseau, non noble, de France. La Convention lui donna une écharpe d'honneur. Je sens parfois chez moi les sentiments du corsaire ! Je n'ai pas l'âme tendre ! Eh bien ! J'ai pleuré, en apprenant le forfait des pirates qui ont coulé la *Lusitania*.

J'ai vu tomber, près de moi, deux colonels; j'ai vu enlever, à la fleur de l'âge, les plus brillants officiers, que j'aimais comme des enfants; aujourd'hui, j'apprends la mort du plus beau soldat que j'aie connu, et je n'ai pas pleuré !

Je ne puis dire que j'aie envié leur sort, l'âme humaine n'a pas de pareils héroïsmes ; mais je me sentais prêt à faire gaîment le sacrifice de ma vie.

J'avais été ému au spectacle des émigrants fuyant leurs foyers que nous étions impuissants à protéger.

Aujourd'hui, devant des milliers d'hommes, de femmes et d'enfants qui ne faisaient pas la guerre, et qui sont engloutis dans les flots, j'éprouve une profonde pitié.

C'est bien la race maudite ! Elle a l'orgueil de Satan,

avec sa cruauté. Son âme se complaît à la mort des innocents. Elle sent qu'elle va périr, il faudrait que l'univers pérît avec elle.

La voix de ces martyrs s'élèvera contre toi, Allemand ! et du fond de l'abîme où tu les as jetés, elle criera vengeance à la face de Dieu.

Kaiser ! Donne la croix de fer à l'équipage qui a coulé la *Lusitania !* Il l'a bien méritée !

Notre croix de guerre, sera un autre symbole, nous pourrons la porter glorieusement, ô mes fils ! Notre croix ! ce sont des épées entrelacées sur la croix. Emblème de force, emblème d'amour.

Allemands ! après le sac de Louvain et de tant d'autres villes, après le bombardement de Reims, vous venez de mettre le comble à vos forfaits. Restons calmes, nous sommes forts.

L'usure.

J'ai rencontré ce matin un de nos bons bourgeois. C'est, comme dit Lavedan, un gavé de la paix, favorisé de la fortune, qui n'a jamais eu qu'à se louer de la destinée, et qui s'est arrangé pour tout recevoir en donnant fort peu.

Il est convaincu que le pays lui doit tout, parce qu'il paye de gros impôts, et que Dieu serait fort injuste de ne pas l'admettre tout droit en son saint Paradis : ne donne-t-il pas chaque année 100 francs à son curé pour le denier du culte ? Ce bon bourgeois est mon meilleur ami.

Il est effaré.

— Eh quoi ! me dit-il, vous considérez qu'il est impossible de rompre le barrage que nous opposent les Allemands ?

— Oui, mon cher ami, et cela tant qu'ils disposeront des effectifs nécessaires ; — et nous en sommes réduits à en user les défenseurs. Cela marche vite ! Je crois être au-dessous de la vérité en estimant que les Austro-Allemands perdent 300.000 hommes par mois.

— C'est effroyable !

— Le Kaiser a déclaré qu'il irait jusqu'à son dernier homme ; il en a encore pour un an. C'est bien simple ! Ce n'est pas une solution élégante du problème de la guerre, mais c'est une solution.

Vous n'êtes pas sans avoir lu *Guerre et Paix* de Tolstoï. Je voudrais voir instituer à l'école de guerre un cours de philosophie de guerre d'après Tolstoï.

Le vieux Kutuzow est une figure admirable.

Il écoute, en ayant l'air de s'intéresser à leurs idées, tous ceux qui lui ont donné des recettes qui doivent amener la retraite de Napoléon, et lorsqu'il se trouve seul avec le prince André, il lui dit : « Oh ! les conseillers, si on les avait écoutés, nous n'aurions pas fait la paix avec les Turcs !... Prendre une forteresse n'est rien, mais mener à bonne fin une campagne, voilà le difficile. Pour en arriver là, il ne suffit pas de livrer des assauts. Ce qu'il faut avoir, c'est « patience et longueur de temps ». Kamensky a envoyé des soldats pour prendre Roustchouk, et moi, en n'employant que le temps et la patience, j'ai pris plus de forteresses que lui et j'ai fait manger aux Turcs de la viande de cheval... Crois-moi ! Les Français aussi en tâteront. »

Quelle admirable définition de la guerre d'usure !

Et les Alliés font manger de la viande de cheval à l'Allemagne : ses ports sont bloqués, ses armées décimées. On raconte même qu'elle essaie de manger de la paille.

Le réconfort.

— Je vous ai lu, me dit ce matin le docteur qui vient me panser, mais c'est abominable ! Alors vraiment vous croyez qu'on ne pourrait pas trouver un général capable de renverser l'obstacle qui nous arrête ? Qu'on en prenne des jeunes, ayant des tours secrets en leurs sacs !

— Hélas ! lui répondis-je, je crois qu'on a bien essayé de ce système. Cela ne paraît pas suffisant. Voyez-vous, mon bon ami. Le vieux Kutuzow a réussi à battre Napoléon avec « Patience et longueur de temps ». Il a fait manger du cheval aux Français, et l'armée française est entrée en Russie et n'en est pas sortie et la campagne de 1813 a continué l'usure. Puis 1814 est venu et Napoléon, toujours vainqueur, mais submergé sous le flot des ennemis, est tombé épuisé.

D'ailleurs, vous avez un autre exemple bien remarquable de guerre d'usure qui me paraît présenter les plus curieuses analogies avec celle dans laquelle nous sommes engagés : c'est la guerre de Sécession.

Les combattants américains, au début de la guerre, étaient de médiocre valeur. L'armée sudiste pourtant avait un énorme avantage : les chefs avaient reçu une excellente éducation militaire. C'étaient des hommes du caractère le plus énergique.

Avec de pareils éléments, on pouvait exécuter des manœuvres d'armée. Lee et Jackson n'y manquèrent pas.

En 1861, au Bull-Runn, puis par la suite à Cold-Harbourd, à Cédar-Runn, les mouvements tournants des Sudistes décident la victoire en leur faveur.

Mais après la mort de Jackson et de ses meilleurs auxiliaires, les Sudistes épuisés sont réduits à la défensive. De plus, les Nordistes sont parvenus à bloquer tous les ports du Sud. Mais partout Grant se heurte aux fortes positions organisées par les Sudistes. Dans chaque action partielle Lee a toujours la supériorité.

Considérant l'infériorité numérique de l'armée sudiste, Grant l'use par des batailles sans décision, de véritables boucheries et il met fin à la guerre par ce procédé primitif et barbare.

Cette histoire d'hier n'est-elle pas d'aujourd'hui !

Les Allemands, comme les Sudistes en 1861, avaient une armée mieux préparée, plus manœuvrière que celle des Alliés. Comme eux, ils ont remporté les premiers succès. Mais, comme eux aujourd'hui, ils sont bloqués par la mer. N'en sommes-nous pas arrivés, nous les Alliés, à cette phase où, après avoir épuisé les facultés manœuvrières de l'ennemi et nous heurtant à de fortes positions organisées, nous ne triompherons qu'après l'avoir usé par des batailles sans décision comme aux Hurlus, à White-Capel, aux Éparges, au Vieil-Armand et dernièrement dans les Flandres ?

La « colline inspirée » de l'Artois [1].

Maîtres du plateau de Notre-Dame-de-Lorette, qui domine tout le pays d'Artois, nos soldats sentent leurs

---

[1]. Le jour où paraissait cet article, le lieutenant Bon, Bernard-Léon-Joseph, du 109ᵉ d'infanterie, tombait mortellement frappé à 200 mètres de la chapelle de Notre-Dame-de-Lorette. Il méritait la citation suivante :

« Au front, depuis le début de la campagne, aimé et admiré de tous pour sa jeunesse, son entrain et sa bravoure, a été mortel-

cœurs dilatés par la joie du triomphe et par l'espoir des succès futurs que fait naître l'horizon qui s'étale devant leurs yeux.

Cette « colline inspirée », ils s'en sont emparés !

Nos pères y avaient bâti une chapelle à la Vierge de Lorette, probablement à l'époque où la Sainte Case, emportée par la main des anges, vint se poser aux rives de l'Italie.

La chapelle n'existe plus, le canon l'a détruite, mais nous la reconstruirons à la gloire éternelle de nos soldats, et Notre-Dame-de-Lorette restera la « colline inspirée » de l'Artois.

Depuis plus de six mois les Allemands l'avaient transformée en véritable forteresse. Dans l'angle nord-ouest de la route de Béthune à Arras et du chemin de fer d'Avesnes à Liévin, elle formait le principal bastion de leur défense. Sur le terrain, ce ne sont que des tranchées en tous sens, se croisant dans un dédale de fils de fer et d'abatis. Pas un mètre qui n'ait été labouré par les projectiles, pas un qui n'ait été arrosé de sang.

Les généraux allemands avaient fait jurer à leurs soldats de s'y défendre jusqu'à la mort.

---

lement blessé le 13 mai, aux combats de Notre-Dame-de-Lorette, à la tête de sa compagnie, a refusé le secours que voulait lui porter le chef de section, en disant : « Allez à votre place, à « votre section ! ». Est mort au cours de son transport au poste de secours. »

Au Q. G., le 10 juin 1915.

Signé : d'Urbal.

Et les nôtres s'en sont emparés ! S'abritant derrière les tranchées conquises, ils ont suivi le progrès de l'action qui se déroulait sous leurs yeux et qu'ils avaient rendue possible.

Ce fut, d'abord, la prise du village de la Targette, à mi-chemin entre Notre-Dame-de-Lorette et Arras. Puis, nos colonnes, traversant la route de Béthune, se lancent vers la Neuville-Saint-Vaast, dont elles enlèvent la majeure partie.

Enfin, à leurs pieds, ils voient nos troupes attaquer le village de Carency, véritable citadelle, elles l'entourent, finissent par s'y installer en y prenant trois bataillons et de glorieux trophées.

Il ne reste plus qu'à s'emparer du village d'Ablain-Saint-Nazaire sur la pente sud de la colline, et les vainqueurs de Carency, viennent se joindre à ceux de Notre-Dame-de-Lorette.

Sauf le village de Souchez que tient encore l'ennemi, la route d'Arras et de Béthune est libre ; et de là nous avons commencé à prendre pied sur la crête de Givenchy, la dernière qui nous sépare des plaines de Douai. C'est un gros succès, gage de la victoire future.

C'est la première étape d'une route encore longue, mais que la Providence peut abréger.

Du haut de la « colline inspirée » nous apercevons devant nous Douai, Liévin et Lens, dans le lointain, nous devinons Lille. C'est une vision d'espoir !

La croisade.

Un de mes voisins, vieux chasseur, ne voulait jamais s'occuper de politique, lisait peu de journaux et ne votait jamais.

« Les politiciens, me disait-il, c'est comme les puces sur le dos des chiens : elles s'engraissent à leurs dépens, mais ne les empêchent pas de courir. »

Je me rappelle le propos de mon vieil ami, en voyant le cours des événements en Italie.

Encore une fois, les politiciens n'empêcheront pas un peuple de courir à ses destinées.

En Italie, comme ailleurs, il y avait des politiciens embochés, des parlementaires repus ou avides. Il y avait aussi des ouvriers trompés par le marxisme. L'Allemagne est passée maîtresse pour faire jouer tous ces ressorts. Partout, elle s'était emparée des principaux rouages.

Mais l'esprit a soufflé, rien n'arrêtera l'Italie sur la pente où elle s'est engagée.

La dynastie de Savoie continuera à jouer le rôle que la Providence lui a assigné dans l'histoire du monde. Le roi Charles-Albert a glorieusement tracé la route, Victor-Emmanuel n'hésita pas à s'allier aux Garibaldiens pour faire l'Italie. Son petit-fils suivra les traditions de sa race.

Quant à l'armée italienne, n'a-t-elle pas toujours combattu aux côtés de la nôtre ? En Crimée, à Palestro, à Solferino ! Elle se doit de prendre part à la nouvelle croisade.

On nous parle d'intérêt ! Il y a mieux que cela : ce n'est pas l'intérêt qui pousse les peuples, c'est un sentiment, inconscient peut-être, mais bien plus élevé. J'ai parlé de croisade. N'est-ce pas la même force mystique qui entraîne tous les peuples chrétiens dans une œuvre qui les intéresse tous également ? Cette force qui poussait le manant, le bourgeois, le vilain, aussi bien que l'évêque et le moine, le baron et le roi, allant à la délivrance du Saint-Sépulcre.

« La trompette libératrice de l'Archange sonna dans la prédication de la croisade. Au pied de la tour féodale, qui l'écrasait de son ombre, le village s'éveilla. Plus d'un serf put dire au baron : « Monseigneur, je « vous ai trouvé un verre d'eau dans le désert, je vous « ai couvert de mon corps au siège d'Antioche ou de « Jérusalem. » (Michelet.)

Et, dès lors, commença le mouvement régulier et fécond de l'affranchissement des communes.

C'est bien un mouvement analogue auquel il nous est donné d'assister.

Encore une fois, les rois et les peuples sont entraînés dans l'orbite que la Providence leur a tracée de toute éternité. Les parlementaires italiens pourront le constater.

Aujourd'hui, les poètes ont leur revanche. La parole est à d'Annunzio :

« Notre destinée bénie nous appelle à mettre notre empreinte sur la matière refondue du monde. »

La stratégie russe.

Un journaliste du *Temps* s'indignait fort que le comte Joseph de Maistre eût écrit que : « souvent la guerre était utile aux vaincus ».

Les défaites des Russes en Mandchourie me paraissent précisément leur avoir été fort utiles. Nos alliés ont su profiter des dures leçons qu'ils y ont reçues.

Ils ont appris à ne plus entasser leurs hommes à raison de six hommes par mètre, comme à Liao-Yang, ni même à raison de quatre comme à Cha-Ho et à Moukden.

Actuellement, leurs forces sont disséminées sur tout le front qu'ils couvrent.

Aussi, quelles qu'aient été les causes des diverses retraites qu'ils ont dû faire et, notamment en dernier lieu, dans la Galicie occidentale, ils ont pu les opérer sans que leur front ait été entamé, sans que leurs flancs aient été atteints. Les chemins de fer dont ils disposent ne leur permettant pas de concentrations aussi rapides que celles des Allemands, ils semblent avoir adopté sans hésiter la stratégie des retraites.

Avec l'armement actuel, les retraites sont relativement plus faciles qu'autrefois. Dans la bataille antique, qui se livrait au corps à corps, elle était impossible. Dans la guerre napoléonienne, après la victoire, la cavalerie se lançait sur les flancs, pénétrait entre les colonnes, et nous voyons, en 1806, Napoléon, traquant les Prussiens après Iéna, les anéantir.

Il n'en est plus de même aujourd'hui. Notre retraite sur la Marne en est un mémorable exemple.

Bien que, sur certains points, nous ayons subi des échecs sérieux, l'ennemi n'a pu nous empêcher de nous reformer, en ordre, sur la position choisie.

Comme nous en septembre, lorsqu'ils se trouvent en présence d'une concentration allemande, à laquelle ils n'ont pu parer en temps utile, ils cèdent du terrain en combattant, et se défendent avec acharnement sur des positions successives de repli. Finalement ils brisent l'effort allemand sur une ligne choisie, à 50 ou 60 kilomètres en arrière, et sur laquelle ils ont eu le temps de déployer leurs réserves, et de faire arriver des munitions.

Le Temps, l'Espace, la Patience, les trois grands généraux russes auront gagné une nouvelle victoire.

Nos officiers et les leurs.

En ce moment, non seulement nous avons la supériorité matérielle sur l'ennemi, nous possédons aussi la supériorité morale.

Considérons, si vous voulez, les officiers français et les officiers allemands.

Lavedan nous dit un mot profondément vrai : En raison des souffrances qu'il a éprouvées, l'officier « de brave est devenu un saint ».

C'est, qu'inspirée par l'esprit de devoir, sa bravoure est faite d'abnégation et de sacrifice. En lui tout orgueil est mort. Nous faisons la guerre anonyme.

« Les belles actions cachées sont les plus estimables » dit Pascal.

Que d'actions cachées, admirables, je pourrais vous révéler, et qui n'ont d'autre récompense terrestre que la mort.

Chez l'officier allemand, la bravoure est égale, les mobiles qui l'inspirent sont différents. Voyez sa morgue envers ses hommes, écoutez avec quelle hauteur il commande.

Jamais on n'entendra parler d'un officier français qui pendant un bombardement de tranchées, commandera à ses hommes de se coucher sur lui pour le protéger, le fait est courant chez les Allemands.

Au contraire, écoutez ce bon gros lieutenant d'artillerie française. Sa batterie est soumise à un feu terrible, deux pièces sont hors de service, il y a parmi les hommes un moment de flottement.

« F...-vous derrière moi, ceux qui ont peur, s'écrie-t-il, je suis assez gros, et vous savez bien que les marmites ne sont pas pour moi. »

Ce lieutenant n'est pas un baron allemand, c'est un fils du peuple français. Voilà les hommes qui nous gagnent la bataille !

Mme Swetchine dit quelque part : « Oh ! admirables figures des saints ! la vertu a sculpté vos traits, les sentiments qui vous élèvent au-dessus de l'humanité illuminent vos visages. » Au front nous avons tous ressenti cette impression devant certaines figures.

Le capitaine de la batterie à laquelle appartenait le lieutenant dont je parlais plus haut, en était un exemple frappant. Officier de réserve, sa famille est dans les départements envahis, il n'en a aucune nouvelle. Cet homme de quarante ans ne sourit plus. Sa fonction est devenue un sacerdoce. Grand, mince, une tête de Christ : son œil, sa parole sont d'un prophète.

Pendant quatre mois, je l'ai vu obtenir de ses hommes des miracles.

Ah ! on pleure en quittant de pareils compagnons. Mais on peut dire à ceux qui doutent : « Ayez confiance ! Nos officiers de réserve ont dignement remplacé leurs frères de l'armée active tombés au champ d'honneur, ils ont sauvé la France !

Les troupiers chantent.

Un de mes fils m'écrit de la tranchée : « J'utilise mes talents, je compose des chants, je les apprends à mes hommes : ils sont enthousiasmés. »

Bravo ! mon ami ! c'est la meilleure manière de relever le moral du soldat.

Depuis neuf mois, nous faisons la guerre triste : c'est une invention de l'École de guerre. Depuis vingt ans, on nous a fait une armée triste, des officiers tristes, des soldats tristes.

Plus de joyeuses sonneries de clairon ; plus de diane au réveil. Et pourtant, quand les cœurs battent-ils mieux qu'aux accents de *Sambre-et-Meuse* ou de *la Marseillaise* ?

Le soldat ne vit pas seulement de pain, ni l'officier de cours.

Que de fois j'ai gémi pendant la campagne ! De l'autre côté de la tranchée, nous entendions les Allemands chanter ; leurs musiques militaires semblaient nous narguer.

Dans les derniers temps de mon séjour au front, ils chantaient moins et j'ai eu le plaisir d'entendre quelquefois la musique militaire française.

L'air devenait plus léger. La musique militaire n'est-elle pas le symbole de la victoire !

Gédéon faisait battre le tambour pour mettre en fuite les Madianites et, sans trompettes, Josué ne serait jamais venu à bout des murailles de Jéricho. Tyrtée enflammait les Grecs. *La Marseillaise* sonnait la charge aux soldats de la République.

Qui écoute sans émotion *le Clairon*, de Déroulède?

Ne sentez-vous pas le frémissement qui saisira tous ceux à qui il sera donné d'entendre sous les voûtes de la cathédrale de Strasbourg le *Te Deum,* accompagné de la voix des cloches jointe à celle des canons?

Tout est triste sans musique. J'ai assisté à une remise de décorations au front. Tous les gros bonnets, civils et militaires, étaient là, mais il n'y avait ni clairons pour ouvrir et fermer le ban, ni musique pour jouer *la Marseillaise.* Le temps était gris, nous sommes partis l'âme endeuillée.

Au contraire, un dimanche d'août, la situation n'était pas brillante, nous avions livré la veille un combat où bien des nôtres étaient restés. Nous étions dans une petite ville dont le curé, affolé, était parti. Qu'importe! Un soldat-prêtre organise une messe. L'église est remplie de soldats de toutes armes. Au milieu, un catafalque entouré de cierges, le chœur est tendu de noir.

Entre un vieux général, il appelle le soldat-prêtre. Que lui dit-il? je n'en sais rien, mais on voit des soldats emporter le catafalque, les cierges, les tentures.

La messe commence, l'orgue est tenu par un soldat, et bientôt s'élèvent vers le ciel des cantiques chantés à pleine voix par toute l'assistance, non des hymnes de mort, mais des chants d'espérance, des chants de victoire.

Et tous, remplis de résolution et de confiance, nous avons senti nos âmes vibrer à l'unisson.

Oui, mon fils ! fais chanter les troupiers !

Ne soyez jamais inquiets.

L'inquiétude, dit saint François de Sales, est le plus grand mal qui arrive en l'âme excepté le péché. La confiance en soi, un optimisme raisonné sont au contraire de précieuses qualités, surtout chez un chef.

Napoléon nous présente, au suprême degré, le type du génie optimiste, confiant en son étoile. Il prévoyait bien toutes les difficultés qu'il rencontrerait, toutes les circonstances hasardeuses qui pourraient survenir, mais toujours il comptait sur son génie pour en triompher.

Un jour, j'ai eu une discussion assez vive avec un général qui estimait que tout allait mal. La situation, pour lui, n'était point gaie, je le reconnais. Mais vraiment, alors que chacun déployait la plus grande activité, faisait preuve de la meilleure bonne volonté, il accusait volontiers tout le monde de ne pas faire son devoir, je finis par lui dire :

— Mon général, il faut être optimiste ; vous vous entêtez à ne voir que le mauvais côté des choses, ce qui vous empêche, je crois, de juger exactement.

— Non, me répond-il, je suis positiviste, je vois les choses telles qu'elles sont, vous ne voudriez pourtant pas que je ne pense pas à un insuccès possible.

— Si, mon général ! A mon avis, on ne doit penser qu'au succès, et agir en conséquence. Lorsque l'insuccès survient, il faut le subir, mais avec l'idée formelle de transformer en succès de demain l'insuccès de la veille.

Ces qualités de confiance en soi et d'optimisme raisonné sont de première importance chez tous les chefs, et je dirai même chez les soldats.

Elles doivent aussi se retrouver, à l'arrière, chez tous ceux qui ne participent pas à la lutte. Là encore elles jouent un rôle considérable, tant par la tranquillité qu'elles donnent au combattant, que par l'impression qu'elles produisent sur l'étranger et sur l'ennemi.

Ce qu'on pourrait leur faire.

Que pourrait-on faire à ces c......-là ? demande un de nos confrères.

Il y a longtemps que je me suis posé cette question. J'ai une solution, mais je crains qu'elle ne soit pas du goût de nos diplomates, qui sont pourris par la civilisation.

Je ne sais si vous avez vu, à Calais, le groupe où Rodin représente Eustache de Saint-Pierre, accompagné des notables de la ville, venant offrir au roi Édouard les clefs de la ville ?

Rodin est vraiment un grand artiste, on n'oublie pas ses œuvres. Nul, à notre époque, n'allia plus puissamment le symbolisme au réalisme le plus saisissant.

Sont-ils assez laids, les bourgeois de Calais ! Ils en sont impressionnants. Leurs jambes décharnées, leurs grands pieds osseux, leurs visages émaciés, les yeux hagards, les chemises flottant sur des squelettes. C'est horrible ! et pourtant c'est bien là l'Eustache de Saint-Pierre qui, comme le dit Froissard, « s'est mis en pur sa chemise, le hart au col, à nu chief et à nu pieds à la merci du roi d'Angleterre ». Ce sont bien ses compagnons : Jean d'Aire, les deux frères Wissant, Jean de Fiennes et Andrux d'Ardres qui, à l'exemple d'Eustache, « se devettirent tout nus, en pur leurs braies et leurs chemises, en la halle de Calais, et mirent hart à leur col ».

Et c'était grand'pitié « de là être, eux ouïr et regarder ». On comprend que la reine d'Angleterre qui était « moult et si durement enceinte » se soit jetée aux pieds du roi « pour avoir d'eux merci ».

Eh bien! je me suis représenté le kaiser, son kronprinz, le kronprinz Rupprecht de Bavière, le roi de Wurtemberg, eux aussi « en pur leurs chemises, à nu chief et à nu pieds », venant faire amende honorable à Louvain et à Reims.

Pourquoi n'en reviendrait-on pas aux mœurs du moyen âge? Les traîtres étaient promenés « dans la ville de Paris, dès le Temple jusqu'au parvis devant l'église Notre-Dame, liés par le cou et par les mains et par les pieds et assis en un tomberel sur un banc grand et large, mis à travers, afin que tous puissent voir ».

On se plaint de ne pas trouver de spectacle au goût des Parisiens. Vous verriez s'ils accourraient à celui qu'on leur offrirait en promenant ainsi les rois traîtres à leurs paroles, et qui ont violé tous les traités, toutes les lois de l'humanité.

On pourrait donner ensuite la même fête aux bourgeois et au peuple de Londres! ils l'ont bien mérité. Vous entendriez leurs cris sur le passage de ceux qui ont coulé la *Lusitania !*

Lorsque la promenade, comme celle du lord-maire,

se serait terminée à la Cité, je remettrais ces hôtes royaux au peuple anglais. Je crois que nous ne saurions mieux faire.

Mais j'ai grand'peur, encore une fois, que les diplomates n'insèrent pas pareille clause au futur traité.

Notre supériorité morale.

Les journaux publiaient ces jours-ci l'entrefilet suivant :

« Les cercles catholiques de Munich sont agités à cause des menées du kronprinz Rupprecht de Bavière qui, pendant son séjour en Belgique et dans le nord de la France, se serait livré sans aucune gêne aux distractions qui lui avaient procuré à Munich une si triste renommée.

« Si l'on n'avait craint de produire une mauvaise impression, le rappel du prince aurait été prononcé. »

La conduite de l'état-major du kronprinz Rupprecht serait aussi dévergondée que la sienne.

Le kronprinz de Prusse a, paraît-il, lui aussi cueilli à Luxembourg de faciles lauriers.

Les carnets pris sur les officiers nous édifient sur leur conduite. Les soldats sont dignes des chefs.

A-t-on jamais accusé de pareilles débauches nos chefs, grands ou petits ?

C'est pourquoi je prétends que les causes morales travaillent pour nous.

Oh ! il est loin pour nos officiers et nos soldats le temps des plaisirs défendus ou permis ! On dirait d'une armée de moines.

Quelle chasse on fit même aux femmes d'officiers qui cherchaient à voir leurs maris ! Il y eut un exemple tragique, j'en connais un qui finit mieux.

Une délicieuse petite Parisienne, toute jeune mariée, était, depuis sept longs mois, séparée de son mari et ce mari venait d'être cité à l'ordre de l'armée. Il faut qu'elle l'embrasse. Elle sait qu'à C..., ville près de laquelle se bat son mari, il y a une vieille dame qui sert volontiers de tante aux jeunes femmes dans son cas. Munie d'un passeport elle débarque à C...

Elle tombe sur un gendarme féroce ! Elle exhibe ses papiers. Mais ni les cheveux vaporeux, ni les ailes blanches du chapeau, ni le tendre regard ne séduisent le terrible représentant de l'autorité. Le gendarme est sans pitié.

— Il ne faut pas me la faire, dit-il, vous venez voir votre mari. La consigne est la consigne. Il faut vous rembarquer.

— Mais non, répond-elle, je vais chez Mme X...

— Oh ! celle-là, je la connais, voilà au moins la cinquième nièce qui vient la voir !

Deux soldats amusés, lui font signe. Elle les suit et sort avec eux de la gare par une porte dérobée.

La voilà trottant, son gros sac à la main ; il est lourd le sac, on y a fourré des tas de gâteries pour le mari.

Elle arrive chez la prétendue tante où la bonne lui dit :

— N'entrez pas ! Hier les gendarmes sont venus chercher une petite dame comme vous.

Son mari a un ami à l'état-major, elle s'y traîne.

Là, elle ne reçoit qu'une semonce :

— Quelle imprudence ! Si le général savait ! Reprenez vite le train !

Éplorée, elle retourne à la gare pour retomber sur d'autres gendarmes.

La pauvre est sur le point d'éclater en sanglots :

— J'aime mieux tout vous dire, s'écrie-t-elle, voilà ! je suis venue pour voir mon mari. Tout le monde est méchant ! On me chasse de partout !

Le gendarme d'un air féroce :

— Je vais être obligé de vous mettre au poste en attendant le train. C'est dommage ! Vous êtes gentille et votre mari aura un vrai chagrin. Ce serait trop bête de vous en aller ! Filez ! que je ne vous voie plus !

Elle retourne chez l'ami de son mari ; l'état-major se tord, le général aussi. On trouve une auto qui ramène le mari.

Jugez de la fête que, pendant trois heures, firent les deux amis !

Voilà la vraie femme française, celle qui aime et dont les prières protègent au feu leurs maris.

Vous avez entendu dans la nuit, grand-père ?

J'ai un petit-fils qui est bien le plus drôle de bonhomme de la terre. Il a quatre ans et cause avec vous comme un homme.

L'autre jour je lui contais une histoire sur la véracité de laquelle il avait des doutes. Tout à coup il me dit :

— Vous avez entendu ça dans la nuit, grand-père.

Je fus assez longtemps à comprendre qu'il voulait dire que j'avais rêvé.

Et je m'aperçois depuis que presque tout ce que j'écris, je l'ai en général entendu dans la nuit.

Pendant cinq mois je couchais la fenêtre ouverte, (c'est une vieille habitude), dans une chambre à cinq kilomètres du front où, surtout par certains vents, dans le calme de la nuit, on entendait distinctement le crépitement de la fusillade, le roulement sinistre des mitrailleuses, puis tout à coup la grande voix du canon.

Il faut vous dire que cette partie du front était singulièrement orageuse, on y consommait très bien 600.000 cartouches par jour, dont une bonne partie était tirée durant la nuit. Et l'on pensait aux malheureux dans la tranchée. Qu'arrive-t-il ? se disait-on, nous prend-on une tranchée ? La situation à B... n'était pas bonne.

Et alors, avec la lucidité que l'esprit acquiert pendant la nuit, je me livrais au calcul de toutes les probabilités en utilisant les données que je pouvais me procurer et toujours j'arrivais à cette conclusion :

« Au 1ᵉʳ mars nous serons à deux de jeu avec les Allemands ; à partir du 15 juin nous posséderons toutes les supériorités ; à dater de cette époque, pourra se produire cet événement que nul ne peut prévoir, mais qui aura l'influence décisive. »

Comme je revenais du front, je me trouve voyager avec un archevêque. Nous causons, je lui raconte mes impressions et mes rêves.

Hier je reçois de lui la lettre suivante :

« Mon général,

» Il ne se passe guère de jours où je ne pense à la rencontre qui me permit, il y a trois mois, de faire avec vous le voyage de Paris. Tout ce que vous m'avez dit alors de la guerre actuelle et de la suite des événements, est allé se réalisant avec une rigueur presque mathématique. J'en attends la conclusion avec une curiosité tout émue et pleine de désirs. »

Monseigneur oublie de dire que j'avais insisté, particulièrement, sur la certitude que j'avais, que la Providence continuerait, en notre faveur, l'action bienveillante et protectrice, qu'elle nous avait déjà si visiblement fait sentir; et que les prières d'un archevêque valaient encore autant que l'épée d'un général, surtout celle d'un malheureux mutilé !

L'Italie et la Triple-Alliance.

Depuis plus de dix ans la Diplomatie allemande savait bien que les Italiens ne marcheraient pas dans une guerre contre la France.

Frédéric II a développé dans ses *Mémoires* la thèse, que l'intérêt de l'État seul doit servir de règle à la conduite des souverains, pour les amener à rompre les traités signés par eux et « sans justifier, dit-il, tous les cas où des traités ont été rompus, j'ose pourtant avancer qu'il en est de tels que la nécessité, ou la sagesse, ou la prudence, ou le bien des peuples obligent de transgresser ».

Élevé à cette école, dont il avait appliqué les leçons, en violant la neutralité belge, Guillaume II était trop averti pour douter que l'Italie dénonçât la Triple-Alliance.

L'anticléricalisme et l'économie politique étaient les deux bases sur lesquelles reposaient le traité. De plus Crispi, son signataire avait contre la France une haine personnelle, que je n'ai retrouvée au même degré, que chez le comte Tisza.

La dénonciation des traités de commerce amena, de 1889 à 1893, le maximum de tension entre la France et l'Italie.

Mais les Allemands ne rencontrèrent pas en Italie, ce qu'ils ont trouvé depuis en Turquie. Ils ne purent mettre dans leur poche les hommes d'État italiens, comme ils le firent des Jeunes-Turcs. Les Italiens voulaient bien se servir des Allemands, mais non naviguer dans leur sillage.

Aussi, dès 1898, les rapports de la France et de l'Italie s'améliorèrent, et quelques années après, le roi d'Italie venait à Paris.

Je sais bien que la visite de M. Loubet à Rome nous valut la dénonciation du Concordat, mais un des fondements de la Triple-Alliance, l'anticléricalisme, était sapé.

Ne pouvant plus compter sur l'Italie, fief militaire, les Allemands en voulurent faire un fief économique. Par les grandes banques dont ils étaient maîtres, ils tenaient la circulation monétaire.

Loin de pousser les Italiens dans la voie des armements, les Allemands soutinrent le cabinet Giolitti de toute manière.

Or, Giolitti était le ministre *des Affairistes* et des grandes banques. Ses amis, qui dominaient au Parlement, étaient de ces gens qui traitaient les affaires militaires de secondaires ; ce qu'ils voulaient : c'était la paix, gagner de l'argent et de l'influence en représentant le pays.

L'organisation de l'armée passe au second plan.

C'est ainsi que nous voyons l'Italie adopter, en 1911, le matériel à tir rapide Deport, sans que la fabrication suivît. L'armée italienne vient seulement de prendre possession de son canon.

Les cadres de l'armée étaient sciemment tenus à l'état d'incomplet. Si bien qu'en août dernier, l'Italie était hors d'état d'entrer en campagne. L'Allemagne ne s'en inquiétait pas.

Elle savait d'ores et déjà que l'Italie ne marcherait pas avec elle et elle encourageait le pacifisme de Giolitti ; ce qu'elle voulait c'était la neutralité.

Elle lui échappe. Leurs journaux s'en indignent, leurs hommes d'État ne s'en étonnent pas.

Le passage d'où l'homme ne sort jamais vivant.

Ce n'est pas sans une certaine satisfaction que je vois quelques critiques militaires se convertir à mes idées sur la guerre d'usure.

Mais nombreux sont encore ceux qui ne peuvent renier leurs vieux dieux :

L'Idole de la Percée et la Déesse de la Bataille Décisive.

Les militaires qui m'écrivent ne peuvent revenir de leurs illusions et pourtant, au lieu de succès chimériques, je leur apporte la certitude de la victoire. Je leur dis :

— Nos réserves sont infiniment plus fortes que celles de l'ennemi, le triomphe est assuré !

Un de mes amis, membre de l'Académie des Sciences, dont les deux fils se battent, ne peut admettre le triomphe des forces physiques sur les forces intellectuelles. Il trouve cette théorie immorale !

J'ai beau lui dire :

— Comment, vous un savant, vous vous cabrez contre l'expérience ! contre les réalités ! » Pour lui, le génie de l'homme doit arriver à triompher de tous les obstacles.

Et moi, je suis comme Dante :

« Comme celui qui sort tout haletant de la mer, sur le rivage se retourne vers l'onde périlleuse et la regarde.

« Mon esprit se retournait pour contempler le passage d'où jamais l'homme ne sortait vivant. »

Je l'avais vu ce passage ; je l'avais vu sur les bords de la Meuse, où tombaient les divisions prussiennes, ne laissant que des monceaux de cadavres pour témoigner de la grandeur de leurs efforts.

Je l'avais vu encore, pendant les cinq jours de la Marne où des forces, plus que doubles des nôtres, n'ont pu percer notre front qui n'était pas fortifié.

Je l'avais vu ensuite, dans une guerre terrible de cinq mois en Argonne où, chaque jour, l'Allemand, avec une énergie admirable, tentait de nous enfoncer et jamais n'est parvenu qu'à nous enlever quelques lignes de tranchées.

Les dernières batailles ne nous le montrent-elles pas encore ce passage d'où l'homme ne sort pas vivant ?

Mais elles nous prouvent autre chose : la supériorité que nous avons prise.

Comparez les communiqués de novembre et décembre 1914 à ceux de mai 1915 ; et vous acquerrez la certitude que les forces allemandes sont atteintes.

Les amours germano-italiens.

Ils finissent tragiquement les amours du Germain avec l'Italienne. En pouvait-il être autrement ?

La Triplice était un horrible mariage de raison. La fine et noble épouse ne pouvait que prendre en horreur un maître brutal, maladroit et de race étrangère.

Au siècle où les lois du divorce ont reconnu à la simple incompatibilité d'humeur le droit de faire dissoudre le mariage, il est facile de comprendre ce qui est arrivé.

L'alliance germano-italienne était fondée sur deux principes de haine : l'anticléricalisme et l'argent. C'était insuffisant, on ne rompt pas brutalement les traditions. Les liens du sang qui nous unissent aux Italiens sont toujours vivants. Milan, Venise n'oubliaient pas la dure oppression de l'Autriche. Le Florentin ne pouvait admettre la supériorité du Boche qui froissait sa fine nature.

Quant aux hommes d'État siciliens qui gouvernaient, ils entendaient surtout servir leurs propres intérêts.

Puis nous avions les femmes ! Je ne sais si vous avez remarqué la singulière supériorité de la femme italienne.

Est-ce l'influence catholique qui a produit ce résultat ? Je serais assez tenté de le croire, surtout quand je vois le rôle inférieur de la femme en Allemagne où elle est restée esclave.

J'ai toujours aimé les Italiennes. N'ai-je pas dans ma famille de ces femmes belles, artistes, ne raisonnant qu'avec leur cœur et leurs passions ? et chacun sait que les grandes pensées viennent du cœur.

En Italie, qui a les femmes est sûr du succès.

Il en était ainsi en France autrefois, mais, hélas ! sur ce point encore nous étions en train de nous « embocher ».

Bref, l'Italie avait un époux étranger et une famille. Comme elle n'aimait pas l'époux, elle est rentrée dans sa famille.

En 1891, à l'époque où les rapports franco-italiens furent le plus tendus, il me fut donné d'assister à une série de banquets où les deux nations étaient représentées.

Jamais je n'oublierai la manière dont résonnaient, dans la bouche des orateurs italiens, les mots *Nazione Sorella*, qui désignaient la France. Quelle douceur harmonieuse avait le mot *sorella* bien plus tendre que celui de *sœur*, en français.

J'avais compris, dès lors, et Guillaume II le sentait bien, que le divorce germano-italien se produirait par la force des choses.

Et je me rappelais le conte de Grimm, du *Lièvre et du Hérisson* dont la morale est :

> Il faut qu'un hérisson épouse une hérissonne.
> Maris cherchez des femmes de votre race.

Les victoires blessées à mort.

Les aigles austro-allemandes, ramenées à plein vol des bords sanglants de la Marne et de l'Yser, du San et de la Vistule, se replieront bientôt sur leur terrain national pour le défendre.

« Depuis de longs mois, elles s'étonnent de ne plus ramasser dans leurs serres puissantes que des victoires blessées à mort. »

L'image qui est du Père Lacordaire représente de manière frappante la situation des armées ennemies au mois de mai 1915, et la nature des succès qu'elles remportent depuis plusieurs semaines.

Le moment approche où les Allemands n'auront plus à mettre en ligne les deux hommes par mètre nécessaires à la défense de leur front. Quant au nôtre, il est inviolable. Sans compter l'armée italienne qui va entrer en ligne, nous disposons de 1.200.000 hommes de plus qu'eux. Ils s'en sont aperçus dans leur dernière grande convulsion, lorsqu'ils ont essayé de percer notre front à Ypres.

Menacés de l'invasion de la plaine hongroise, ils ont fourni un effort gigantesque.

Ils ont débouché de Cracovie avec 1 million 200.000 hommes au moins et, combinant cette action avec celle d'une puissante armée opérant par le Sud, ils ont tenté d'enfermer l'armée russe entre Lemberg et Przemysl. Ils ont échoué, ils ne sont arrivés qu'à remporter des « victoires blessées à mort ».

Les Autrichiens célèbrent dans leurs communiqués la prise de 200.000 Russes. Mais, d'après les rapports russes, l'armée allemande principale aurait à elle seule perdu 400.000 combattants.

Les armées austro-allemandes continuent donc à

fondre dans une progression égale et mathématique.

L'étoffe n'aura bientôt plus la résistance voulue pour supporter les frottements auxquels elle est soumise. Soyez tranquille ! Nous en voyons la trame.

Hélas ! il nous faut supporter de bien durs sacrifices. Plus cruelles sont les larmes versées sur ceux qui tombent maintenant au champ d'honneur. On avait espéré les voir échapper à la tourmente.

Notre consolation est que leur mort n'a pas été inutile, qu'elle nous assure le succès, tandis que l'ennemi ne peut plus remporter que des « victoires blessées à mort ».

Nos amis les Anglais.

Je n'ai pas été élevé dans l'amour de l'Anglais. Mon grand-père, vieux capitaine de vaisseau et issu lui-même d'une famille de corsaires nous avait donné des principes à ce sujet.

Quoique je fusse encore bien jeune, je me rappelle la scène comme si elle était d'hier. Le grand-père, grand et lourd, la figure rasée, toute couverte de taches de rousseur, la tête majestueuse, auréolée d'une mousse de cheveux blancs, nous faisait entrer dans sa chambre, d'où on voyait la mer.

Devant lui était une assiette sur laquelle se trouvait un assez gros morceau de pain et un petit morceau de lard et il nous disait :

— Mes enfants, c'est la ration que j'ai reçue quand les Anglais, m'ayant fait prisonnier, me mirent sur les pontons, bien que je fusse midship. Si jamais vous prenez des Anglais, ne leur donnez pas davantage.

A part cela, mon grand-père prisait fort les Anglais. Il nous racontait même que le temps le plus heureux de sa vie avait été celui qu'il avait passé en Angleterre, lorsque les Anglais reconnurent aux midships ou aspirants la qualité d'officier. Alors, libre sur parole, dans je ne sais quelle ville de l'intérieur, choyé, bien reçu partout, il était devenu fort amoureux d'une jeune miss, quand il fut échangé et retourna se battre contre les Anglais.

Promu lieutenant de vaisseau, il commanda une compagnie de marins de la Garde à Waterloo. Ce qui prouve, entre parenthèses, que ce n'est pas la première fois que les fusiliers marins combattent en Belgique.

Pourquoi vous conter cette histoire ? C'est que je crois qu'elle dépeint assez bien les sentiments réciproques des Français et des Anglais, jusqu'à ces dernières années.

Ils se considéraient comme les deux seules races nobles de la terre; ils avaient mêmes origines. Les tombeaux de Richard Cœur de Lion et de la reine Bérengère ne sont-ils pas dans la cathédrale de Rouen ?

En revanche, pour les deux peuples, l'Allemand fut toujours le barbare.

A Londres, on le mettait à peine au-dessus du nègre, et certainement au-dessous de l'Indien ou du Chinois.

Aussi quelle rage saisissait l'Anglais quand il trouvait partout le Boche sur ses pas ! qu'il le voyait non seulement envahir la Cité, mais encore couvrir la mer de ses vaisseaux !

Aux jours d'Agadir, je me trouvais en tenue, dans un restaurant de Reims, buvant du champagne avec quelques camarades. Tout à coup un grand diable, qui dînait à la table à côté de nous s'avance, lève son verre. Je n'oublierai jamais l'expression avec laquelle il nous dit :

— Je suis aide de camp du général French, je vous demande la permission de boire avec vous à la guerre contre l'Allemagne. Vous pouvez être tranquilles ! Nous serons toujours avec vous.

Pour l'Angleterre, comme pour l'Italie, c'est bien la croisade contre le Boche.

La bataille unique.

Quelle mouche a piqué M. Lloyd George pour l'amener à prononcer le discours où il insiste sur le grave échec, l'échec sérieux qu'auraient subi nos amis les Russes ?

A-t-il voulu faire un discours politique? Je serais assez tenté de le croire. Les paroles par lesquelles il a affolé l'Angleterre et beaucoup de Parisiens, ne sont explicables qu'en pensant qu'il a voulu agir sur l'opinion anglaise, pour arriver à discipliner patrons et ouvriers.

Pour mon compte, je ne puis arriver à découvrir ce grave échec des Russes.

Je trouve, au contraire, très remarquable la manière dont ils ont reçu le gigantesque effort allemand, aussi bien que la façon dont il ont fait échouer la manœuvre de leurs ennemis, qui voulaient cerner l'armée de Galicie.

Il est très curieux de voir comment les esprits ne veulent pas se dégager des vieilles théories, et rêvent d'actes décisifs dans une guerre où il ne peut y en avoir, et où le seul résultat des engagements n'est qu'un nombre incalculable de morts et de blessés.

Au point où nous en sommes, il n'y a pas, il ne peut y avoir de résultats décisifs sur une partie locale du front.

Il se livre une bataille qui dépasse toutes les imaginations, mais il ne s'en livre qu'une seule : elle s'étend de la mer du Nord à la Suisse, se continue sur toute la frontière italienne, reprend en Serbie et se prolonge de Czernovitz à Libau. Cette bataille est unique, elle tend à détruire les Allemands jusqu'au dernier. Les Alliés sont déjà parvenus à mettre hors de combat au moins *cinq millions* d'Austro-Allemands.

Les Allemands offrent une résistance admirable, mais ils sont au bout. Et, jusqu'au bout, ils imposeront leur volonté dans la conduite de la guerre.

Comme Napoléon en 1814, ils manœuvrent sur une ligne intérieure; ils peuvent donc porter leurs forces sur le point qu'ils choisissent.

Puis, comme me le disait aujourd'hui un de mes amis, *c'est la lutte d'un professionnel contre trois amateurs.*

Le professionnel porte des coups terribles et inattendus, il n'en est pas moins obligé de succomber dans une lutte inégale. D'autant plus qu'un quatrième amateur vient de se joindre aux trois premiers, pour achever le malheureux professionnel, qui commence à se fatiguer et a perdu déjà près de la moitié de son sang.

Ma conclusion est que nous devons être très reconnaissants aux Russes d'avoir magnifiquement encaissé le terrible *uppercut* austro-allemand et d'avoir, par leurs dures ripostes, singulièrement endommagé le champion de boxe contre lequel nous luttons.

La supériorité du feu.

« Les batailles se gagnent par la supériorité du feu », écrit déjà Frédéric II dans son Testament politique en 1768.

« Dans la guerre de campagne, comme dans celle de siège, c'est avec l'artillerie qu'on fait la guerre », nous dit Napoléon.

Le général Savof, généralissime bulgare, fait l'aveu qu'il a perdu ses plus beaux bataillons pour avoir oublié cette maxime.

Hélas ! au début de la guerre, nos revers ne sont-ils pas imputables en partie au même oubli ?

On n'avait pas voulu écouter les Cassandre qui disaient : C'est par le feu, non par le choc que se décident les batailles. On ne leur pardonne même pas d'avoir prédit ce qui arrive.

Vos doctrines sont trop savantes, leur disait-on, elles découragent l'infanterie.

L'expérience est faite et le feu, dans sa brutale réalité, est venu remettre les choses au point, en faisant envoler en fumée toutes les belles théories sur le choc et les diverses formations à adopter pour l'attaque décisive.

L'infanterie reste la reine des batailles, c'est entendu ! Mais nous sommes au vingtième siècle où le pouvoir absolu des reines est en pleine décadence.

Le prince consort a sauvé la reine. Le canon de 75 lui a assuré la victoire.

Oh ! le bon petit canon !

Ils n'en ont pas comme ça en Allemagne. Jusqu'à 7.500 mètres, il place ses projectiles comme à la main, et quels effets ! J'ai passé près de 5 ou 6 cadavres allemands tués par le même obus, restant dans la position où la mort les avait surpris.

Puis, il y a les « rafales », en cinq minutes à 2 kilomètres, une seule pièce crée une zone de mort de 150 mètres de large sur 600 de profondeur. Jugez de ce que fera une batterie ou un groupe de batteries.

Il m'a été donné de voir un groupe tirant 50 coups par pièce en 8 minutes, ce fut un spectacle inoubliable : une nuée d'orage sembla s'élever du fond de la vallée, elle servait de linceul à une brigade allemande dont les cadavres jonchaient la plaine.

On ne trouve plus mes méthodes trop savantes, c'est à leur application stricte que nous devons certainement nos derniers succès dans l'Artois.

Chaque jour nos pièces de 75 ont dû tirer près de 400 coups par pièce et nos canons lourds au moins 150 coups.

Sur le front de sept kilomètres, il pouvait y avoir trente batteries de campagne et une vingtaine de batteries lourdes en action.

Ces batteries devaient tirer facilement 30.000 obus de 75 et 10.000 obus de gros calibre par jour.

Le roulement du tonnerre est faible à côté de celui que produisent ces détonations simultanées et ininterrompues.

Nous ne saurions avoir trop de reconnaissance au lieutenant-colonel Deport, l'inventeur du 75, non plus qu'au général Deloye, le directeur d'artillerie qui nous en a dotés.

Quelle diplomatie, quelle persévérance a déployées ce dernier ! Un mot suffira pour vous en convaincre : Le canon de 75 doit être payé avec l'argent que fournira le déclassement des fortifications de Paris !

Encore la supériorité du feu.

Sur les champs de bataille nous avons obtenu la supériorité du feu par notre canon de 75, ses salves ont partout brisé l'offensive allemande, et aujourd'hui ce sont elles qui ouvrent la route à nos fantassins.

Les Allemands avaient compté sur un autre facteur.

Si le journal du comte Axel von Schwering, publié par les *Lectures pour tous*, n'est pas apocryphe, Guillaume II désignant du doigt la statue de son grand-père aurait dit :

« Le grand Empereur dont j'occupe la place avait son armée ; moi, j'ai mon canon, et savez-vous ce que cela signifie, mon cher ami ? Cela signifie pour nous la possession d'une arme telle qu'on ne vit jamais sa pareille, et qu'elle balayera non seulement les hordes de nos ennemis, mais aussi tous les moyens de défense dont ils disposent. »

Cette phrase me paraît plaider en faveur de l'authenticité du journal du comte Axel von Schwering, car elle exprime parfaitement ce que je crois l'idée maîtresse des Allemands, qui était de s'assurer la victoire par leur mortier de 15.

Ils se sont trompés.

Malgré ses effets terrifiants, la « marmite » a un champ meurtrier plus restreint que l'obus de 75, — il est vrai que, sur les lieux habités, elle est extrêmement dangereuse — mais il est difficile d'obtenir avec de l'artillerie lourde, sur l'ensemble du champ de bataille, une densité de feu suffisante. Six obus de 75 valent mieux qu'un obus de 15. Les Allemands l'apprirent à leurs dépens.

Il n'en est pas moins vrai que nous manquions d'artillerie lourde dont je suis loin de mépriser les effets.

Nous ne possédions dans les équipages de campagne que quelques pièces de 155 à tir rapide, dites « Rimailho » ; c'est une pièce sans portée.

Nous avons, depuis huit mois, rattrapé le temps

perdu ; ce sont nos mortiers ou canons courts : de 120, de 155 et de 220 qui sont accourus au front pour écraser les défenses allemandes de première ligne.

Puis les vieux canons longs : de 95, de 120, de 155, — je ne parle pas du 105 long ni des autres engins nouveaux.

Grâce à eux, nous avons reconquis la supériorité du feu d'artillerie lourde et cela non seulement par nos mortiers, mais surtout par nos canons longs dont la portée est supérieure à celle des pièces ennemies — je ne parle pas du 380 de Dunkerque.

Les canons Lahitolle et de Bange, antérieurs à 1880, ont fait bonne figure devant l'artillerie allemande de 1914 ! Nous ne devons pas oublier les noms de ces créateurs de l'artillerie moderne, non plus que celui du général de Reffye, leur précurseur.

La prophétie d'Orval.

Pendant les premiers jours de la campagne, je fus logé au presbytère de L… Dans quel calme nous y avons passé les quinze jours qui nous séparaient de celui où devait éclater l'orage ! Oh ! le joli presbytère, avec ses chambres claires, son jardin de curé où, dès le matin, la mère du pasteur et la servante bêchaient, plantaient, sarclaient, et la rivière entourait le jardin.

Un petit barrage, qui détournait les eaux pour le canal du moulin, formait une cascade, dont le murmure nuit et jour vous berçait.

Les repas étaient charmants ! Le bon petit curé nous avait donné sa salle à manger. Son âme était simple, naïve et bonne, il avait conservé les allures et les sentiments des paysans de vieille race, joints à la simplicité et à la cordialité du séminariste, et gaîment, il tenait sa partie, en nous contant des histoires du pays.

Que voulez-vous ! j'aime ces vieilles histoires. Puis elles convenaient à notre situation. L'âme du vrai soldat est simple.

Vers le 10 août, il nous dit :

— Vous ne connaissez pas la prophétie d'Orval, je suis des environs d'Avioth, dont la superbe église a été bâtie par les moines d'Orval. Dans le pays nous croyons tous à cette prophétie.

Nous invitons le curé à nous la raconter ; et voici le récit qu'il fit devant cinq officiers et que j'ai transcrit presque immédiatement :

— Cette prophétie est antérieure à la Révolution, elle a annoncé les désastres de 1870. Voici ce qu'elle prédit pour la guerre qui commence : « En 1914, une grande guerre éclatera, où tous les peuples de l'Europe prendront part. Les armées françaises et allemandes se battront près d'Orval. Et voilà qu'entre *les deux Notre-Dame* le Pape mourra et que les Français subiront de grands revers. A la *deuxième* Notre-Dame, la victoire changera de camp, elle passera aux Français pour ne plus les abandonner. Mais ce ne sera *qu'avec beaucoup de temps et de sang* que les Français parviendront à chasser les Allemands de leur pays. Lorsqu'ils y seront arrivés, l'empire allemand s'écroulera. »

Tous nous fûmes frappés de la précision du récit.

Le lendemain même nous apprenons la mort du Pape.

Puis, à partir du 15 août, la première Notre-Dame, ce sont les jours sombres de la retraite. Chaque soir, lorsqu'après le combat il fallait toujours reculer nous disions pour remonter nos courages : « Attendons le 8 septembre ! »

Quelles journées d'angoisses, de dangers, mais jamais de désespérance !

Nous sommes sur la Marne. Ordre de tenir jusqu'à la mort et nous obéissons. Le 8 septembre ne doit-il pas être le jour de la victoire.

Le 7 septembre quel concert ! lorsque, vers 7 heures du soir, les Allemands lancent dans le ciel les signaux bien connus annonçant la cessation du feu. Nous nous disons incrédules : « Est-ce bien demain qu'ils battront en retraite ? »

Hélas! le 8, dès 4 heures du matin, l'orchestre des marmites recommence de plus belle.

Le 9 nous désespérons, les attaques sont plus violentes que jamais, à droite nous faiblissons.

Le 10, jusqu'à midi, la situation semble s'aggraver. Les troupes sont vraiment à bout de résistance. Toutefois, le soir, une attaque faite par nous à gauche réussit. Allons ! nous tiendrons encore !

Le 11 au matin, miracle ! il n'y a plus un Allemand devant nous ! Nous n'osons y croire. Et pourtant, c'est vrai. Nos colonnes traversent les villages incendiés. On regarde curieusement cet immense champ de bataille où s'étalent tant de ruines, où les cadavres sont entassés par milliers.

Les soldats ramassent des casques à pointe, des toiles de tente.

On ne comprend pas. Pourquoi sont-ils partis ? Ce n'est pas l'ivresse de la victoire telle que je l'avais rêvée !

Un vague pressentiment nous avertirait-il que nous n'avons fait que le premier pas sur le dur chemin qui doit nous mener au succès final ?

Puis, peu à peu, les nouvelles se précisent. On apprend que c'est le 8 septembre que la droite ennemie a commencé à fléchir et que progressivement le mouvement de retraite s'est étendu à toute la ligne allemande.

Hurrah pour la prophétie ! Hurrah pour la « deuxième Notre-Dame » !

C'est déjà le 8 septembre qu'il y a 60 ans nous

prîmes Sébastopol. Hurrah pour la sainte Vierge !

Avec les canons de Sébastopol on a fait Notre-Dame du Puy.

Nous, nous relèverons, sainte Vierge, tes sanctuaires détruits par les Allemands.

La prophétie nous prédit qu'il nous faudra verser pendant longtemps encore le plus pur de notre sang. Nous sommes prêts à ce sacrifice.

Pauvre petit curé de L..., qu'es-tu devenu ? J'ai entendu le canon gronder près de ton village. On dit qu'ils l'ont incendié. J'espère que la Vierge t'aura protégé, qu'elle aura sauvé tes paroissiens de l'incendie, du sac et du carnage. J'espère que les Allemands ne t'auront pas fusillé, comme ils l'ont fait pour tant de tes confrères.

Après la guerre, j'irai te rendre visite, j'écouterai tes histoires, te raconterai les miennes, puis, ensemble, nous monterons faire une prière à ton église.

L'arbre porte ses fruits en son temps.

— Si vous ne croyez ni à la percée, ni à la bataille décisive, me dit-on, alors cela ne finira jamais !

Mais c'est le contraire que je répète depuis le premier jour où j'ai écrit. Cela finira bien, cela finira peut-être plus vite que vous ne croyez, et, jusqu'ici, les événements semblent me donner raison.

L'arbre porte ses fruits en son temps, nous dit la sagesse des nations.

Quoi que vous fassiez, vous ne vendangerez pas au mois de juin.

Quand le fruit est mûr, il se détache lui-même de l'arbre.

Or, la maturité paraît se faire dans d'excellentes conditions.

Si tout continue à se passer normalement, j'ai dit qu'au mois de septembre les Austro-Allemands seraient singulièrement affaiblis par la perte de leur cinquième million d'hommes, et que bien avant, des événements décisifs pourraient amener notre victoire définitive.

Il y aura donc des événements décisifs?

Évidemment, mais ils le seront par suite de l'époque à laquelle ils se produiront, et les effets produits seront hors de proportion avec la cause immédiate qui les aura occasionnés.

Une poussée locale déterminera l'écroulement du mur que, pendant de longs mois, nous avions sapé sur toute sa longueur.

Dans la guerre de Sécession, comme je l'ai déjà montré, les Nordistes ne triomphèrent des Sudistes qu'après les avoir usés par trois ans de lutte. La prise de Charleston fut l'événement décisif parce que les Sudistes bloqués ne pouvaient recevoir de renforts, et que leur armée était réduite à quelques dizaines de mille hommes.

La guerre d'Orient de 1855 nous offre un exemple non moins remarquable.

La prise de la Tour de Malakoff fut l'événement décisif ; et, pourtant le lendemain l'armée russe, campée sur la rive gauche de la Tchernaïa, était presque aussi forte que la veille.

Mais cette prise de Malakoff était un succès qui survenait après deux ans de luttes opiniâtres. Les pertes avaient été cruelles des deux côtés, celles des Russes s'étaient élevées à 700.000 hommes.

L'empereur Alexandre qui aurait pu prolonger la guerre, avait des idées beaucoup plus pacifiques que le tsar Nicolas, à qui il venait de succéder. Il voulait faire la grandeur de la Russie par la paix. Les intérêts primordiaux du pays n'étaient pas en question, une paix honorable lui était offerte, il traita.

Aujourd'hui la question est plus grave, ce sont les existences des peuples qui sont en jeu. Nous ne pouvons espérer la victoire que par l'anéantissement des forces de l'ennemi. Ces forces étaient immenses, il fallait du temps et de la patience. Mais le moment de la récolte approche.

L'arbre portera ses fruits en son temps.

L'armée russe.

J'ai eu la chance de trouver le rapport suivant sur les forces de la Russie adressé, par un agent secret, au roi de Prusse :

« Si l'immense État, connu sous le nom de Russie Européenne et Asiatique, était tout aussi peuplé que la France et l'Allemagne, il mettrait sans peine l'Europe dans sa poche. Cependant, à la manière dont on y fait les recrues, on voit bien qu'il n'est pas aussi pauvre en habitants qu'on semble le croire ailleurs.

« Il en est de même des revenus... Ce qui fait que, dans ce pays, on rend possible des choses auxquelles il ne faut pas penser seulement ailleurs.

« Je tiens cet État invincible sur la défensive. C'est une hydre dans ce cas : les armées y naissent comme les hommes ailleurs, et ne coûtent pas plus à mettre sur pied que Cadmus n'en eut à créer des hommes armés de pied en cap en semant les dents du dragon.

« Une guerre réglée au dehors est onéreuse à toute nation ; mais que n'expédie-t-on pas en deux ou trois campagnes en y allant comme les Russes le font ?

« On peut tout attendre de troupes capables, comme les Russes, de soutenir des marches effroyables sans succomber à la faim ou à la soif.

« Le Russe est soldat aussitôt qu'il est armé. On est sûr de le mener à tout, parce que son obéissance est aveugle et sans égale. Avec cela, il se nourrit mal et de peu.

« Enfin, il semble fait exprès pour les grandes expéditions, et s'il y a encore une armée qui puisse nous donner idée des troupes anciennes, c'est une armée des Russes. »

Voilà qui est réconfortant pour nous ; Guillaume II doit être édifié sur les qualités de ses adversaires.

Mais il fut moins prudent que son aïeul Frédéric II, qui évita toujours de s'engager à fond contre les Russes, et c'est à Frédéric, encore prince héritier, que le rapport ci-dessus fut adressé par son ami le comte de Sühm, le 2 septembre 1737.

Il faut lire le questionnaire que le futur roi avait adressé à son ami. Il y a vingt questions numérotées auxquelles il doit répondre. On ne traçait pas mieux de nos jours, à la Wilhelmstrasse, la besogne des espions.

Mais ceci dit, je trouve admirable le rapport du comte de Sühm, qui n'était pas militaire, mais philosophe et diplomate.

Le soldat russe n'a pas changé depuis 1737. Malheureusement, le développement économique de la Russie est inférieur à celui de l'Allemagne. Grâce à la supériorité de ses usines, pendant dix mois, l'Allemagne a réussi à empêcher l'invasion russe. Mais au prix de quels sacrifices en hommes! Cependant, les armées russes continuent à sortir de terre, pendant que s'épuisent les forces allemandes.

La taupe et le moineau.

Lorsque j'étais à l'école, souvent le dimanche j'allais déjeuner chez le vieux colonel Dussaërt, artilleur en retraite.

Cet excellent homme adorait la jeunesse, et deux ou trois Flamands de mes amis étaient convoqués comme moi à venir chez lui manger la kermesse d'Hazebrouck, mets national des compatriotes de l'abbé Lemire.

Après déjeuner, nous écoutions les campagnes du colonel. Il avait une théorie qui m'avait frappé, il l'avait d'ailleurs exposée au ministre de la Guerre dans un mémoire, avec superbes dessins à l'appui.

Il prétendait que le meilleur système défensif de la France consisterait en des tranchées bien flanquées par des ouvrages, tous les cinq cents mètres.

« Avec ce procédé, disait-il, les énormes armées qui devraient entrer en ligne suffiraient à garnir tout le front et seraient invulnérables, grâce à l'artillerie qu'on placerait en arrière. »

Par respect pour le vieux brave, et reconnaissants de l'excellent déjeuner que nous avions fait, nous nous gardiens de le contredire. Mais, en sortant, nous moquions-nous assez de sa muraille de Chine !

Dans le paradis des vieux soldats, où il est certainement, quelle doit être sa satisfaction de voir se réaliser ses prévisions !

Mais, hélas ! Ce ne fut pas ce sentiment qu'éprouva l'armée française lorsque, le 14 septembre, elle se trouva arrêtée net par cette guerre d'un nouveau genre.

Qui, chez nous, aurait jamais cru pareille chose ? Personne, pas plus moi que d'autres.

Tout le monde avait-il assez blagué la *barbette*, nom par lequel on désignait la fortification ! Est-ce qu'une troupe française est arrêtée par un fossé !

Aussi nos fantassins n'étaient nullement préparés à la besogne qu'on leur demandait. N'était-ce pas aux sapeurs qu'incombait le devoir de creuser la terre ? Nos pauvres sapeurs, quels efforts surhumains on leur a demandés ! Ce ne fut qu'à la longue qu'on put former nos fantassins au travail de la terre.

Quelle méthode, au contraire, chez l'Allemand ! L'officier est sans pitié, l'homme même harassé devra piocher. Et comme ils organisent leurs ouvrages ! Lisez la description de la manière dont ils avaient fortifié Carency. C'est comme cela tout le long du front.

Des fossés, des fils de fer, des fortins blindés, une débauche de mitrailleuses, puis des abris de toute nature.

L'Allemand est une vraie taupe.

Le moineau français a bien de la peine à comprendre la nécessité de vivre sous terre.

Le pauvre s'y est fait, et comme il y voit plus clair que la taupe, qu'il vole où l'autre se traîne, nous aurons vu le spectacle bizarre du moineau vainqueur de la taupe.

La vision.

Quittant le théâtre d'opérations de Galicie, le Kaiser est resté seul dans son wagon, dont il avait tiré les rideaux.

Il laissait les aigles austro-allemandes se débattre de la Vistule au Dniester. Leurs serres étreignaient des débris pantelants qu'ils déchiraient de leurs becs. Mais les plumes de leurs ailes étaient brisées et les sinistres oiseaux ne pouvaient plus s'envoler des bourbiers sanglants où ils luttaient depuis un mois contre les ours moscovites.

Le Kaiser, vieilli, sentant ébranlé jusqu'en ses fondements l'édifice de l'Empire, s'est laissé tomber sur les coussins du wagon, il ferme les yeux et cherche à oublier la terrible vision.

Des millions de fantômes ont aussitôt peuplé ses rêves. C'étaient tous les soldats de France, d'Angleterre, de Russie et d'Allemagne, tombés sur les champs de bataille de la plus terrible des guerres et qui, couverts de blessures, défigurés, sanglants, défilaient devant lui en criant : « Voilà l'empereur maudit, auteur de cette guerre ! »

Puis venaient les mères et les épouses en deuil, traînant par la main les enfants orphelins, et qui, fixant sur lui leurs yeux remplis de larmes, répétaient le cri : « Voilà l'empereur maudit ! »

C'était ensuite le défilé des captifs, des otages, des émigrants chassés de leurs foyers, périssant le long des chemins, innocentes victimes qu'avait foulées le pied des chevaux, qu'avait insultées le barbare envahisseur, et qui unissaient leurs malédictions à celles des soldats, des mères et des veuves.

Enfin, voilà la longue théorie des martyrs, des prêtres torturés, des vierges livrées à la soldatesque, et derrière elles les femmes et les enfants que, par un raffinement de rage et de cruauté, il a fait périr en mer, et qui eux aussi, du fond de l'abîme, crient à la face de Dieu : « Malheur à l'empereur maudit ! »

En vain il essaye d'échapper aux sinistres visions ! A chacun de ses pas il laisse derrière lui des traces et des larmes de sang.

Son œil pour un instant reprend l'éclat métallique.

— Je périrai, dit-il, mais le dernier Allemand périra avec moi et les vibrations de mon glaive ébranleront le monde.

O mon Dieu, n'est-il pas assez de sang versé ?

N'écraserez-vous pas bientôt l'empereur maudit qui fut le bras dont vous vous êtes servi pour relever nos énergies ?

La meilleure part.

Un de nos confrères, il y a quelque temps, se plaignait que des gens qui se battaient étaient moins favorisés que des non-combattants, et il terminait en disant : « Si le roi le savait !... »

Je m'étonne qu'en la circonstance notre confrère ait aussi gravement oublié sa philosophie.

Ceux qui se battent n'ont-ils pas la meilleure part ? Le poète n'a-t-il pas dit :

> Et mon ambition, quand vint sur la frontière
> L'étranger,
> La voici : part aucune au pouvoir, part entière
> Au danger.

Écoutez, du reste, Tolstoï que je considère comme le meilleur peintre des guerres nationales... Ses deux héros militaires sont deux officiers de troupe : le comte Rostow et le prince André.

Le prince André se perdit, à tout jamais, dans l'opinion de la Cour, en se bornant à demander à l'Empereur de servir dans l'armée active, au lieu de solliciter un emploi auprès de Sa Majesté.

Avec quel dédain le traite son ami le diplomate Bibibine :

« Essayez, lui dit-il, les choses d'un autre point de vue et vous verrez que votre devoir est au contraire de vous garder de tout péril. *Que ceux qui ne sont bons qu'à cela s'y jettent.*

En 1812, lorsque Kutuzow prend le commandement, il dit au prince André : « Je t'ai fait venir pour te garder près de moi.

— « Je remercie Votre Altesse, reprend le prince André, je tiens à mon régiment ; je crois que mes hommes ont de l'affection pour moi, j'aurais du chagrin de m'en séparer ; si je refuse l'honneur de rester avec vous, croyez que... »

Une expression bienveillante passa sur la grosse figure de Kutuzow qui l'interrompit en disant :

« Je le regrette, mais tu as raison ! Ce n'est pas ici que nous avons besoin d'hommes, si tous les officiers voulaient servir comme toi dans les régiments ça vaudrait beaucoup mieux... »

« Suis ton chemin ! A la grâce de Dieu ! Je sais qu'il est celui de l'honneur. »

Voilà comment le prince André se fit tuer d'un éclat d'obus à la bataille de Borodino.

Son ami Rostow, plus heureux, revint après avoir donné de beaux coups de sabre, sans recueillir beaucoup d'honneurs.

Il épousa la sœur de son ami le prince André ; de

son côté la sœur de Rostow épousa le bon prince Pierre. Ils allèrent vivre en leurs terres, y eurent beaucoup d'enfants, dont les fils, soyez-en sûrs, sont à la tête des bataillons et des escadrons qui combattent aujourd'hui si magnifiquement pour la sainte Russie.

Ceux qui se battirent n'eurent-ils pas encore la plus belle part ?

Le plan de l'Italie.

On prétend que Bonaparte, montrant sur la carte les plaines de Marengo aurait dit : « C'est là que je battrai l'ennemi. » Je n'en crois pas un mot ! Et pourtant il était Bonaparte, et il savait comment il allait engager son armée. Moi je dis nous ne les battrons nulle part, mais nous les battrons partout.

Nous ne sommes plus en 1800, où les armées comptaient quelques dizaines de mille hommes, ce sont des armées de dix millions d'hommes qui sont en action.

Quant à mon avis, ce ne peut être que celui de l'indépendant que je fus toujours. Les stratèges ne m'ont jamais compris, quand j'ai causé avec eux.

Mais eux certainement je ne les comprends pas. Je ne puis dire ce que je vois, et comme je le vois ; et on me traite, selon le cas, ou de poète ou de savant.

Ce que je vois, mais d'abord, c'est une armée d'au moins 1.500.000 hommes de première ligne, avec 1.000.000 de réserves immédiates, qui vient combattre avec nous.

Puis, c'est une frontière austro-italienne d'environ 500 kilomètres de longueur, qui se trouve fermée, et complète un investissement qui ne sera terminé, que le jour où la Roumanie entrera en action.

450 kilomètres de cette frontière sont formés par les plus hautes chaînes alpestres. Les Autrichiens en tiennent les sommets, et les pentes tournées vers l'Italie.

Ils y sont puissamment fortifiés. Il faudrait pour que les Italiens puissent traverser cette barrière que leurs ennemis fussent réduits, à ce qu'étaient les Bulgares à la fin de la guerre balkanique, et n'opposent pas de résistance.

Je ne crois pas non plus la défense italienne difficile dans les hautes vallées de l'Adda ou de la Piave ou dans les défilés de Rivoli.

Les Autrichiens n'ont plus les effectifs nécessaires pour tenter une grande offensive dans la vallée du Pô.

A l'est, parallèlement à l'Isonzo, s'ouvre un terrain plus favorable aux opérations. Mais le front n'y est que de 50 kilomètres environ. Les Italiens peuvent être tentés d'envahir la Carniole et se diriger sur Leybach et de faire le siège de Trieste.

Au début des hostilités, on ne voit pas l'emploi d'une force de plus de 400.000 hommes, employée à ces opérations, qui ne se développeront pas, je le crois, avec facilité.

Si nous ajoutons 200.000 hommes de réserve, nous ne trouvons l'emploi que de 650.000 hommes.

Que fera-t-on du reste ?

On parle d'autres théâtres. Je ne suis pas dans le secret des Dieux, mais il paraît difficile à une armée de débarquement aux côtes de Dalmatie d'entreprendre des opérations de grande envergure.

La meilleure application de l'armée italienne consistera dans la collaboration intime, avec laquelle elle opérera, certainement, avec les armées alliées, depuis la mer du Nord jusqu'aux Dardanelles.

Le triomphe... de la logique.

Richepin nous montre, en poète, les miracles accomplis en notre faveur au cours de la campagne.

Pour qu'il ne puisse y avoir de doute sur sa pensée, il nous donne la définition suivante du miracle. Elle n'est pas très orthodoxe, mais, qu'importe. « Le miracle, dit-il, c'est la chose qui se passe contrairement à toutes les prévisions, à toutes les lois de la raison, dans la pleine absurdité. »

Eh bien ! O poète, je me permets de vous dire que si les événements se sont passés contrairement à toutes les prévisions, ils se sont développés conformément aux lois de la raison et en pleine logique.

Quoi de plus logique, par exemple, que l'envahissement de la Belgique, étant donné que cette opération paraissait utile aux Allemands et que nous aurions dû savoir qu'ils n'étaient pas gens à s'embarrasser d'un chiffon de papier ?

Quoi de plus logique que nos insuccès du début ?

Quoi de plus logique que la bataille de la Marne ? Les Allemands ont négligé des principes stratégiques, nous ne valions pas la peine de tant de précautions. Les Français sont arrivés à former une ligne continue de Rouen à Verdun. Les fronts sont inviolables. Les Allemands en font la triste expérience; ils craignent pour leur droite, ils manquent de munitions. Comme Napoléon à Leipzig, ils se retirent. Encore une fois, quoi de plus logique ?

Dans un autre ordre d'idées. Ce n'est certainement pas pour être agréable aux prêtres que l'on a crié aux curés : sac au dos. Résultat : les curés sont capitaines, lieutenants, sergents, caporaux, infirmiers, même aumôniers. Mais pendant cette guerre terrible, où, comme dans un creuset, se refondent les âmes, chaque régiment a son curé qui fait aimer et respecter la religion. N'est-ce pas logique ?

La Providence n'a pas besoin de miracles pour que

les événements prennent l'orientation qu'elle a voulu leur donner de toute éternité. Il lui suffit pour cela d'inspirer à un général, à un empereur, à un ministre un acte le plus souvent insignifiant.

C'est la théorie de Bossuet, c'est celle de Tolstoï.

Écoutez ce dernier : « Le cœur des rois est dans les mains de Dieu ! Les rois sont les esclaves de l'histoire. » (*Guerre et Paix*, tome II, p. 219.)

La Providence met à profit chaque minute de la vie de tous les chefs pour les faire concourir à son but.

Nous tirons de cela d'abord une espérance. La Providence n'a pas, contrairement à toute prévision, fait tourner jusqu'ici les événements en notre faveur, pour nous abandonner maintenant.

Nous voyons de plus que les droits de la raison sont sauvegardés et lorsque nous pouvons constater comme en ce moment que tous les facteurs sont pour nous, nous sommes en droit de conclure que le succès est certain.

De vraies Françaises.

Aujourd'hui je reçois une lettre qui réveille chez moi le souvenir de beaux combats et de tristes spectacles.

Une réfugiée de B... m'écrit et après m'avoir rappelé le succès de nos armes près de ce village, elle me dit :

« Nous avons appris que le 31 août, B... a été bombardé avec des bombes incendiaires, nous sommes brûlés complètement, notre cœur saigne à la pensée de ne pas avoir un souvenir de famille. Mais au moins ces barbares n'auront rien enlevé. C'est avec fierté que nous souffrons pour notre patrie cette nouvelle épreuve et nous espérons que bientôt l'envahisseur sera châtié et que notre France sortira victorieuse de cette maudite guerre. »

Pauvre femme!

C'est le 25 août au soir, nous arrivons à B..., il fait nuit noire, il pleut, nous sommes harassés. Un heureux hasard nous conduit à sa porte. Elle me reconnaît, c'est une ancienne commerçante de L. F. où elle habitait en face de chez moi. Aussitôt nous sommes choyés comme des enfants. La vieille mère, deux jolies nièces s'empressent à nous servir.

Ce sont des œufs, du jambon, de bons lits. Je ne dis pas que nous ayons beaucoup dormi; réveillés par les ordres dès une heure du matin, nous nous tenons en chemise et caleçon à la fenêtre prêtant l'oreille aux bruits de toute nature qui troublaient la nuit.

Le 27 août, nous repoussons victorieusement toutes les attaques de l'ennemi.

L'artillerie brise les ponts, écrase les brigades qui s'efforcent de passer la rivière; l'infanterie anéantit ce qui avait échappé aux obus et nous restons toute la journée du lendemain sur nos positions.

Mais le 27 au soir, nous avons appris que les corps d'armée voisins avaient été moins heureux. Demain ce sera encore la retraite !

Aussi le soir en rentrant, je dis à mon hôtesse : « Il faut partir, vous ne pouvez laisser ces jeunes filles dans un pays que vont occuper les Allemands. » Et la pauvre femme, sa mère et les deux nièces s'en sont allées dans la nuit.

Oh ! ces convois d'émigrants ! vous ne les avez pas vus, politiciens incorrigibles. Moi, je ne les oublierai jamais. Je verrai toujours ces chars où étaient entassés des matelas sur lesquels étaient hissés les enfants et que suivaient les femmes et les vieillards, puis c'étaient des femmes en toilette de dimanche, poussant des voitures d'enfant, des vaches sont chassées par une paysanne. Le lugubre défilé emplit les routes. Dans les champs, tous les pas, de lugubres campements. Les soldats pleurent de rage de n'avoir pu défendre ces malheureux ; ils détournent leurs yeux de leurs yeux, de peur d'y lire un reproche.

La route arrive-t-elle à un défilé, que l'armée doit traverser, les gendarmes chassent les émigrants qui encombrent le passage.

La vision la plus triste est celle des enfants qui ont perdu leurs parents.

A S... je trouve un petit de cinq ans sans mère, il

est parti seul effaré d'un village que mes obus ont brûlé. Je donne une aumône à la femme qui l'a recueilli et je détourne la tête.

Quant à mon hôtesse, un de mes officiers l'a vue sur la route, elle a perdu sa mère et une de ses nièces.

Plus tard j'apprends qu'elles sont toutes réunies à Saint-D... Le sous-préfet a bien voulu m'assurer qu'elles ne manqueraient de rien.

Les Allemands, pour se venger de leur défaite à B.... ont brûlé le village.

Les pauvres émigrantes qui n'ont rien, offrent cette nouvelle épreuve à leur patrie et espèrent que ce sacrifice sera utile à la France.

Quelle belle leçon ! Ce sont de vraies Françaises.

La guerre des peuples.

Si Napoléon revenait aujourd'hui sur la terre, je ne dis pas qu'il serait étonné. Il était de ces hommes qui ne s'étonnent de rien.

Néanmoins, je crois que son génie se trouverait désarmé en présence de la guerre des peuples qui est actuellement déchaînée en Europe.

L'Empereur avait merveilleusement transformé l'art de la guerre. Jamais main plus sûre que la sienne ne conduisit une armée à la victoire. Pourtant, sans toucher à sa gloire, on peut dire que son génie ne s'éleva pas à la hauteur des obstacles qu'il rencontra lorsque l'Espagne, la Russie, puis l'Allemagne, jointes à l'Angleterre firent contre lui la guerre des peuples. Cette guerre où, pour être vainqueur, il faut non seulement occuper tout le territoire de l'ennemi, mais encore tuer jusqu'à son dernier homme !

En modifiant ses procédés, Napoléon aurait pu probablement triompher des Russes en 1812 et, plus tard de la coalition, au commencement de 1813.

Mais que des victoires ne puissent suffire à réduire les adversaires à merci, son esprit se refusait à cette conception.

Or, la véritable caractéristique de la guerre actuelle, c'est que c'est une guerre de peuples. L'Allemagne a voulu conquérir le monde. Nous, nous luttons pour la vie. La guerre ne peut prendre fin que par l'anéantissement de l'un des adversaires.

Aussi, en présence de l'immensité des champs de bataille sur lesquels combattent des millions d'hommes, il ne saurait être question de ces victoires décisives qui désorganisent complètement l'ennemi et transforment ses armées en troupeaux.

Une fois la manœuvre d'enveloppement évitée, ce qui est facile avec les énormes forces en action, un pays ne sera réellement battu que lorsqu'il n'aura plus le nombre de soldats suffisants pour couvrir sa frontière.

En 1859, par exemple, les Autrichiens n'étaient pas vraiment battus à Solferino. L'empereur Napoléon III fut heureux d'accepter l'armistice de Villa-Franca.

En Mandchourie, pas plus qu'après Sébastopol, les Russes n'étaient à bout de force. Ils préférèrent traiter plutôt que continuer la lutte ; voilà tout.

Aujourd'hui, les Austro-Allemands ne peuvent plus espérer le succès. Les forces des Alliés sont près de deux fois supérieures aux leurs.

Nous, au contraire, nous pouvons et nous voulons battre les Allemands, et nous sommes presque au bout de notre tâche. Ce n'est pas par des victoires que nous aurons désorganisé leurs armées, mais en les usant. Et leur usure est formidable.

Comme Napoléon, en 1813, au lendemain de Dresde ils refusent de croire à leur défaite certaine.

Quelle que soit la forfanterie de leurs chefs, ils sentent pourtant que la catastrophe est proche et que l'ouragan qu'ils ont déchaîné renversera leurs trônes et déracinera leurs empires.

La consolation des mères.

Un académicien a prononcé, ces jours derniers, les paroles suivantes sur la tombe d'un soldat, décédé à l'hôpital, des suites de ses blessures :

« Avec une émotion redoublée, j'amène ici, le vingtième des morts de notre hôpital ; c'était un enfant, ce conscrit de 1915...

« Faut-il le plaindre? Tomber à vingt ans, un refrain guerrier aux lèvres, dans l'enivrement du combat victorieux ! Celui qui meurt jeune est aimé des Dieux. Il laisse dans le souvenir de ceux qui l'ont aimé une image ineffaçable que les années, les infirmités, la laideur, la décrépitude et la mort n'atteignent point et, sur la stèle de la Victoire, son effigie parée d'iris et d'asphodèles demeure pour toujours ombragée de lauriers. »

Vous croyez que si la mère du soldat tombé au champ d'honneur suivait la cérémonie, elle aura été consolée par ce discours académique qui dérive directement de la prière à l'Acropole de Renan.

Mais non ! monsieur l'Académicien, vous n'avez pas parcouru les cimetières en arrière des tranchées. Si vous y étiez allé, vous n'auriez pas vu de stèle de la Victoire, mais des milliers de petites croix de bois, symboles d'espérance et de résurrection. Sur ces croix ni iris, ni asphodèles, un nom écrit au crayon, quelquefois un képi portant le numéro du régiment à qui appartenait le défunt. Sur les tombes des officiers, ou d'un camarade particulièrement regretté, un petit jardin, où sont plantées quelques fleurs des champs.

Quant aux consolations véritables que reçoivent les mères et les épouses qui ont perdu un fils ou leur mari, c'est la lettre du chef qui rappelle la bravoure de celui qui est mort pour la France ; c'est la lettre de l'aumônier qui lui dit qu'il est au ciel.

Jamais je n'oublierai la cérémonie à laquelle j'assistai le 1er novembre dernier : c'était un service célébré à la mémoire d'un de mes colonels tombé au champ d'honneur, quelques jours auparavant.

Les obus allemands avaient défoncé la toiture de la jolie église du village, elle menaçait ruine, aussi le service eut-il lieu en plein air, dans un jardin.

Tous les soldats du régiment qui n'étaient pas de service étaient là. Il y avait en plus un bataillon qui revenait des tranchées, et avait perdu la veille 200 hommes.

Tout près, on entendait une fusillade incessante. Et nous étions à la merci d'un caprice passant dans la cervelle d'un artilleur allemand, lui suggérant l'idée de tirer sur le village.

Un de mes amis me disait : « Depuis l'entrée en campagne, je n'ai pu assister sans émotion à une cérémonie religieuse. »

Ce jour-là nous étions tous émus. Un officier servait la messe, et lorsque l'aumônier nous parla des morts, de leur gloire, de l'utilité du sacrifice et de sa récompense, plus d'une larme vint humecter les paupières.

Je n'ai pas besoin de dire qu'il ne fut question ni de stèle, ni d'iris, ni d'asphodèles.

Le sonneur ne peut suivre la procession.

Un proverbe de chez moi, dit : « Chacun parle de la foire, comme il y a vendu. »

On pourrait dire de même : « Chacun parle de la guerre, comme il y a servi. »

Que j'en ai vu de ces officiers, accomplissant avec le plus grand calme, le plus froid héroïsme, les missions les plus difficiles. Hélas ! chaque jour, j'apprends qu'un de ces braves camarades est tombé au champ d'honneur. Leurs derniers mots qu'on me rapporte, sont des paroles d'encouragement et de gaîté.

Et nos soldats ! Je parle des vrais soldats de vraie souche française. Tenez ! j'ai sur ma table une vingtaine de lettres émanant du front. J'en choisis une. Voici ce qu'écrit un soldat :

« Les obus tombent comme grêle. Heureusement qu'on commence à se faire à cette vie-là ! On a déjà vu des jours comme ça et si on a quelques dégringolades, cela ne fait pas perdre courage, au contraire ! On veut venger nos camarades et on redouble d'énergie. Enfin, *on est tranquille et l'on fait tout son possible pour contenter nos chefs.* »

Comment trouvez-vous cet « *on est tranquille* » ? écrit sous la mitraille. Pour moi, il est admirable et dépeint l'âme de nos troupiers

Ils sont tranquilles et font ce qu'ils peuvent pour contenter leurs chefs.

Où nos petits soldats m'ont surtout frappé, c'est dans une retraite. Ils reviennent *tranquillement*, prêts à se porter en avant si le chef le leur demande.

Leur caractéristique, c'est le calme, la résignation, l'émulation et le dévouement à tout chef digne de ce nom. Avec cela vous pouvez comprendre le soldat français, et être tranquilles, comme eux.

Depuis mon retour du front, j'ai causé à bien des gens, des réfugiés, des veuves et des mères qui tous ont sacrifié à la patrie ce qu'ils ont de plus cher. Jamais sur leurs lèvres une parole de récrimination ou de désespoir.

Admirables femmes de France, comme elles portent leur deuil avec dignité.

Se trouve-t-il encore des gens qui voudraient leur interdire de chercher leur consolation dans les églises, ou d'aller peut-être demain pleurer dans un cloître celui qu'elles ont perdu ?

Ce n'est que chez ceux qui n'ont en rien servi à la guerre, qui n'y ont rien perdu, ni frère, ni fils, ni argent, que j'ai entendu des plaintes.

Hélas ! il en est d'autres qui sont persuadés que la meilleure manière de servir à la guerre est de parler.

Tel a préféré cette fonction d'orateur à celle de commandant de batterie et il espère, par sa parole, réconforter ses camarades !

Je comprends très bien son idée car un autre proverbe de chez moi, dit : « Le sonneur ne peut pas suivre la procession. » C'est évident, du moment que les sonneurs sont nécessaires !

Quels résultats obtiennent-ils ?

Platon nous a dit : « Ceux qui espèrent agir sur les hommes avec une plume trempée dans un liquide noir regorgent de bêtises ; pour avoir sur eux de l'influence, il faut joindre l'exemple à la parole. »

Il a raison, laissons sonner les sonneurs, prions-les seulement de ne pas mettre en branle les cloches destinées à sonner le tocsin aux jours de discorde.

Ils continueront... Avec quoi ?

Je ne sais trop à quoi cela tient, ou plutôt je le sais trop, je n'ai plus de nerfs. Chez moi, le cerveau agit seul et, ne se laissant pas influencer par les contingences de la guerre, il ne peut suivre que la marche générale des opérations.

C'est que, du 20 août au 20 janvier, mon système nerveux a été soumis à de rudes épreuves. A force d'être dompté, il est arrivé à ne plus avoir de réaction sur le raisonnement.

Durant ces longs mois, il fallait marquer le calme le plus complet, ne rien laisser paraître de ses impressions, relever les énergies, encourager d'un mot les officiers qui se laissent émouvoir, interdire à table tout propos de nature à affaiblir le moral, se moquer du vétérinaire qui n'avait jamais vu le feu et donnait sur l'action son avis de primaire.

Pourtant, dès le premier jour, les premiers officiers que je vis amener au poste de secours furent un jeune médecin, fils d'un de mes bons amis, le général Dupuis, et mon ami le jeune général Desfontaine, qui tous deux allaient mourir de leurs blessures.

Puis quelques jours après, deux de mes colonels et mes meilleurs officiers tombaient.

Enfin, ce furent les miens qui payaient de leur sang ou de leur vie leur dette à la patrie. Il fallait marcher et montrer le même front impassible et serein.

On se forme vite à cette école. Aussi, à l'heure qu'il est, est-ce avec la plus froide raison que j'envisage les événements, et tout ce que je lis ne fait que me confirmer dans ma manière de voir.

Que les Allemands prennent Lemberg, cela me laisse profondément indifférent. La chute de cette ville ne retardera pas d'un jour la catastrophe qui atteindra nos ennemis.

J'ai toujours reconnu l'énergie des Allemands, ils manœuvrent mieux que les Alliés, ils avaient tout prévu, sauf le résultat qui ne sera pas celui qu'ils avaient escompté.

Ils n'ont pas anéanti une seule armée russe, et les

Russes, comme des nuées de sauterelles, s'élèveront de terre, toujours plus nombreux, prêts à remplir de leurs corps les tranchées opposées à leur invasion, pour continuer, par-dessus les cadavres entassés, leur marche de destruction.

Ce n'est pas dans ce mois de juin que la moyenne des morts pour les Allemands sera inférieure à celle des mois précédents. Cela suffit. Leur vraie disette, je l'ai dit, est la disette d'hommes.

La discipline.

« La discipline fait la force principale des armées », nous dit la première phrase du règlement.

Il y a quelques années, un ministre, dont je tairai le nom, crut devoir faire supprimer le magnifique préambule qui s'ouvrait par ces mots et que nous avons tous encore gravé en nos mémoires.

Lorsqu'il occupa pour la première fois le ministère de la Guerre, M. Millerand le fit rétablir.

Indépendamment de l'œuvre qu'il a accomplie depuis, ce serait pour M. Millerand un titre pour présider aux destinées de ce ministère pendant la guerre.

Nous autres soldats, nous nous soumettons à la discipline jusqu'à la mort, nous la supportons quelque dure qu'elle soit. Nous pouvons adresser des observations, même des réclamations à nos chefs. Mais, si nous blâmons certaines mesures, si nous souffrons même de cruelles injustices, notre devoir est de nous taire, et nous nous taisons, remettant pour après la guerre les réclamations que nous aurions à formuler.

C'est cette discipline qui fait la force principale des armées.

Les soldats seuls auraient-ils des devoirs ?

A l'heure que nous vivons, l'armée c'est la nation. Les mêmes règles doivent régir la nation et l'armée.

Gouverner et commander sont aujourd'hui devenus synonymes.

Quel que soit le gouvernement, qu'il ait ou non nos sympathies, nous devons lui obéir, comme le soldat à ses chefs.

Jamais, en circonstances plus tragiques, ne s'est mieux affirmée la vérité du mot de l'Évangile : *Omnis potestas a Deo.*

Du moment où il n'y a pas de trahison envers la Patrie, nous devons jusqu'au dernier jour de la guerre faire confiance à ceux qui ont assumé la tâche de la diriger.

Ils ont commis des erreurs ? Soit ! Mais ils ont acquis l'expérience !

Ils veulent aller jusqu'au bout, nous le voulons aussi.

Alors ne les gênons pas.

Quand la Patrie est en danger, certaines paroles sont des crimes.

(Passage censuré.)

En tout cas, ils méritent notre profond mépris. Leurs auteurs furent dans la vie des indisciplinés. Ils ont pris leur nombril pour le centre du monde. Éternels mécontents, ils n'ont réussi à rien. Ne sachant rien, ils n'ont rien appris.

(Passage censuré.)

Après la guerre, nous verrons ce qu'ils répondront à ceux qui, sans discuter avec eux, leur diront simplement : « Avez-vous vu les Boches ?... »

Le Rhin « marche » de l'Occident.

D'où vient le Germain ! J'avoue que je n'en sais rien. Tout ce que l'histoire nous apprend, c'est que, environ 200 ans avant notre ère, ses hordes nomades habitant les forêts se précipitèrent sur l'Occident.

Le Germain adorait la nature qu'avait faite Dieu. Des rites barbares s'accomplissaient sur des autels taillés et dressés en coupes gigantesques. Comme des troupeaux, les victimes humaines y montaient en chantant elles-mêmes leur trépas, et le sang coulait en rougissant les eaux de ce Rhin que grâce à ce baptême ils disent allemand.

Mais voici que s'avance d'une autre extrémité du monde, une armée de soldats. Leur chef est César, les Germains sont vaincus et le Rhin avec eux.

Quelques siècles après, les Romains n'ont plus de légions. La tribu des Francs convertie au catholicisme s'unit aux Gaulois pour repousser les assauts germains. Les apôtres de Rome cherchent de leur côté à triompher de la barbarie allemande.

Deux grands hommes pénètrent alors en Germanie : Charlemagne et saint Boniface. La lutte fut pénible, elle dure encore. Il y a des régions où la nature semble enraciner plus profondément la superstition dans le cœur des peuples.

La Germanie est de ce nombre, de longs siècles de barbarie ont rendue plus difficile la conquête de la vérité.

Toute chrétienne qu'est en apparence la civilisation allemande, il règne encore dans le cœur du Germain mille fantômes dont le sol est le berceau.

Depuis près de 2.000 ans la lutte se poursuit entre l'Occident et la Germanie, et le Rhin a toujours séparé les deux civilisations.

Mais du temps des Romains comme de celui de Charlemagne, ou de Napoléon, l'empreinte romaine a frappé les pays rhénans du contact de la civilisation occidentale.

Même au temps de la grandeur de l'Empire romain germanique, les électeurs de Mayence, Cologne et Trèves faisaient contrepoids à ceux de Bohême, Saxe et Brandebourg.

Il suffit, pour s'en rendre compte, de voir comment les pays rhénans ont résisté à l'envahissement du protestantisme.

Sous Louis XIV ils formaient la Confédération du Rhin, favorable à la France.

Ces pays doivent redevenir les Marches de l'Occident.

Le champ d'Annibal.

Dans notre enfance, on nous a cité souvent, comme un trait de la fermeté et de la grandeur d'âme romaine, le fait que le Sénat avait fait mettre aux enchères le champ où Annibal campait aux portes de Rome.

Il me semble que l'heure est venue où nous devons, nous aussi, Français, mettre aux enchères les champs où sont encore campées pour quelque temps, les hordes teutonnes qui, depuis plus de deux mille ans sont le plus gros obstacle à la civilisation occidentale.

Depuis trente ans, non contents d'avoir envahi aux siècles passés les pays de rive gauche du Rhin, ils nous avaient pénétré pacifiquement par leur organisation, qu'ils appellent leur *Kultur*.

Trouvant que cette pénétration pacifique, par l'espionnage, par l'argent, par l'achat de tout ce qui se vend, ne marchait pas assez vite au gré de leurs impatiences, se croyant les plus forts, ils se sont jetés sur nous, pour conquérir nos plus belles provinces et nous réduire en esclavage.

Ils se sont trompés dans leurs calculs. Bientôt ils seront réduits à merci.

Et déjà, on entend de tous côtés les gens qu'ils avaient pacifiquement conquis, qu'ils avaient trompés par leurs doctrines ou séduits par leur or, s'écrier : « Mais il faut respecter la liberté de l'Allemand qui est un homme comme nous. Il faut permettre aux races allemandes de se développer sur leurs territoires, de s'y armer pour de nouvelles invasions. »

Cette race, qui est plus nombreuse que la race française, continuerait donc à rester une menace pour le monde !...

Ah ! non. Ce serait trop bête ! Ces barbares auraient impunément mis à sac nos plus belles provinces, incendié nos villes, ravagé la Belgique et une partie de la France !

Toutes les familles françaises sont en deuil. Nous aurons pu, en versant le plus pur de notre sang, arrêter la plus formidable invasion qu'ait jamais vue le monde. Et nous laisserions peser sur la tête de nos enfants la menace de pareils événements ? Encore une fois, ce serait trop bête !

Mettons aux enchères le champ d'Annibal. Je ne cesserai de répéter avec le vieux Caton : *Delenda est Carthago*, « il faut détruire l'Allemagne ».

Aix-la-Chapelle, capitale des Gaules.

Je me rappelle la sainte indignation de notre professeur M. Zeller, qu'irrévérencieusement nous avions surnommé Boum-Zeller, lorsqu'il parlait de la prétention des Allemands à considérer Charlemagne comme le fondateur de l'Empire germanique, lui dont toute la vie avait été consacrée à combattre les Saxons.

— Le siège de son empire était Aix-la-Chapelle en territoire germanique, vous diront les pangermanistes. Mais lisez donc l'inscription que Charlemagne fit graver en cette ville sur la porte de son palais !

Hic Sedes Regni
Trans Alpes Habeatur, Caput Omnium
Provinciarum et Civitatum
Galliæ.

« Qu'ici soit le siège du royaume transalpin, la capitale de toutes les provinces et cités de la Gaule. »

Lorsque le jour de la nativité de l'an 800, le pape

Léon consacra à Rome Charlemagne empereur d'Occident, c'est à l'Auguste, couronné de Dieu, au paisible *Empereur des Romains* que le peuple souhaite vie et victoire.

L'Empire d'Occident comprenait l'Italie, l'Espagne et les Gaules.

Faire de l'Empire d'Occident un Empire germanique est aussi insensé que le serait de faire dans quelques mille ans de la Roumanie actuelle, un royaume allemand, parce qu'un Hohenzollern est assis sur le trône de ce pays.

C'est en 997 qu'Othon, empereur saxon, véritable fondateur de l'Empire germanique vint troubler le sommeil du grand Empereur dans son tombeau d'Aix-la-Chapelle.

Charlemagne semblait vivre encore, assis dans une chaire de marbre, revêtue de lames d'or; il portait le manteau impérial, par-dessus la robe semée d'étoiles; à sa ceinture pendait la panetière du pèlerin. Il avait la couronne sur la tête, une croix d'or sur la poitrine, son épée était le long de sa cuisse. un exemplaire des évangiles était ouvert sur ses genoux, ses pieds reposaient sur un bouclier.

Othon fit enlever le sceptre, la couronne, l'épée et le trône de marbre pour servir au sacre des empereurs germaniques.

Puis il porta la main sur le visage de l'empereur qui tomba en poussière.

L'empire d'Occident avait vécu. La main sacrilège d'Othon avait fait tomber en poussière l'empereur et l'Empire qu'il avait élevé.

Aix-la-Chapelle était la capitale des Gaules, partie intégrante de l'Empire romain d'Occident. Les traités de 1815 en firent une ville prussienne !

Nous laverons cette honte.

Il faut que l'Allemand nous bénisse.

Il y a soixante ans, les Rhénans détestaient les Prussiens.

Rappelez-vous la scène de l'*Ami Fritz*, où nos bons Alsaciens sont allés déjeuner à la fête de Bischeim. Là, quelques centaines de Prussiens glorieux regardent de haut en bas les habitants. Arrive un convoi d'émigrants : c'étaient des paysans partant pour l'Amérique, les voitures chargées de vieilles armoires, de bois de lits, de chaises; de grandes toiles étendues sur des cerceaux couvraient le tout. Sous ces toiles, de petits enfants assis sur des bottes de paille à côté de pauvres vieilles décrépites. Cinq ou six rosses, la croupe couverte de peaux de mouton, tiraient le tout; derrière les hommes, les femmes et des vieillards, appuyés sur des bâtons, chantaient en chœur :

Quelle est la patrie allemande ?
Quelle est la patrie allemande ?

Et les vieux répondaient :

Amerika ! Amerika !

Les officiers prussiens, qui déjeunaient à côté des Alsaciens, se disaient entre eux : « On devrait arrêter ces gens-là qui fuient ainsi la Prusse. »

L'aubergiste, qui entendait ces propos, ne put s'empêcher de murmurer d'un air ironique :

— Les Prussiens disent que la Prusse est la patrie allemande ! On devrait leur tordre le cou !

Vous me direz : « Cela a bien changé depuis quarante-quatre ans. Les victoires de 1870 ont fait l'unité allemande. » Je vous répondrai : « Pourquoi nos victoires de 1915 ne nous permettraient-elles pas de défaire cette besogne en moins de temps ? »

Les Rhénans sont aussi Français que Prussiens ou Saxons. Une folie de grandeur les a séduits. Quand ils en seront revenus, ils béniront ceux qui les auront guéris.

Et ne croyez pas que ma thèse soit un paradoxe.

Voici les paroles que prononçait, l'autre jour, le pasteur Bounelle :

« Il faudra la pousser jusqu'au bout, cette guerre terrible, à travers la nuit de l'Inconnu, à travers les blessures, à travers nos morts bien-aimés ! Jusqu'au bout, c'est-à-dire jusqu'à ce que l'Allemand nous ait bénis ; vous entendez bien, jusqu'à ce que l'Allemagne nous ait bénis ; car c'est la victoire, la victoire spirituelle qu'il faut à la France, rien de plus, rien de moins ! Sans cela, tout serait à recommencer ! »

L'idéal nous poursuit.

Lorsque au front, je recevais le *Bulletin des Armées*, je souffrais vraiment à la lecture des articles qu'y publiaient les philosophes officiels. Nos soldats n'y pouvaient rien comprendre.

Pourquoi ? L'idéal en était absent et le soldat vit d'idéal.

J'ai noté une phrase d'un de ces articles publié vers le 15 décembre dernier. La voici :

« Nous exerçons à cette heure une fonction de la vie : la fonction défensive. Nous ne saurions, pour exercer cette fonction renoncer à la vie, qui en est la raison même. »

Le reste à l'avenant. Jugez de l'effet produit sur le troupier ! Le troupier ? Mais il venait précisément de faire le renoncement de sa vie !

O philosophes ! vous fuyez l'idéal, mais l'idéal vous poursuit.

Quels sont les mots qui résonnent en effet dans

tous les discours ? Il n'y est question que de Justice, de Vérité, de Droit, etc.

Ce qu'il y a de vraiment paradoxal, c'est qu'en fait, la France de 1915 est redevenue dans le monde le champion de la Justice et du Droit.

Ce sera son honneur, mais non la cause de son triomphe, qu'elle devra à la bravoure de ses soldats, ainsi qu'à ses canons.

La morale de la fable *le Loup et l'Agneau* est toujours vraie. En France, aussi bien qu'ailleurs, nous avons éprouvé que la loi du plus fort est toujours la meilleure.

Il est toutefois intéressant de constater que l'on arrive à faire des Dieux de ces abstractions, qui ne sont que les attributs de la divinité et dont la puissance ne peut venir que de celle-ci.

Vous avez beau chasser l'idéal, il vous poursuit.

Tous ceux qui ont combattu ont senti son action.

Le 4 septembre dernier, vers 11 heures, je me trouvais au bord d'une route, dans un champ où avait atterri un avion, mis à ma disposition.

Une automobile, portant le fanion tricolore cravaté, s'arrête, le général commandant d'armée en descend et me dit :

— L'ordre est de tenir jusqu'à la mort sur les positions que vous occupez. Dites à tous vos officiers que la France compte sur eux.

— Bien, mon général, vous pouvez compter sur nous.

Le général me serre la main et remonte dans son auto.

Les deux officiers qui étaient avec moi ont alors vu, comme moi, planer au-dessus d'eux l'image de la Patrie, et dans cet instant solennel, nous ne nous sommes pas parlé, mais nos yeux se sont tournés, instinctivement, vers le Ciel pour l'implorer et lui demander la victoire de la France.

A Antonin Mercié.

Gloire aux vainqueurs !

Il y a un an, vous rappelez-vous, cher Maître, il me semble qu'il y a un siècle ! j'avais l'honneur de dîner à côté de vous. Ensemble, nous avions inauguré, le matin, un monument, dû au ciseau d'un de vos élèves, et destiné à célébrer la mémoire des instituteurs assassinés par les Allemands en 1870.

A cette cérémonie, j'avais eu la joie de sentir les cœurs des instituteurs vibrer à l'unisson du mien. Le ciel commençait à s'assombrir, des nuages déjà s'élevaient à l'orient. Tous les instituteurs présents, dans un même mouvement d'enthousiasme, avaient juré d'être les dignes successeurs des maîtres glorieux tués par les Allemands.

Ce jour-là, je vous disais, cher Maître : « Il est de vous une œuvre splendide que je ne puis regarder sans indignation, c'est votre *Gloria Victis*. Non ! la gloire n'est pas aux vaincus, ils peuvent conserver l'honneur, ils n'ont pas droit à la gloire, qui est l'attribut du vainqueur.

« C'est avec des maximes pareilles que l'on amollit les énergies d'un peuple, qu'on l'achemine à la décadence.

« Mais les événements tendent à se précipiter. J'espère que votre ciseau nous donnera bientôt le *Gloria Victoribus*. »

Allons ! Je crois que je n'ai pas été mauvais prophète et que vous pouvez préparer votre œuvre triomphale.

Nouveau Prométhée, le Germain a voulu s'élever au-dessus du monde et s'est cru plus fort que les Dieux.

Déjà il est épuisé par la lutte qu'il soutient. Bientôt le nouveau Prométhée sera enchaîné au mur d'airain qu'il a élevé pour sa défense.

Le Léopard anglais lui dévorera le foie, l'Ours moscovite brisera ses os, pendant que le Coq gaulois, perché sur la pointe de son casque, entonnera son chant de victoire.

Allons ! cher Maître, c'est à vous, qui avez su idéaliser nos défaites, qu'il appartiendra de célébrer nos victoires.

L'auteur du *Gloria Victis*, nous doit le *Gloria Victoribus*.

L'ouvrage Blanleuil en Argonne.

Quand j'ai lu, dans un communiqué, qu'en Argonne les Allemands avaient été arrêtés par l'ouvrage Blanleuil, je me suis senti rajeuni de cinq mois.

Brave et excellent camarade Blanleuil ! Être cité au communiqué, c'est un honneur que bien peu de généraux ont obtenu ! Blanleuil le méritait vraiment. C'est lui qui, comme commandant du génie, fut, vers le milieu de décembre, chargé de construire, en arrière des tranchées de fortune, une seconde ligne de défense continue flanquée d'ouvrages.

C'était un vrai type ! Opérant comme au polygone, exaspérant les chefs pressés, passant toutes ses journées sur la ligne de feu, en conservant le même visage imperturbable. Sa simplicité était héroïque.

Dieu sait s'il y avait du mérite à ne jamais sortir de son calme dans la situation où nous nous trouvions.

Voici mes propres impressions à cette époque, je les retrouve dans une lettre que j'écrivais le 19 décembre : « Touchons-nous à la marche en avant ? Je donnerais bien quarante sous de ma poche pour avoir enfin dans mon dos la forêt de l'Argonne. »

Theuriet ne reconnaîtrait plus sa forêt. Lisez *le Refuge*, je crois, vous y verrez La Harazée, Vienne-le-Château, les Islettes décrits comme je ne le saurais faire, surtout en ce moment.

Maintenant les arbres sont sciés par les balles, coupés par les obus. Des tranchées poussées dans tous les sens ont chassé les sangliers. Dans chaque coin un cimetière.

La forêt est un cloaque dans lequel on entre jusqu'au-dessus des chevilles, et là-dessus, souvent des couchers de soleil splendides. Mais on est vite arraché à la méditation par la voix du canon ou le bruit d'une explosion. Cette jolie vallée de la Bienne est devenue une vallée d'horreurs. Les parcs des châteaux sont maintenant des mares où piétinent les chevaux.

Je ne crois pas que, sur aucun point, la guerre ait présenté pareil caractère de sauvagerie ininterrompue. On a hâte de sortir de cet enfer.

Le travail des Allemands en Argonne est tout à fait l'image de leur action dans le monde. Ce n'est pas ouvertement qu'ils progressent, ce n'est pas à ciel ouvert. C'est sous bois qu'ils vous détroussent, qu'ils se glissent, ne quittant plus les positions gagnées, où ils s'installent à l'abri de l'artillerie, qui ne peut rien contre eux, dans les fourrés impénétrables où ils sont baugés.

C'est ainsi qu'ils ont pénétré nos villes, nos affaires, notre presse, que partout terrés, ils se croient inexpugnables.

Et pourtant, ils seront chassés de chez nous, peut-être plus vite qu'on ne pense.

Ce qu'on entend en chemin de fer.

Depuis que je ne touche plus de traitement, mes ressources financières ne me permettent plus de voyager en 1re classe. Évidemment, j'ai eu le grand tort de ne pas avoir, en 43 ans de services, trouvé le moyen de faire des économies, et ce qui est encore pire, de m'être donné la charge d'une nombreuse famille.

Je me console aisément, et je monte en 3e classe, aussi fier que le millionnaire qui s'étale dans son compartiment réservé : j'ai conscience d'avoir fait autant que lui pour mon pays.

Puis, outre le plaisir qu'éprouve mon portemonnaie à cette façon économique de voyager, j'y ai trouvé l'avantage de causer plus librement avec les gens du peuple et de pénétrer dans leur intimité. On est moins fier en 3e classe qu'en 1re. Une fois ma pipe allumée, et après avoir, le cas échéant, offert un verre à la buvette, je suis l'ami des bonnes gens et reçois leurs confidences.

A mon dernier voyage, ce sont d'abord trois cheminots qui s'asseoient près de moi et sont fort inquiets des événements de Galicie.

Je les rassure, leur expose que les Russes ne sont pas battus, qu'ils tuent un nombre infini de Boches et que M. Lloyd George n'a fait son discours pessimiste, que pour amener l'entente entre les patrons et les ouvriers anglais.

Ils me comprennent et descendent rassérénés.

Monte alors un homme demi-bourgeois, demi-paysan, quelque chose comme un huissier de chef-lieu de canton. Au bout d'un instant, il nous déclare que l'élection de M. Poincaré à la présidence de la République a été la cause de la guerre.

Un blessé qui se trouvait là, nous dit que, d'après ce qu'il a entendu à l'ambulance, la vraie cause de la guerre a été le vote de la loi de trois ans, qui a été une provocation à l'Allemagne. C'est un député qui l'a dit.

L'huissier ajoute qu'il est triste de continuer à être gouverné par les gens qui ont amené la guerre.

Bien que je n'aie pas grande reconnaissance à avoir à l'égard de nos gouvernants passés ou présents, je dis qu'il est honteux de tenir pareils propos; que la guerre était inévitable; que depuis 40 ans les Allemands la préparaient; que, pendant la guerre, on ne doit songer qu'à écraser les Prussiens; que la politique est odieuse!

Un jeune caporal qui s'est battu à Notre-Dame-de-Lorette, se range à mon avis, et nous terrassons nos adversaires.

Voilà ce qu'on apprend en chemin de fer, en voyageant en 3ᵉ classe. Essayez et vous vous convaincrez comme moi, qu'à l'heure qu'il est on trouve des gens dont la principale préoccupation n'est pas le triomphe de la France, mais le profit qu'ils pourront tirer du sang versé.

J'aime mieux les cheminots, j'aime mieux les ouvriers, ils ont versé leur sang, ils ont vu les Boches. Avec eux on peut s'entendre.

Les conditions de la lutte en Argonne.

Quand les Allemands se sont enfoncé une idée dans leur cervelle de Boche, rien ne peut l'en faire sortir. Pour l'arracher, il faut briser le crâne ! Ainsi, ils s'étaient fourrés dans la tête d'investir Verdun en passant par l'Argonne, d'une part, et par Saint-Mihiel, de l'autre.

Depuis la fin de septembre, ils n'ont pas cessé un jour leurs attaques par l'Argonne. Voilà bientôt dix mois qu'ils en ont fait un véritable enfer.

Après la bataille de la Marne, nous avions résisté, du 14 au 20 septembre, à une poussée allemande autour de l'Argonne. Il semblait que nous allions jouir de quelques jours de repos bien mérités.

Qui de nous pouvait croire aux batailles dans les bois? Nous avions fait, pendant deux jours, de charmantes promenades dans la forêt, parcouru à cheval cette délicieuse vallée de la Bienne, visité la Chalade, le Four-de-Paris, La Harazée, Vienne-le-Château.

Un beau matin, les Allemands jettent une division entière, dirigée de Varennes, sur la vallée de la Bienne. Un régiment s'avance, par la route de Varennes au Four-de-Paris, avec un régiment à sa gauche qui marche sur la Chalade, à travers le bois de Bolante. Les deux autres régiments sont dirigés, à droite, par le bois de la Grurie, respectivement sur la Harazée et Vienne-le-Château.

Le régiment de gauche, celui qui traversait le bois de Bolante, est complètement anéanti : son colonel tué, les survivants prisonniers.

Le régiment qui suivait la route arrive jusqu'au Four-de-Paris presque sans recevoir un coup de fusil. Là, il est arrêté. Mais les Allemands se cramponnent au terrain avec une énergie extraordinaire. La brigade qui avait à traverser le bois de la Grurie,

(Passage censuré.)

Depuis ce moment, ce furent des luttes héroïques qui se livrèrent dans ces bois. Les Allemands y employèrent le XVIe corps d'armée, corps d'élite en garnison à Metz, et ils le renforcèrent par de nombreux pionniers.

(*Passage censuré.*)

En neuf mois de combats, où le nombre des morts et des blessés a été incalculable, les Allemands n'ont pas gagné un kilomètre de terrain. Pourtant, ils étaient préparés à cette guerre de tranchées qu'ils nous ont imposée. Nous luttions contre eux à armes inégales.

Que cherchent-ils encore ? Je n'en sais rien. Si ce n'est que, pour nous en imposer, ils attaqueront toujours, tant qu'il leur restera un homme.

L'Argonne est certainement un point où leurs procédés de combat nous placent dans des conditions désavantageuses. C'est une raison suffisante pour y expliquer leur action.

L'art de la guerre.

Bugeaud a dit : « **L'art de la guerre est simple et tout d'exécution.** »

Gardez-vous d'en conclure que professer l'art de la guerre soit une chose simple. C'est aussi difficile que d'apprendre à peindre à des élèves sans leur mettre un pinceau entre les mains.

Ainsi, cherchez à extraire la moelle des livres qui

encombrent les bibliothèques de garnison sous la rubrique : « Art militaire », vous serez surpris de n'en point trouver en général.

Un jour, le général Maillard publia sur ce sujet un volume absolument remarquable. Ce n'était qu'un prologue. Chacun attendit impatiemment la suite. Ce fut en vain. Le général Maillard, qui était un sage, ne la fit jamais paraître.

Ce n'est pas qu'il n'y ait des principes dans cet art. Mais la plupart du temps ils sont inconciliables.

Les principes sont incontestables. Les conclusions que vous en tirerez sont justes jusqu'aux extrêmes conséquences. Aussi, n'hésitez jamais à les appliquer.

Si vous ne réussissez pas, même en ayant développé vos actions avec la plus indomptable énergie, dites-vous, pour vous consoler, que vous avez bien opéré dans les règles, mais que vous avez été dans l'obligation de négliger certains autres principes en contradiction avec ceux dont vous vous êtes servi. Par ce fait vos calculs se sont trouvés faussés, et accusez-en la Providence.

C'est le conseil que je donne aux Allemands.

Ils ont choisi pour les appliquer les deux principes de la guerre napoléonienne.

Des résultats décisifs ne peuvent s'obtenir que par l'offensive.

Sur les points où on cherche ces résultats, il faut agir avec toutes les forces dont on dispose.

Les Allemands n'ont pas ménagé leurs forces pour écraser successivement les Anglo-Français, puis les Russes.

Ils ont échoué.

Autrefois Achille n'était vulnérable qu'au talon. Les armées modernes ne le sont qu'aux extrémités des ailes, et celles-ci une fois déployées, ont une telle envergure qu'il est difficile d'atteindre ce point. Le principe de l'offensive à outrance s'est heurté à celui de *l'inviolabilité des fronts*.

Après une bataille les armées en présence se retrouvent en face l'une de l'autre prêtes à reprendre l'action.

Les Allemands chercheront à en imposer à l'ennemi, jusqu'au moment où ils tomberont épuisés. Le dernier principe de l'art militaire nous en est garant.

Toutes choses égales d'ailleurs, la supériorité numérique assure le succès.

L'art de la guerre donne toujours raison au vainqueur.

La poutre et la paille.

L'Évangile enseigne à ne pas voir une paille dans l'œil de notre prochain, alors que nous avons une poutre dans le nôtre.

En temps de guerre, il convient de remplacer cette parabole par la suivante : « Ne vous plaignez pas de la paille qui est dans votre œil. Considérez la poutre qui se trouve dans celui de votre ennemi. »

Évidemment, les Français ont beaucoup souffert de la guerre. Ils en souffrent encore. Ils en souffriront davantage à mesure que la campagne se prolongera.

Mais réfléchissez, et, par vos propres souffrances, jugez de celles de l'ennemi !

Il y a quelques jours, dans *la France de Demain*, M. l'abbé Wetterlé exposait qu'il y a quinze ans, la population de l'Allemagne n'était que de 54 millions d'habitants. Il en concluait que la population masculine en état de porter les armes en 1915 en Allemagne ne surpassait pas d'un tiers la même population en France.

Il est facile d'établir que les pertes de l'armée allemande sont de beaucoup plus d'un tiers supérieures à celles de l'armée française.

Tout d'abord, dans la lutte contre notre armée, les pertes allemandes ont certainement été au moins égales aux nôtres.

Si maintenant nous prouvons que les Allemands ont subi sur d'autres fronts des pertes supérieures à celles qui leur ont été infligées par nos armes, il en résultera que nos ennemis ont plus souffert que nous.

Or, personne ne contestera que les pertes allemandes en Russie, Pologne et Galicie doivent être au moins égales à la moitié des hommes mis hors de combat par les Français.

Déjà voilà, du côté des Allemands, un déchet relativement plus considérable que celui des Français.

Mais il convient encore d'y ajouter toutes les pertes qu'ils ont subies du fait des Belges, des Anglais et de nos contingents coloniaux. Ces derniers ne sont pas compris en effet dans la population française.

Ainsi, les effectifs allemands sont proportionnellement beaucoup plus atteints que les nôtres.

La main de fer de l'autorité étouffe les plaintes de nos ennemis.

Il est entendu, en outre, que jamais sur la terre peuple ne fut plus heureux ni mieux nourri que le peuple allemand, à l'heure qu'il est.

Écoutez la voix des reptiles, ils rêvent encore de la conquête du monde.

Montluc nous dit, dans ses *Mémoires*, qu'au siège de Gênes, lui et ses officiers, épuisés par les privations, se firent frotter les joues avec du vin cuit, afin de donner à un parlementaire l'illusion que les assiégés ne manquaient de rien.

Laissons les Allemands se barbouiller les joues avec de la brique pilée. Ces hâbleries n'auront qu'un temps.

Causerie diplomatique.

— Comprenez-vous quelque chose aux nouvelles dites diplomatiques ?

— Non, n'est-ce pas ? Ni moi non plus.

Pourtant, pendant quinze jours, j'ai eu l'honneur d'être premier secrétaire d'ambassade ! J'ai eu une audience du Tsar. J'ai conversé avec plusieurs souverains.

Ces quelques jours passés dans la carrière ne m'ont pas donné la clef des mystères qui se tramentdans les chancelleries.

Ainsi, l'Italie, paraît-il, n'est pas en guerre avec l'Allemagne. Elle ne l'est pas non plus avec la Turquie.

Comment cela peut-il se faire après les aménités échangées aux tribunes de leurs parlements respectifs par MM. Salandra et de Bethmann-Hollweg ?

Les Allemands se contenteraient-ils maintenant, d'adresser des harangues à leurs ennemis ? Cela n'est guère leur manière.

Toutes les raisons données pour expliquer l'attitude des deux puissances ne tiennent du reste pas debout.

Il en est de même en ce qui concerne les rapports des Turcs avec les Italiens.

Je ne vous dirai pas ce que je pense, car si par malheur je tombais juste, je risquerais fort d'être censuré.

Mais je suis méfiant comme un vieux fantassin, et, dans tout acte des Allemands, je crains un coup de traîtrise. Heureusement, la finesse italienne parviendra, je l'espère, à déjouer leurs ruses.

Quant à l'imbroglio balkanique, je renonce même à avoir sur lui un avis.

Je constate avec peine que quinze jours dans la carrière ne sont pas suffisants pour pénétrer les arcanes de la diplomatie.

Pourtant, j'ai vu bien des choses intéressantes. J'ai côtoyé cette féodalité allemande dont j'ai senti la haine pour la France. Je l'ai vue se glisser dans toutes les cours, les pénétrer de son esprit, et chercher à s'emparer du commandement effectif des armées.

Ces hobereaux, qui tous se rêvaient rois, se croyaient d'une autre race que nous. Entre eux et moi, régnait un abîme.

Avec quel art ils s'étaient rendus maîtres de l'esprit allemand !

Avec quelle hypocrisie piétiste ils agissaient sur les âmes elles-mêmes !

Avec quelle hardiesse ils avaient poussé leurs avant-gardes dans tous les pays du monde.

Ils sont aujourd'hui condamnés.

Tandis que nos nobles Français sont morts sur

l'échafaud, parés de l'auréole des victimes, eux tomberont sur le champ de bataille, mais ils emporteront dans leurs tombeaux la tare ignominieuse de bourreaux. Les crimes qu'ils ont commis seront pour eux un éternel opprobre.

En en débarrassant le monde, la France aura, cette fois, conquis une gloire sans tache.

Ils sont incorrigibles.

Les stratèges qui écrivent sont vraiment incorrigibles. A l'heure qu'il est, ils publient encore des articles sur « l'Offensive par la manœuvre ». Comme s'il s'agissait de manœuvre au point où nous en sommes !

Au front même, certains n'ont point abandonné leurs idées vieilles de plus d'un siècle, dont les plus récentes ont dû être puisées dans la guerre de 1809, qui a fait le sujet d'un des derniers ouvrages parus sur l'art militaire.

Un officier m'écrit :

« Nous avons eu, l'autre jour, une théorie de cadres faite par un breveté. Il interroge un officier qui a fait toute la campagne. Celui-ci fait une réponse qui amène la réplique :

« Mon Dieu ! Quand pourrai-je vous faire abandonner toutes les idées fausses que vous a données la guerre ? »

Hélas ! combien nombreux sont les gens qui, éternels écoliers, n'ont appris que dans des manuels et se refusent à lire dans ce grand livre de la guerre qui étale devant leurs yeux ses pages les plus terribles et les plus instructives !

Ils parlent de manœuvres, quand nous faisons un siège !

Dans un siège on choisit un ou plusieurs points d'attaque. Devant ces points, on accumule tous les moyens dont on dispose pour ruiner les défenses de la place et quand l'ennemi est usé et que les murailles sont abattues, on donne l'assaut.

Lorsque le flot frappant, sans se lasser, la digue qui protège une province, est parvenu à l'user sur un point, il se précipite par la brèche et, sans que rien ne puisse plus l'arrêter, envahit les campagnes qu'il inonde.

Dans le dernier été de la campagne d'Orient, la division Baraguey d'Hilliers fut débarquée en Crimée.

Le général, grand manœuvrier, exerçait, presque chaque jour, sa division aux divers mouvements prévus par l'ordonnance de l'époque.

Deux zouaves fumaient leurs pipes derrière un buisson et échangeaient leurs observations en regardant le spectacle. Ce qu'il y a d'admirable chez notre troupier, c'est qu'il a son avis sur tout. Les remarques de nos deux zouaves étaient recueillies par un jeune lieutenant d'artillerie caché de l'autre côté du buisson et qui, devenu mon chef, me les a rapportées.

— En voilà un, disait le premier, qui connaît son affaire. C'est vraiment beau de voir des troupes manœuvrer comme ça.

— Oui, lui répond l'autre, mais ici ça ne servira à rien. Pour faire la guerre à Sébastopol, il suffit quand on va à l'assaut, d'enfoncer sa chéchia sur les yeux et de se jeter tous ensemble sur les Russes en marchant droit devant soi.

Le destin entraîne les nations.

Bien que chacun rende justice à l'égalité de mon humeur, je me suis mis aujourd'hui dans une vraie colère contre mon docteur, qui se refuse toujours à comprendre que les événements suivent leur cours normal.

— Ah! çà! lui ai-je dit, je ne veux plus discuter avec vous. Vous me rappelez la cliente, dont vous me parliez l'autre jour, qui, très souffrante d'une grossesse, vous dérangeait tous les jours, et qui voyant que vous espaciez vos visites, courut successivement chez tous les médecins de la ville. Aucun ne lui apporta de soulagement, et les quelques heures qui précédèrent sa délivrance furent même les plus cruelles de toute sa maladie.

Eh bien! mon cher docteur, allez porter vos idées noires chez d'autres. Avec vous, je perds mon temps et ma peine. Personne ne peut précipiter les événements, pas même le ministre de la Guerre qui, pour tâcher d'avancer la situation, a déjà rendu à la vie civile 138 généraux.

Vis rapuit, rapietque gentes, a dit Horace (Une force inconnue entraîne et entraînera toujours les nations).

Un jour, dans une traversée, nous avions une mer horrible. Le bâtiment craquait en toutes ses membrures. On entendait à chaque coup de roulis de grands bruits de vaisselle brisée. Dans une cabine voisine de la mienne, une pauvre femme poussait des plaintes déchirantes. Le commissaire était accouru et la malheureuse criait : « Je veux débarquer! Débarquez-moi! » On dut l'enfermer dans sa cabine. Deux jours après nous débarquions tous sains et saufs.

Mon cher ami, vous aussi, comme tous les Français, vous êtes emporté par la force inconnue et irrésistible qui entraîne les nations. Que vous le vouliez ou non, il vous faudra aller jusqu'au bout. Autant vaut supporter la tempête avec le courage d'un vieux matelot, que de manifester des sentiments de nature à démoraliser l'équipage.

Puis, que craignez-vous? Le bateau fait-il eau par

quelque endroit? N'avez-vous pas traversé les passages les plus dangereux? Il n'y a plus de récifs dans les parages où nous naviguons. Rien ne peut plus nous empêcher d'arriver heureusement au port.

Nous avons fait le point, et nous sommes dans la dernière moitié du voyage.

Mais je vois que je discute encore avec vous. C'est la dernière fois. Si vous voulez que nous reprenions des causeries sur la guerre, quittez votre front soucieux. J'ajouterai, docteur, que si vous continuez à vivre en broyant du noir, je diagnostiquerai chez vous une neurasthénie grave.

Le 23 juillet 1914.

Le 23 juillet, il y a un an! Je prenais le train à la gare du Nord vers 4 heures de l'après-midi. J'achète *la Patrie*. Je lis l'ultimatum de l'Autriche à la Serbie. Dans mon esprit, pas une minute de doute : c'est la guerre voulue par l'Allemagne.

Et moi qui avais ma lettre de démission dans ma poche. Le matin même, à la suite d'une discussion de principe sur l'emploi de l'artillerie à la guerre, je m'étais décidé à quitter l'armée.

Le sort en est jeté, je ferai la guerre. On verra bien qui a raison.

J'avais confiance en mes troupes, elles étaient dressées à la guerre moderne, elles en donnèrent la preuve.

Mais, mieux que personne, je me rendais compte des difficultés énormes que rencontrerait la campagne. Comment serait-elle engagée ?

Le gouvernement décréterait-il en temps utile la mobilisation ?

Comment supporterions-nous les premiers coups de la colossale puissance militaire allemande ?

Tous les gens qui montraient la force de nos ennemis, et faisaient campagne pour mettre nos moyens de défense à hauteur de leurs moyens d'attaque, étaient systématiquement traités de démoralisants.

Seul, pendant deux heures de voyage, je n'eus pas trop de temps pour préparer mon attitude pour les huit jours fiévreux qui allaient suivre.

Ces jours se passèrent au milieu d'un calme admirable. Les opérations d'une mobilisation extrêmement délicate s'accomplirent sans encombre. Ce fut de la part de tous un tour de force. Vous en pouvez juger en réfléchissant que nous appliquions un plan de mobilisation nouveau, en vigueur depuis le 1er mai, et ce plan bouleversait tout ce qui devait se faire auparavant. Un régiment entier avait, quelques mois avant, changé de garnison.

J'étais rempli d'inquiétude malgré le travail inouï auquel s'étaient livrés tous mes subordonnés depuis six mois.

Et tout marcha sans un accroc !

Chaque jour un télégramme apprenait que les opérations prévues étaient accomplies.

A mes yeux cela tenait presque du miracle. Aussi, est-ce le cœur relativement tranquille que je m'embarquai le 1er août. J'avais senti que tous les cœurs vraiment français battaient à l'unisson.

Les permissionnaires.

Un rédacteur de *la France de Demain* a raconté, avec humour, les sentiments qui animent les permissionnaires qu'il a rencontrés à Paris.

En Bretagne, il m'a été donné de voir aussi un certain nombre de permissionnaires. Naturellement j'ai causé avec eux.

C'est ainsi que j'ai appris les hauts faits du Xe corps. Aussi les gars bretons étaient fiers de porter les numéros de leur corps : 2e, 25e, 47e, 202e, et surtout 71e. L'esprit de corps s'est développé.

Il n'y a pas chez ces braves garçons la verve du Parisien. Ils sont plus calmes. Ils embrassent leurs parents, et, dès le lendemain de leur arrivée, ils donnent un coup de main pour rentrer les foins. Le jour du marché au chef-lieu de canton, ils vont boire un coup avec des camarades. Puis, ils reprennent tranquillement le train.'

Mais, sous ce calme, il y a la confiance dans le succès. De plus, j'ai découvert chez eux un sentiment nouveau qui s'est superposé à ceux de dévouement et de résignation qui sont les caractéristiques du Breton de race. Ce nouveau sentiment, c'est la haine du Boche.

Au début, officiers et soldats étaient tous animés du vieil esprit chevaleresque français.

Je n'oserais même pas affirmer que certains soldats touchés par les doctrines internationalistes ne se soient point dit : « Les soldats allemands sont de pauvres bougres comme nous, qui marchent, parce qu'on les y oblige. »

Aussi, au commencement de la guerre, l'ennemi blessé ou prisonnier était un camarade avec lequel volontiers on plaisantait, à qui on donnait une cigarette.

Cet hiver, pour exciter nos soldats à ne jamais se rendre et à lutter jusqu'à la mort, on leur avait lu l'ordre, donné par un général ennemi, de ne pas faire de prisonniers.

Je puis affirmer que je n'ai jamais vu, que je n'ai jamais entendu dire que nos troupiers aient usé de représailles.

Aujourd'hui, j'ai trouvé les esprits changés. C'est avec indignation que nos soldats parlent des procédés de combat employés par l'ennemi.

La prolongation de la lutte, les souffrances éprouvées, la mort de leurs chefs, de leurs camarades, de leurs parents a éveillé chez eux la haine de l'Allemand. Ce n'est plus un ennemi, c'est un être malfaisant dont il faut débarrasser le monde.

La discipline chez les Alliés.

« Un pour tous, Tous pour un ». C'est la devise des combattants d'une même armée : ce doit être aussi celle des peuples unis pour faire triompher une même cause.

Établir et maintenir la discipline entre nations, dont tous les intérêts ne sont pas communs, n'est pas chose facile. L'égoïsme sacré est, quoi qu'on en dise, le grand mobile des gouvernements, et il faut d'autres raisons que la défense de la justice et de la vérité pour les mettre en branle. Aussi, vous voyez un ennemi habile, un Frédéric II par exemple, savoir merveilleusement profiter des rivalités de ses adversaires, les entretenir, et au besoin, les faire naître.

Pour éviter toute tentative d'indépendance de la part de ses alliés, Guillaume II a pris la manière forte. Aux Autrichiens, il impose sa volonté, amalgame leur armée avec la sienne. Les fiers Hongrois sont ses vassaux.

La conquête et l'absorption de la Turquie par l'Allemagne, sa transformation presque instantanée en une colonie allemande, est un des faits les plus curieux de l'histoire, et un des plus grands triomphes de notre diplomatie, qui ne s'est aperçue du fait qu'après son accomplissement.

Quel intérêt pouvaient bien avoir les Turcs à associer leur fortune à celle des Allemands? Mystère! N'est-ce pas un de ces incidents par lesquels Dieu conduit le monde et aveugle ceux dont elle veut amener la perte?

Mais pourquoi ce discours? Tout simplement parce que cette unité de vue, et de direction, que l'on rencontre dans la conduite des armées allemandes, doit amener les Alliés à unir eux aussi, intimement, tous leurs efforts pour amener un triomphe rapide.

Ils doivent comprendre que chacun ne peut pas faire sa petite guerre pour son compte, qu'il n'y a qu'une guerre et qu'une bataille.

Les neutres.

Un officier m'écrit pour se plaindre que j'ai traité de bourgeois les pessimistes dont je parlais. « Ne sommes-nous pas presque tous des fils de bourgeois, me dit-il, nous tous, officiers, tant de l'active que de la réserve, qui prodiguons depuis près d'un an notre vie sur tous les champs de bataille ? »

Il a raison ; je reconnais ma faute. Mais comment, alors, désigner ces gens qui, n'ayant pas pris part à la lutte, n'en ayant pas souffert, sont les seuls à faire entendre des paroles de découragement ?

Richepin leur a consacré un article remarquable, intitulé : « Les muets ». Je ne saurais adopter sa dénomination, car il y aurait des muets bavards et ils seraient de tous les plus dangereux.

Le mot « neutre » vaudrait peut-être mieux : il n'est pas encore satisfaisant.

Décidément, c'est une catégorie d'individus qui n'a de nom dans aucune langue, et pourtant elle a existé à toutes les époques, notamment aux périodes troublées de l'histoire. Dante, qui en a traversé une, nous les dépeint très exactement.

Il les rencontre au vestibule de l'enfer, et il demande à son maître :

« Quel est ce peuple qui semble si vaincu par la douleur ? »

Et le maître lui répondit :

« Ce sort misérable est destiné aux âmes de ceux qui vécurent sans mériter le mépris, mais sans mériter la louange.

« Elles sont mêlées au chœur pervers des anges qui ne furent ni rebelles, ni fidèles à Dieu, mais ne furent que pour eux seuls.

« Le Ciel les a chassés pour n'être pas moins beau et le profond enfer ne les reçoit pas.

« Le monde n'en a gardé aucun souvenir. Ne parlons plus d'eux, mais regarde et passe. »

« Je regardai et passai », dit le Dante.

Et il reconnut quelques Florentins qui ressemblent comme deux gouttes d'eau à nos neutres actuels.

Dans l'un, il semble voir le primaire jaloux, au front rétréci, qui se croit un produit sélectionné de la race humaine et se figure vraiment qu'il joue un rôle dans la crise mondiale au milieu de laquelle il végète.

Un autre n'est-il pas le portrait de ce bavard, qui voudrait persuader que ses conseils auraient pu, si on les avait écoutés, modifier le mouvement du monde ?

Le Dante, après nous avoir décrit les Florentins qu'il a reconnus, ajoute :

« Ils étaient aiguillonnés par des mouches et des guêpes, et une bave sanguinolente découlait de leurs lèvres et était recueillie par des vers dégoûtants. »

Consolons-nous ; il y eut des neutres dans tous les temps et ils furent toujours appréciés de même manière par les combattants.

La victoire du 27 juillet.

L'année dernière le huitième centenaire de la bataille de Bouvines devait être célébré solennellement. L'agitation qui précéda la guerre le fit passer inaperçu.

Cette bataille où Philippe-Auguste à la tête de ses chevaliers et des milices de Corbie, Amiens, Beauvais, Arras, Compiègne, etc., défit Othon, empereur d'Allemagne et les grands vassaux révoltés, marque le commencement d'une grande époque pour la France.

Comme celle que nous remporterons demain, la victoire de Bouvines fit reculer la barbarie teutonne, et fut, pour la France, l'aurore d'un grand siècle.

Évêques et nobles, clercs, bourgeois et paysans ont su le danger que courait la patrie, tous se sont rangés autour du fanion bleu de leur roi.

Tous se sont unis pour le combat.

C'est sous l'énergique impulsion de Garin, évêque de Senlis, que les Français prennent l'initiative de l'attaque.

Les milices communales se déploient. L'oriflamme rouge de Saint-Denis est portée au milieu d'elles. Mais elles sont enfoncées par les Brabançons.

Philippe, à la tête de ses chevaliers se porte au secours des milices. Il entre dans la masse des fantassins qu'il sabre. Il a grand'peine à ne pas succomber sous le nombre. Renversé de cheval, il faillit être tué, et ne fut sauvé que par le dévouement et l'ardeur de ses vassaux.

Othon est, à son tour attaqué par des chevaliers français et jeté à terre. Le saxon Bernhard von Horstmar réussit à le mettre en selle. Mais l'Empereur ne montra pas la même énergie que Philippe-Auguste. Il s'enfuit jusqu'à Valenciennes pendant que ses défenseurs continuaient la lutte. Il donnait bataille gagnée à son adversaire.

Le terrible évêque de Beauvais, qui avait fait vœu de ne pas répandre le sang, mit fin à la résistance des Allemands en abattant, d'un coup de son gourdin, Guillaume Longue-Épée, chef des contingents féodaux révoltés.

C'est ainsi que furent unis dans la lutte, le Roi, le clergé, la noblesse et le peuple.

Philippe donna aux milices le butin fait sur l'ennemi.

Après la victoire ce fut dans toute la France un immense cri d'enthousiasme.

Dans tous les villages que traverse le vainqueur, les rues, les maisons, les routes mêmes sont pavoisées d'étoffes brillantes, de fleurs et de feuillages. Paris lui fait une réception triomphale. Les bourgeois, surtout la multitude des étudiants, des clercs et du peuple, vont au-devant de lui en chantant des hymnes et des cantiques. La ville demeure illuminée pendant sept nuits de suite.

Aujourd'hui, comme il y a huit siècles, nous luttons unis contre l'Allemagne. Au lendemain de la victoire, le vingtième siècle sera un grand siècle pour la France démocratique, comme le treizième fut un grand siècle pour la France féodale. Vive la France de Demain !

Un grand directeur d'artillerie.

Depuis 1870, notre histoire militaire eut une grande période, ce fut celle de la réorganisation. Un grand ministre l'a réalisée et il fut aidé par un grand directeur d'artillerie.

Ce ministre fut le général de Cissey; c'est à lui que nous devons l'armée française presque telle que nous la voyons à l'heure qu'il est. Tout le plan avait été tracé largement et exécuté avec une hauteur de vues remarquable que l'on n'a pas retrouvée depuis.

Le général de Cissey s'était entouré de collaborateurs éminents, il prit pour directeur d'artillerie le colonel Berge.

Le colonel Berge voyait juste et grand, et ses conceptions étaient réalisées avec un esprit éminemment pratique.

Un de ses principes était que les intérêts militaires d'un pays ne sont jamais en désaccord avec les divers intérêts des populations.

Nous étions en 1874, sans artillerie, sous le coup d'une menace de guerre avec l'Allemagne. Utilisant toutes les forces vives du pays, le colonel Berge fit sortir, comme par miracle, en quelques mois, le matériel de 5 et de 7, supérieur au matériel Krupp allemand.

C'est alors qu'il fit voter par le Parlement la fameuse loi sur la liberté de la fabrication et du commerce des armes en France.

Dieu sait à quelle opposition, à quels préjugés il se heurtait !

Mais il exposa aux Chambres, qu'en cas de guerre, les établissements de l'État seraient absolument insuffisants pour suffire aux besoins de l'armée, qu'il était nécessaire d'utiliser toutes les usines.

Il n'y avait pas de meilleure manière pour les préparer à leur tâche en cas de guerre que de leur laisser la liberté de fabriquer du matériel d'artillerie en temps de paix.

Que, du reste, la vente d'armes et de canons à l'étranger était un puissant moyen de propagande.

Il enleva la loi.

Ses successeurs, malheureusement, n'eurent pas, en général, sa hauteur de vues. Aussi, peut-on dire que c'est au colonel Berge, que nous devons tous nos grands établissements d'artillerie, tant civils que militaires.

Au moment où la question de la coopération des ateliers civils à l'œuvre de défense nationale a pris un intérêt primordial, je suis heureux de pouvoir rappeler ces faits presque oubliés et de payer ce tribut de reconnaissance au vénérable doyen de l'armée française, le général baron Berge.

Son fils et ses petits-fils continuent, pendant la guerre, les traditions de leur famille et ajoutent une nouvelle gloire à leur nom, inscrit déjà sur l'arc de triomphe de l'Étoile.

L'or et les munitions.

La question des effectifs est la seule qui ait une importance capitale à l'heure qu'il est.

L'or, les munitions, ont leur intérêt. Mais j'oserai dire que cet intérêt n'est que secondaire, dussé-je faire dresser les cheveux sur la tête des économistes, et de certains de mes confrères en journalisme.

Quand Napoléon, à cette question : « Qu'est-ce qu'il faut pour la guerre ? » répondait : « De l'argent, encore de l'argent, toujours de l'argent », ce n'était qu'une boutade. Il voulait dire simplement que la guerre coûte très cher. Chacun de nous s'en apercevra après la guerre. Mais Napoléon, mieux que personne, savait que l'argent est à peine le nerf de la guerre.

Je ne connais pas d'exemple de guerre où un des adversaires ait été vaincu parce que l'autre était plus riche que lui.

Malgré les économies de son père, Frédéric II n'était pas plus riche que Louis XV et Marie-Thérèse.

La République française de 1792 à 1798 n'était pas dans une situation économique brillante. Bonaparte, du haut des Alpes, montrait à ses troupes les plaines du Pô pour leur faire espérer du pain et des souliers.

Je ne sache pas qu'en 1870 les Allemands fussent plus riches que nous.

Actuellement, on ne me fera jamais croire que la disette d'or soit une des causes de la défaite des Allemands. Elle en sera au contraire la conséquence. Mais actuellement, les Allemands me paraissent encore être assez riches pour susciter des grèves chez les neutres et même chez les Alliés.

Il en est de même des munitions. Évidemment, il faut des munitions. Il en faut beaucoup. Mais il y a lieu de se rappeler le mot historique du général de Rochebouët au maréchal Bazaine, qui ordonnait la retraite, le 16 août au soir, sous prétexte que l'armée manquait de munitions :

— Monsieur le maréchal, une armée a toujours assez de munitions pour gagner la bataille. Elle en a toujours trop pour la perdre.

Des munitions! il en faut en quantité énorme. Ce facteur a acquis une importance considérable. Je le concède. Mais du moment où nous sommes arrivés à fabriquer ce qui est nécessaire pour nous assurer la sécurité, nous pouvons être tranquilles.

Il y a longtemps que nous avons dépassé ce point. Nous voulons pouvoir faire une débauche de projectiles sur les points d'attaque. C'est très bien.

Mais la véritable matière de la guerre, c'est le soldat. Ne l'oublions pas.

Les Allemands ont perdu plus de trois millions d'hommes. Il ne leur en reste pas quatre. Voilà où le bât les blesse.

Le 1er août.

Depuis trois jours nous étions prêts, attendant à chaque heure l'ordre de départ. C'est la période d'énervement. Enfin, le 31 juillet, les ordres arrivent : les troupes de couverture seront dirigées sur la frontière à partir de minuit; je dois m'embarquer le 1er août, à 6 heures du matin.

Un calme impressionnant règne dans la place.

A 8 heures du soir, je touche mon indemnité d'entrée en campagne. Cet argent me produit un effet bizarre. Le froissement des billets de banque neufs me cause une sensation intense. Ce n'est pas le prix du sang que vous touchez, et pourtant ! En tout cas, cet argent vous indique que vous entrez dans une vie nouvelle. Que sera-t-elle ? L'argent en lui-même vous laisse indifférent. Combien autres doivent être les sentiments des fournisseurs qui palpent des billets de banque pour prix de leurs marchandises ou ceux des intermédiaires qui les touchent à titre de commission.

La nuit passe vite. A 5 heures et demie, je quitte mon logement. Il fait une matinée splendide. Le maire est venu me saluer à mon départ. Il est de ceux qui seront dignes de leurs fonctions pendant toute la guerre et rempliront tous leurs devoirs civiques en face des envahisseurs.

Toute la population est debout et me salue au passage.

Le long de la route qui conduit à la gare militaire, s'étendent des champs de blé que les moissonneurs se hâtent de couper.

A 6 heures, arrivée au quai, une batterie procède avec ordre à son embarquement. Des trains de cavaliers, emportés vers la frontière, passent devant nous et nous saluent d'acclamations joyeuses.

Cependant, assis sur un talus, ma pensée cherche à percer le voile qui nous cache l'avenir.

C'est avec confiance que j'envisage l'issue définitive des opérations, mais les difficultés énormes que nous allons rencontrer, le danger imminent de l'invasion qui nous menace par la Belgique, m'impressionnent vivement.

Auprès de moi se trouve un officier qui ne doit nous rejoindre que dans dix jours et est venu prendre les dernières instructions.

Je lui dis :

— En rentrant, vous préviendrez ma famille que je veux qu'elle parte ce soir.

Il me regarde et se demande si le chef qui lui parle est bien le même que celui qu'il a toujours vu si plein de confiance. Je suis obligé de lui répéter ma phrase.

Nous voilà partis. Dans le train, les officiers se voient déjà vainqueurs. Ils me semblent méconnaître complètement la valeur de l'organisation ennemie.

Aussi, après déjeuner, je crois devoir leur dire :

— Comme vous, je suis convaincu du succès. Mais n'oubliez pas que vous allez combattre la première armée du monde. Trop peu de gens s'en doutent. Peut-être cherchera-t-on à vous entraîner à des manœuvres que je désapprouve. Si j'ai un conseil à vous donner, référez-vous-en toujours à mon enseignement. Cachez et dispersez vos batteries. Faites un large usage du téléphone, des éclaireurs et des observateurs. J'aurais voulu vous donner un avion par régiment. Vous savez comment mes efforts ont échoué. Je chercherai à en mettre le plus possible à votre disposition. Soyez-en sûrs : c'est le canon qui nous sauvera.

Ils sont un peu ahuris.

4 heures, Sedan. Le chef de gare nous annonce que la mobilisation est décrétée.

6 heures, arrivée à la gare de débarquement, nous montons à cheval.

Nous voilà en guerre.

La brume, les perdrix et la pipe.

Pendant que les hommes se battent et que le canon tonne, la terre continue à tourner, les astres à resplendir dans la nuit. Les plantes fleurissent. Les oiseaux chantent.

A chaque instant, le combattant est impressionné par cette marche impassible de l'univers, qui forme un si violent contraste avec les dangers et les fatigues qu'il supporte aussi bien qu'avec les sentiments qui l'agitent.

Chacun des épisodes de la campagne ne se présente dès lors à son esprit qu'entouré de l'image des phénomènes naturels qui les ont accompagnés.

Ce sera un coucher de soleil au soir de la bataille. C'est une étoile aperçue alors que, roulé dans son manteau, il appelle en vain le sommeil. C'est une vache qui se promène devant le front. C'est un oiseau qui a volé au-dessus d'une batterie.

C'est ainsi que l'aurore du 22 août dernier m'apparaîtra toujours se levant dans une buée cotonneuse. De chaque côté de la route étroite où était engagé le corps d'armée sur une seule colonne, les ravins revêtaient un air de mystère, les sommets des collines disparaissaient dans la brume.

Vers 8 heures et demie, le soleil commence à se montrer. Tout à coup, sur un boqueteau, à 600 mètres de nous, deux petits nuages blancs apparaissent. Ils ressemblent aux flocons que le brouillard, en se dissipant, laissait accrochés à la cime des arbres.

C'était le commencement du feu qui allait, quelques minutes après, surprendre et encadrer l'état-major du corps d'armée.

Une demi-heure après, dans le village où nous nous trouvions, je vais à la recherche de mes chevaux.

Pour la première fois, un sifflement significatif nous annonce un arrivage de marmites dans notre voisinage immédiat. Les deux officiers qui m'escortent et moi, nous saluons respectueusement. A 40 mètres à notre droite, quatre éclatements terrifiants, accompagnés d'un nuage de fumée noire !

Nouveaux sifflements, nous ne saluons plus. A 40 mètres à notre gauche, quatre *quinze* viennent creuser leurs entonnoirs.

— Les perdrix ! mon général. Voyez, je crois qu'il

y en a deux par terre, me dit un de mes officiers, grand chasseur.

Nous n'allons pas les chercher.

C'est la « pagaye » dans le pré où sont nos chevaux. L'escorte est affolée. Un parc fait demi-tour. Les chevaux galopent. Les limons cassent. Une marmite tombe en plein sur un caisson, fait tout sauter, hommes et chevaux.

— Allumons une pipe, dis-je, cela fera plus pour rétablir le calme que de galoper et de crier.

Le résultat fut atteint en quelques minutes.

La buée du matin, les perdrix, la pipe, resteront pour moi éternellement associés à cette matinée du 22 août.

La tempête.

Vous rappelez-vous la première scène de la *Tempête*, de Shakespeare. Le roi de Naples, son frère, duc de Milan, leurs courtisans, sont embarqués sur un vaisseau. La tempête fait rage. L'équipage manœuvre. Le roi monte sur le pont avec sa suite. Je laisse parler le poète.

LE CAPITAINE. — Très bien ! Parlez aux matelots et manœuvrez vivement. Dépêchons.

LE MAITRE D'ÉQUIPAGE. — En avant, mes agneaux ! hardi, hardi ! Ferlez le hunier.

LE ROI. — Mon brave maître, faites bien tous vos

efforts. Où est le capitaine ? Allons, montrez-vous des hommes !

Le maître d'équipage. — Pour le moment, je vous en prie, restez en bas.

Le duc. — Où est le capitaine, maître ?

Le maître d'équipage. — Ne l'entendez-vous pas ? Vous embarrassez notre manœuvre. Restez dans vos cabines.

Le roi. — Voyons mon brave, un peu de patience.

Le capitaine. — Lorsque la mer en aura. Décampez donc ! quel souci, je vous le demande, cette meute rugissante de la tempête a-t-elle du nom du roi ? A vos cabines, et silence ! ne nous troublez pas.

Un courtisan. — Sans doute ! Cependant rappelle-toi qui tu as à bord.

Le capitaine. — Personne que j'aime plus que moi-même. Vous êtes un conseiller, n'est-ce-pas ? Hé bien ! si vous pouvez ordonner le silence à ces éléments et faire le calme sur l'heure, nous ne toucherons pas un cordage de plus. Usez de votre autorité, et si vous ne le pouvez pas, rendez grâce à Dieu d'avoir vécu si longtemps, et allez dans votre cabine. Courage, mes braves enfants ! Tirez-vous de notre chemin, vous dis-je.

(Les seigneurs sortent. Cris dans l'intérieur du navire.)

Le capitaine. — La peste soit de ces hurlements. Ils sont plus forts que la tempête et la manœuvre.

(Rentrent le duc et trois courtisans.)

Comment c'est encore vous ! Que venez-vous faire ici ? Faut-il envoyer tout promener et nous laisser noyer ? Tenez-vous absolument à couler bas ?

Pourquoi cette longue citation ? Parce que Shakespeare exprime mieux que je ne saurais le faire une vérité qui est de tous les temps. Il est à peine besoin d'en faire un commentaire.

L'histoire nous montre des souverains chefs d'armée, assumant toutes les responsabilités de la guerre, Philippe-Auguste, Henri IV, Napoléon en France.

Nous avons eu, au contraire, en 1870, de tristes exemples de souverains s'immisçant dans la conduite des armées sans en prendre le commandement.

Nous verrons bientôt comment l'action de Guillaume II aura conduit au naufrage le navire allemand.

Comme le dit Shakespeare, les souverains non combattants doivent se tenir à l'intérieur du bâtiment, éviter de se mêler à la manœuvre et surtout ne pas pousser des cris plus forts que les bruits de la tempête qui menace de les emporter.

Le 4 août.

Deux fois déjà, le 4 août fut une grande journée dans les fastes françaises.

En 1789, cette journée nous montra le clergé, la noblesse et le tiers état, unis dans le même esprit, emportés par le même enthousiasme, voter l'abrogation des privilèges en France.

L'an dernier, dans un grand élan de patriotisme, le Parlement proclamait la trêve des partis, l'union sacrée devant l'ennemi.

Quel réconfort ce serait pour tous, si à l'anniversaire de ce pacte solennel, tous les Français entendaient les voix autorisées le renouveler, et promettre de l'appliquer de grand cœur.

Mgr Chollet, archevêque de Cambrai, a adressé à ses diocésains envahis, une lettre pastorale touchante, qui se termine par ces phrases :

« Vous qui actuellement êtes rachetés par le sang de France, vous ne devez être ni socialistes, ni républicains, ni impérialistes, ni royalistes; vous ne devez être qu'une chose : Français, uniquement Français, animés d'une seule âme, l'âme de la Patrie et cherchant dans la mutuelle confiance et affection de tous, le triomphe et le relèvement de la Patrie. Qu'il n'y ait entre nous ni jalousies, ni dissensions, ni tracasseries. Mais un seul amour, un seul but poursuivi par la coopération de tous. »

Quel enthousiasme saisirait tous les Français si un semblable appel leur était adressé par la voix unanime de ses représentants ! Avec quelle allègre confiance, avec quel courage indomptable ils poursuivraient tous la lutte jusqu'à la fin !

Ce serait un rêve et un beau rêve. Puisque je suis en train de voyager au pays des songes, j'entends déjà les acclamations de l'armée et du pays, saluer les représentants du peuple déclarant solennellement que tout Français ne doit avoir qu'une préoccupation : chasser l'ennemi du territoire, le poursuivre en ses repaires, l'écraser, et ne parler de paix et d'affaires qu'après son entière défaite.

Messieurs les représentants du pays, songez aux souffrances de nos provinces, à nos morts, songez à nos ruines !

La France a lutté magnifiquement; dès aujourd'hui, elle s'est, par sa vaillance, acquise une place d'honneur parmi les nations.

Les actes valent mieux que les paroles, je le sais, et nos soldats qui sont morts en combattant l'ont prouvé. Les quelques mots qu'ils ont murmurés en expirant, ont eu pourtant leur éloquence. C'étaient toujours les mêmes : « Faites votre devoir, ne vous occupez pas de moi. Marchez en avant. Vive la France ! »

Ce sont ces mots que je voudrais entendre retentir, le 4 août 1915, du haut de la tribune française. Mon ambition serait-elle trop grande ?

Les chats, l'alouette et le rossignol.

J'ai déjà dit comment, pour le combattant, la nature s'associe toujours à l'action.

Objets inanimés, avez-vous donc une âme ?
dit le poète.

Non ! c'est précisément l'absence d'âme chez les êtres inanimés qui nous frappe. Ils sont insensibles, tandis que nous, conscients en présence des êtres inconscients, nous percevons, avec une lucidité extraordinaire, que nous sommes entraînés par une force supérieure à la nôtre, mais que malgré cela nous jouons notre rôle personnel dans le grand drame historique qui se déroule devant nos yeux, et que nos actes ne sont pas sans influence sur le dénouement.

Nous nous sentons distincts de cet univers qui nous entoure, et personne ne viendra nous dire qu'il n'y a pas de différence entre le moi et le non-moi.

Sur une plage de Bretagne, un petit garçon a reçu de son père la lettre suivante, et qui confirme la vérité de ma thèse.

« La mer élève l'âme, dis-tu, c'est comme la guerre. Je viens, moi aussi, de passer de bien beaux jours en avant de Neuville-Saint-Vast, un des villages entré dans l'histoire de France.

« J'ai assisté, à 25 mètres des Boches, au bombardement le plus effroyable qu'on puisse imaginer ; on eut dit un tremblement de terre continu.

« Mais cet orage terrestre n'empêchait pas le ciel d'être d'une pureté idéale. J'ai assisté dans ce cyclone au plus beau coucher de soleil qu'il m'ait été donné de voir. Il me semblait que Dieu montrait aux combattants que leurs 420, 305, 210, 105 et 77 étaient une bien faible voix dans le concert de la nature, et que malgré la puissance des canons, il mène le monde, pour faire bientôt luire à ses yeux le soleil de notre victoire.

« Là, comme sur les bruyères de la Bretagne, l'alouette mire pendant ces canonnades invraisemblables. C'est le seul animal que le canon n'ait pu chasser. On dirait que ces petites bêtes, ayant reçu la mission de chanter la gloire de Dieu, tiennent à honneur de rester à leur poste pour apprendre au soldat à accomplir son devoir, tout en faisant comme elles monter sa prière vers le ciel.

« En traversant Neuville, j'ai vu des chats égarés qui se jettent sur l'homme. Ils ressemblent à des démons comme les Boches, au milieu desquels ils ont vécu pendant le bombardement. Les Boches sont morts. Les chats sont devenus enragés, témoignant de la terreur que le bombardement a répandue dans ce village.

« Plus une maison debout ! Les caves sont pleines

de cadavres et les rues pavées de jambes et de bras ! C'est l'horreur de la guerre. Il faut se boucher le nez ou mettre son masque contre les gaz axphyxiants ! Mais voici le château ! Il en reste un mur, la monture d'une tonnelle et un arbre qui ne conserve qu'une branche verte.

« Sur cette branche un rossignol chante ! Il est dix heures et la pauvre bête n'ayant pu chanter la nuit et voulant prouver que, dans cette guerre, rien de ce qui est prévu n'arrive, se met à chanter la gloire du Créateur.

« Nous oublions un instant la guerre pour l'écouter. Pauvre petite bête !

« Le soir, un 305 lui coupe la seule branche sur laquelle il pouvait chanter.

« Quand revenant des tranchées, je suis passé près du tronc dénudé, je n'ai plus entendu chanter le rossignol, mais j'ai remercié Dieu qui nous avait protégés. »

Nous avons le temps.

J'ai servi autrefois sous un chef qui voulait voir se réaliser immédiatement les conceptions de son esprit. Chaque jour c'étaient nouveaux tours de force qu'il vous demandait

Ses désirs étaient comme des envies de femme enceinte.

Lorsqu'après des efforts inouïs nous étions arrivés à des résultats assez faibles, il me dit un jour : « Vous êtes un artiste, je suis un entêté. »

Un artiste, je cherchais en effet à l'être ; et, si je suis parvenu quelquefois à des résultats, c'est sans me presser, sans affoler mon monde et en faisant mes efforts pour faire comprendre à tous l'utilité de l'œuvre que nous accomplissions.

L'entêtement ne sert à rien. C'est la persévérance raisonnée qui mène à tout. Il est toutefois des circonstances où il faut saisir l'occasion, et se presser ; car on nous dit que c'est par les cheveux qu'il faut la prendre, et chacun sait qu'elle n'en a qu'un.

Mais savoir attendre l'occasion, savoir se préparer à la saisir au passage, voilà la vraie science dans la vie en général, et, en particulier, dans la guerre que nous faisons aujourd'hui.

J'ai toujours vu échouer les opérations mal préparées contre des objectifs dont on ne voulait pas reconnaître la puissance. Je crois que c'est la doctrine qu'on m'a reprochée.

Pourquoi se presser quand on est sûr du lendemain ?

De quelle force dispose celui qui peut dire : demain est à moi !

En donnant à l'homme ce demain qui n'est pas sa

propriété, mais une parcelle de l'éternité, Dieu ne lui octroye-t-il pas le plus grand des privilèges ? Il lui donne le Temps.

Avoir le Temps ! Quel avantage ! Cet avantage nous le possédons sur nos adversaires.

Je sais bien que, chaque jour, le Temps, que les anciens avaient symbolisé sous les traits d'un vieillard armé d'une faulx, fait une ample moisson dans nos champs, comme dans ceux de l'ennemi.

Mais nous sommes plus riches que nos adversaires, nos propriétés ont une étendue deux ou trois fois plus grande que les leurs, et le sinistre travailleur ne fait pas tomber plus d'épis dans les unes que dans les autres.

Bientôt il aura accompli sa besogne chez nos ennemis, il y a fauché déjà près de la moitié de la moisson, tandis que chez les Alliés plus des trois quarts des épis lèvent encore au soleil leurs têtes dorées.

Si nous avons le Temps, les Allemands ne l'ont plus. Aussi les voyons-nous se précipiter en attaques folles. Il leur faut la victoire. Il la leur faut aujourd'hui. Ils se dépensent en efforts désespérés et inutiles. Nous disposons du Temps, mais nous ne sommes pas maîtres de l'Heure. Il nous faut savoir attendre le moment où le Temps qui travaille pour nous sans se lasser, fera sonner l'heure de la victoire.

Le principe de Guibert.

« Une armée bien constituée et bien commandée ne doit jamais trouver une position qui l'arrête. »

Le comte de Guibert a émis ce principe avant la Révolution. Les guerres de l'Empire semblèrent lui donner raison. C'était vrai pour l'époque.

En 1914, les fusils, les mitrailleuses, les canons à tir rapide, avaient complètement changé les conditions de la guerre.

Il était toutefois très mal reçu celui qui s'avisait de professer que *ce sont les armes qui doivent déterminer les méthodes de guerre.*

— Les principes sont toujours les principes, lui répondait-on. Rien n'arrêtera une infanterie bien conduite.

En vain, vous montriez les effets du tir aux généraux qui venaient aux écoles à feu. Ils ne voulaient pas être convaincus. Ils ne voulaient même pas voir.

Ils se refusaient à l'évidence. Ils ne pouvaient se résoudre à abandonner leurs dieux, pour en venir à enseigner ce qu'ils considéraient comme démoralisant pour leurs troupes.

Eu juin dernier, l'un d'eux me disait :

— Je veux que rien n'arrête mes avant-gardes. Les batteries ne doivent songer qu'à les suivre, ce que vous me montrez est trop savant pour moi.

Il fut assez surpris au mois d'août suivant. Son aventure est contée dans *l'Illustration* du 20 juillet dernier.

« Je vois encore arrêtées, le long d'une route du Luxembourg, dans la brume du matin, les autos en file du quartier général de mon corps d'armée. Nous étions partis, comme en promenade d'agrément et, soudain, notre cortège chamarré était entouré d'éclatements.

— Qu'est-ce que c'est que ça? demanda notre général.

— Ce sont des obus, mon général, » répondit avec impassibilité un officier d'artillerie qui se trouvait près de lui.

C'est ainsi que nous apprîmes à nos dépens, à la suite de notre promenade en Alsace et en Belgique, que la mitrailleuse était une arme terrible et que le mortier de 15 faisait un bruit terrifiant.

Les Allemands, de leur côté, s'aperçurent à la bataille de la Marne, que nos 75 étaient des joujoux avec lesquels il ne fallait pas plaisanter.

La sagesse nous était revenue. Mais les Allemands, qui croyaient eux aussi au principe de Guibert, têtus comme de vrais Boches, ont continué les attaques en masse.

Ils sont parvenus à faire reculer les Russes, jamais ils n'ont pu obtenir le succès décisif.

Ce succès ne peut être obtenu que lorsqu'une des armées ne possède plus les réserves suffisantes.

L'invasion par la Belgique.

Depuis longtemps, les Allemands s'étaient rendu compte que la frontière franco-allemande n'offrait pas un théâtre de guerre permettant le développement de leurs armées. Ils ne pouvaient y espérer les succès foudroyants qui leur étaient nécessaires pour réduire la France avant de se retourner contre la Russie.

Si le déploiement de leurs armées se fût effectué seulement entre Longwy et Huningue, les Français leur auraient opposé immédiatement environ six hommes par mètre courant. Comme l'expérience de la guerre moderne montrait l'inviolabilité d'un front défendu par plus de trois hommes par mètre, il était évident que leur offensive serait brisée avant même qu'ils fussent arrivés à la ligne de nos forteresses.

Par suite, ils en seraient réduits à faire une guerre de siège et d'usure comme celle que nous voyons se dérouler actuellement.

C'est ce qu'il fallait éviter à tout prix. Aussi, depuis longtemps, étaient-ils décidés à violer la neutralité belge.

Cette manœuvre offrait de nombreux avantages.

En premier lieu, le front d'attaque était plus que doublé; d'Anvers à Bâle, les Français, même unis aux

Belges, ne pourraient mettre en ligne qu'à peine 3 hommes par mètre courant.

De plus, nos ennemis comptaient triompher grâce à une action de surprise.

Si une armée se voit forcée de faire face dans une direction imprévue, elle se trouve en présence de difficultés considérables. Déplacer brusquement cet énorme mécanisme est une opération d'autant plus difficile que la concentration est plus dense.

C'est là-dessus qu'avaient compté les Allemands. Ils savaient bien que, malgré tous les avertissements que nous avions reçus, nous ne considérerions notre frontière nord que comme un front secondaire. Nos forces principales demeureraient orientées vers l'Est.

Au moment de la discussion de la loi de trois ans, le général Maitrot montra clairement que les Allemands préparaient leur déploiement stratégique de manière à faire passer par la Belgique la masse principale de leurs armées.

Cette partie, de beaucoup la plus remarquable de son travail, ne produisit peut-être pas tout l'effet désirable. Ce n'était pas la thèse principale de l'ouvrage.

Son exposé aurait dû suffire pourtant à ouvrir tous les yeux. Pour qui voulait réfléchir, le plan de campagne allemand était écrit sur le terrain.

En 1910, je demandai à suivre les conférences faites à Châlons pour le cours d'artillerie de siège et de place. Je voulais être édifié sur des méthodes qui me semblaient barbares.

Ce n'est pas le moment d'en parler.

Nous eûmes une conférence très remarquable faite par un capitaine du génie qui nous exposa, à ma grande stupéfaction, que les Allemands avaient réalisé une ligne de fortification permanente continue d'Huningue à Thionville, avec des *Festung* avancées, barrant toutes les vallées, et reliées à la ligne principale.

Qu'en conclure ?

Ou bien les Allemands avaient une peur intense de notre armée (ce n'était évidemment pas la vraie raison), ou bien ils étaient résolus à se tenir sur la défensive sur toute notre frontière, et à porter la masse de leurs forces par la Belgique, sur la fameuse ligne de Sambre et Meuse.

Cette deuxième hypothèse était la seule vraisemblable.

Hélas ! Il n'y a pas de pires aveugles que ceux qui ne veulent pas voir.

Le serment de l'Empereur.

« Devant Dieu et devant l'Histoire, je jure que je n'ai pas voulu cette guerre. »

Est-ce la crainte de Dieu vengeur, est-ce celle des

jugements de l'Histoire, sont-ce vos remords qui vous font vous parjurer ainsi, Empereur ?

Louis XIV mourant, disait à son arrière petit-fils :

— Mon fils, j'ai trop aimé la guerre.

A Sainte-Hélène, Napoléon entreprit l'apologie de sa conduite.

Ni l'un ni l'autre ne renièrent leurs actes, et, malgré leurs malheurs, la postérité leur donna le surnom de grands.

Kaiser, votre aïeul Frédéric II, Bismarck, les créateurs de la grandeur de votre maison ont avec cynisme reconnu qu'ils avaient toujours voulu les guerres qu'ils avaient entreprises.

A qui voudriez-vous faire croire, Empereur Guillaume, que vous n'avez pas voulu cette guerre ? A qui persuaderez-vous que c'est M. Poincaré, ou le roi d'Angleterre, ou celui de Belgique, qui n'ont consenti à aucune négociation ?

Peut-être voulez-vous plutôt jurer que vous n'avez pas voulu de la guerre telle qu'elle se présente après un an de lutte ?

Vous aviez rêvé d'une entrée triomphale à Paris pour l'anniversaire de Sedan, de couronnes de princes, de ducs, de comtes et de barons pour tous vos hobereaux.

La Bretagne devait devenir le fief de votre kronprinz ; la Champagne, les Flandres, la Lorraine, la

Franche-Comté, le Brabant, le Luxembourg, des apanages pour vos généraux.

Au lieu de cela, aujourd'hui, vos armées sont en partie détruites, les autres sont assiégées. Pour trophées de guerre, votre kronprinz a deux cent mille de ses soldats qui dorment entre l'Argonne et Verdun.

Allemands, les Français vous ont battus en bataille rangée. Enfouis dans des tranchées, vous n'osez plus nous aborder en face.

Malgré votre parjure, Empereur Guillaume, vous n'échapperez pas aux responsabilités.

Au jour du jugement, des millions de soldats se lèveront des champs de mort de France, de Belgique, de Galicie et de Pologne pour vous maudire.

A vous, à vous seul, la responsabilité des larmes des veuves, des cris des orphelins, des gémissements des femmes qui pleurent leurs pères, leurs enfants, leurs fiancés, que votre orgueil a engloutis dans cette guerre.

Quant à nous, comme l'a dit le Président de la République en décorant le drapeau du 4ᵉ régiment mixte de tirailleurs et de zouaves :

« Nous poursuivrons avec un redoublement d'énergie, contre l'ennemi qui souille encore le sol de la Belgique et une partie de notre terre natale, une guerre sans trêve et sans merci. »

Le 12 août 1914.

Les Allemands ont violé la neutralité du Luxembourg, puis celle de la Belgique. On discute vivement à table sur le siège de Liége. La place est une nébuleuse. Les forts, astres isolés, tombent les uns après les autres.

Il n'est question que d'autos mystérieuses qui traversent les régions que nous occupons. De temps en temps, un taube nous survole. Dans chaque village, aussitôt éclate une pétarade. En vain on essaie de faire rentrer les hommes, de couvrir les voitures de feuillages, de dissimuler les parcs et les chevaux.

Décidément, il n'est pas dans la nature du Français de se cacher, ni de chercher à savoir ce que fait l'ennemi.

Je ne suis pas dans le secret des dieux, ils vivent dans un olympe où je me garde de pénétrer. A diverses reprises, pourtant, en allant leur dire ce que j'ai vu en me promenant, comme un simple mortel, je suis surpris de constater qu'ils n'en savent pas plus que moi.

Le matin on nous a distribué des cartes de Belgique. Sans le montrer, autrement que dans des conversations avec un de mes adjoints, je ne puis me persuader que nous ne rencontrerons pas d'énormes difficultés dans ces forêts des Ardennes et du Luxembourg, qu'il nous faut traverser pour atteindre cette ligne Arlon-Liége, qui est évidemment notre objectif.

Il est inadmissible que les Allemands n'aient pas fortement couvert leur ligne de communication. Quoi qu'on puisse me dire, je reste convaincu que des masses sont dissimulées dans ces fourrés.

Penché sur les cartes, j'en étais là de mes réflexions, lorsqu'on croit entendre le canon sur notre droite. On prête l'oreille, il n'y a pas de doute. Du haut du clocher, on voit les éclatements des obus.

C'est une reconnaissance allemande de chasseurs et d'artillerie bavaroise qui s'est avancée dans le secteur qui s'étend entre nous et le corps d'armée voisin. En un instant, nos batteries ont éteint le feu de l'ennemi, nos chasseurs repoussent vivement l'ennemi. Trois pièces restent entre nos mains.

Allons, chassons les noires pensées! Un de mes chefs d'escadron, deux capitaines sont cités à l'ordre.

Quelle joie, le lendemain, pour les troupes et la population, de voir défiler les pièces qui sont nos premiers trophées!

Le père d'un des capitaines, qui a eu les honneurs de la journée, habite le village où je cantonne. Au nom du général commandant le corps d'armée, je lui remets un des mousquetons pris à l'ennemi.

Mais tout cela ne me dit pas comment nous arriverons à Arlon!

La première quinzaine d'août.

Par grand'nuit, je suis arrivé à cheval le 1er août au soir à L... Durant la route, un astre m'intrigua fort, je ne le connais pas. Ah çà! au bout d'une demi-heure, il n'était plus dans la même constellation. C'était un dirigeable. Et les Allemands nous accusent d'avoir envoyé ce jour-là un avion sur Nuremberg.

L... est un vieux pays que domine un château du seizième siècle qui a remplacé l'ancien burg détruit à la fin du treizième siècle.

Je loge chez le curé. J'ai déjà décrit le presbytère et raconté la prophétie d'Orval, selon les traditions locales.

D'après elle, en 1914, les armées françaises devaient essuyer de graves revers entre les deux Notre-Dame. Puis elles devaient voir, à partir de la deuxième Notre-Dame, la victoire changer de camp. Mais les Français ne détruiraient l'Empire allemand qu'avec beaucoup de temps et de sang.

Cette prophétie n'est-elle pas en train de se réaliser?

Ce pays des Ardennes est vraiment intéressant par ses légendes.

Le soir venu, je bouquinais dans les vieux livres du curé. C'est ainsi que j'appris l'histoire d'Ehrard le

Loupy de Villesme, qui fut le dernier seigneur du château.

Il était revenu des croisades, affilié à l'Ordre des Templiers. Les gens qui rentraient de Terre sainte s'écartaient du château. On racontait qu'ayant attiré par félonie des chevaliers sarrasins, le seigneur de Villesme les avait massacrés sans pitié. De là, de terribles représailles de la part des Musulmans.

Il vivait seul dans la tour du donjon avec deux fils du diable, Otto et Balzo, qu'il avait ramenés d'Italie.

Oncques on ne le vit prendre part aux tournois ou aux batailles. Mais il avait ramassé un assez grand nombre d'hommes d'armes. Il leur transmettait ses ordres par ses suppôts.

Avec ses inférieurs, il était tout sec. Il accusait l'un calomnieusement et à tort envoyait l'autre en exil sans espoir de retour.

Était avec ses gens d'armes cruel et plein d'amertume. Toujours épiant ses serviteurs s'ils l'avaient volé et le craignaient ses officiers, comme Satan tombé du ciel.

Un jour, les seigneurs et les paysans firent grand massacre des soldats du seigneur de Villesme et l'on montre aux environs, dans un cimetière qui domine l'ossuaire, l'ossuaire où sont empilés symétriquement des milliers de crânes et de tibias des gens d'armes qui tombèrent ce jour-là.

Hélas ! c'est près de cet ossuaire que, le 24 août,

nous devions voir, écrasé à nos côtés, un corps d'armée voisin et, dans quelques siècles, nos descendants pourront voir leurs ossements blanchis, rangés à côté de ceux des guerriers autrefois.

Le soldat français.

Le soldat français est un merveilleux instrument de guerre. Il se rend compte de tout, il a son avis sur tout, il apprécie ses chefs et juge la manœuvre.

Hier, je m'étais attablé devant un café. A côté de moi, un soldat du 47e d'infanterie causait avec son père et deux bonnes femmes. Le brave garçon, blessé deux fois, était en convalescence. Il parlait de la guerre, naturellement. C'était un vrai cours de tactique, de stratégie et de bon sens.

D'abord, il contait la vie des tranchées : comme quoi un bombardement, même terrible, n'était pas démoralisant, pourvu que notre artillerie y répondît. Le dernier auquel il avait assisté était effectué par du 15, du 21 et du 305 ; il avait duré six heures ; sa compagnie avait perdu 23 hommes.

« Les Boches pouvaient venir, disait-il, nous les aurions bien reçus. » Et il ajoutait : « Vous pouvez vous tranquilliser, ils ne nous auront pas. Quant à eux, je crois que bientôt nous aurons tué le dernier dans son trou. Ils ne sont pas si nombreux que ça, on le sent bien. Mais ils ont partout des mitrailleuses. On a bien raison de les tuer sur place : on passera quand il n'en restera plus. Il n'y en a pas pour longtemps. Mais, voyez-vous, la difficulté, c'est qu'on ne peut attaquer qu'avec peu de monde. Si on réussit, il faudrait beaucoup de monde derrière. Le diable est qu'on ne sait jamais d'avance si une attaque réussira. »

Je me levai et allai serrer la main du brave garçon. Il en savait autant sur l'art de la guerre que bien des officiers d'état-major.

Je ne dis pas qu'un chef doive s'inspirer des soldats. Mais il doit être en contact avec eux. Il obtiendra tout d'une troupe française quand ses conceptions seront par elle reconnues réalisables. En cas contraire, ses régiments iront se faire massacrer comme un troupeau inconscient.

La doctrine ancienne disait que la principale qualité du chef militaire était : *consilium in arena*, c'est-à-dire de la décision sur le terrain.

L'École de guerre avait changé ce principe en celui : « Ayez de la décision sur la carte. »

Que de voyages d'état-major j'ai faits où l'on n'allait jamais sur le terrain !

De la guerre napoléonienne, on oubliait volontiers que l'Empereur faisait lui-même toutes les reconnaissances importantes, qu'il galopait des journées entières sur les fronts où les actions allaient s'engager, et que les généraux de cette époque en faisaient autant.

On en était arrivé à une conception, que j'ai vu appliquer aux manœuvres, de généraux se tenant le plus loin possible de l'action pour mieux garder leur impassibilité.

Voyez l'effet que cela aurait eu en campagne. Un général aurait pu commander, à dix kilomètres de son poste de commandement, une attaque en un point où elle était impossible.

J'ai toujours été un réactionnaire, partisan du vieux principe : *consilium in arena*, de la décision sur le terrain. Que de fois j'ai vu des prévisions déjouées, des plans démolis par un simple accident que ne représentait pas la carte !

L'artillerie française.

Le général Maleterre croit devoir indiquer l'infériorité de notre artillerie, comme une des causes de nos échecs au début de la campagne.

Cette assertion ne repose sur aucune preuve. La vérité est que notre artillerie a sauvé l'armée française. On ne saurait trop le répéter.

Que l'on n'ait pas toujours su s'en servir, j'en tombe d'accord.

L'infanterie française est partie en campagne avec le mépris du canon. On lui enseignait que rien n'arrête des bataillons bien conduits. Ses généraux se bouchaient les yeux sur les champs de tir. Ils ne voulaient pas voir.

Moi aussi, comme le général Maleterre, j'ai vu, et ce que j'ai vu, c'est que le canon allemand n'a jamais arrêté une infanterie allante. Ce qui a arrêté nos fantassins, ce sont des tranchées, des fusils, des mitrailleuses, jamais des canons.

Où le général Maleterre a-t-il vu que les corps d'armée allemands disposaient de 160 canons, alors que les nôtres n'en comptaient que 120 ? Je serais curieux de le savoir.

Je le répète, ce n'est jamais le canon allemand qui nous a empêchés de franchir la distance qui nous séparait de l'ennemi.

Quelles ont été les pertes subies par les infanteries soumises pendant des journées au feu des batteries ennemies ? Je le demande.

Qu'auraient dit nos troupes, si elles s'étaient trouvées sous des rafales de 75 ?

Moi aussi, j'ai été sous le feu des 15 allemands. Je maintiens qu'ils faisaient plus de bruit que de mal.

Il nous faut maintenant de l'artillerie lourde dans la guerre de position que les Allemands nous ont imposée.

Mais, dans la période de la guerre de mouvement,

moi, commandant une artillerie de corps d'armée, non seulement je n'ai jamais senti aucune infériorité vis-à-vis de l'artillerie allemande, mais, au contraire, partout nos canons ont marqué leur supériorité, même à la bataille de la Marne où nous nous battions, un seul corps d'armée contre les deux corps wurtembergeois.

A deux reprises j'ai vu éteindre le feu des canons de 15 par celui de nos 75. Nous l'aurions fait plus souvent, si nous avions eu des avions d'artillerie.

Partout nous avons arrêté net les attaques de l'infanterie allemande. Jamais ce résultat n'a été obtenu par les canons allemands. Il ne faut donc pas incriminer l'artillerie française comme cause de nos désastres. C'est ailleurs qu'il la faut chercher.

Le 75 a sauvé l'armée française, le 77 allemand ne comptait pas.

Nos approvisionnements ont duré autant que ceux de l'ennemi.

Jusqu'au 20 septembre, je n'ai jamais cessé d'avoir pleins les coffres de mes parcs et pleins les coffres de mes batteries. Et j'avais conservé mes 120 canons.

« Rien de nouveau. »

Depuis un mois, les communiqués français peuvent se traduire par la vieille formule militaire : « Rien de nouveau ».

Dans un régiment, le colonel est ravi lorsqu'au rapport l'adjudant-major de semaine le salue par un « Rien de nouveau ». C'est que tout est en ordre au quartier.

Dans les conditions où nous nous trouvons, moi aussi, je suis enchanté quand, ouvrant le journal, j'y vois qu'il n'y a rien de nouveau.

Le jour où les communiqués russes se traduiront aussi par la même formule, nous serons bien près de la fin.

Un vieil auteur militaire dit : « Il n'en faut venir à la bataille qu'avec grande délibération. Car l'issue des batailles est toujours incertaine, on a tout avantage à chercher à rompre son ennemi par patience et le laisser battre au temps, au lieu, au défaut de toutes choses qu'à celui du hasard. »

Nous en sommes revenus à la guerre antique. Appliquons-en les préceptes. Je sais bien que je vais à l'encontre des doctrines enseignées. Français et Allemands étaient imprégnés des principes de la guerre de mouvement. Nos ennemis avaient bien une notion de la guerre défensive. Nous, nous n'en avions aucune idée. Ce fut une stupeur à tous les échelons de la hiérarchie de voir les deux fronts arrêtés l'un contre l'autre.

Il a bien fallu se rendre à la réalité et arriver à la conviction qu'on ne peut faire une percée en un lieu que lorsque l'ennemi sera complètement épuisé sur ce point.

Dans ces conditions, avons-nous avantage à risquer de grosses affaires en ce moment ?

Les anciens disaient : « *Capienda rebus in malis præceps via est.* » Ce qui signifie que c'est seulement, si vos affaires risquent de mal tourner, qu'il faut précipiter l'action.

Sommes-nous dans cette situation ?

Avons-nous nécessité à précipiter les événements ? Les difficultés croîtraient-elles pour nous avec le temps ? Nos finances seraient-elles défaillantes ? Les hommes nous manqueraient-ils ? L'ennemi sera-t-il plus fort demain qu'aujourd'hui ?

La réponse à toutes ces questions est évidente. Ce sont les Allemands, dont les affaires en mauvais point exigent une solution brusquée. Ils n'ont plus de salut que dans une victoire rapide, qu'ils cherchent en vain sans pouvoir l'obtenir.

Aussi, est-ce avec plaisir que, chaque matin, je salue les « Rien de nouveau » des communiqués.

La guerre industrielle.

Comme je comprends Ruskin maudissant l'industrie et notre siècle de fer. Quelles imprécations sont les siennes lorsqu'il nous montre la jolie vallée où il a été élevé souillée par les usines. Les cheminées énormes ont remplacé les arbres, les ruisseaux n'ont plus de poissons, les airs n'ont plus d'oiseaux, et les prés plus de fleurs. Au lieu des chemins ombragés où se croisaient les charrettes des paysans, ce sont des routes couvertes de boue noirâtre où l'on ne rencontre que femmes en guenilles et enfants loqueteux.

Dès lors, Ruskin se réfugie dans ces vieilles villes d'Amiens et de Rouen à l'abri des cathédrales, dont il nous dévoile les beautés et les trésors, nous faisant aimer ce treizième siècle que, parfois, l'on nous a dépeint comme un siècle de barbarie.

Tous les combattants de 1914 n'ont-ils pas éprouvé des sentiments analogues ?

Tous, nous avions rêvé de brillantes charges de cavalerie, de régiments marchant drapeaux déployés.

Rappelez-vous, au début de la guerre, ce jeune Saint-Cyrien se faisant tuer à son premier combat. Il avait arboré son képi à plumet et s'était ganté de blanc. Il allait au combat comme à une fête. Il était dans la tradition.

Comme s'il y avait encore des traditions, comme si les combats modernes étaient des fêtes !

Dans les batailles, en général, on ne voit rien du tout. Par là je veux dire qu'on ne voit pas l'ennemi. Ce que l'on a devant les yeux ce sont des visions d'horreur : villages incendiés, champs dévastés parsemés de morts, chemins défoncés le long desquels s'alignent des cadavres de chevaux les quatre pieds en l'air.

Une fois il me fut donné d'assister à un joli combat. C'était le 12 septembre : nous poursuivions l'ennemi. La tête du gros de la colonne avec laquelle je marchais était arrivé dans un fond entouré par un cercle de collines. Notre avant-garde atteint l'arrière-garde ennemie. L'on vit alors les bataillons se déployer, les batteries prendre position et tirer. Un vrai tableau de bataille et ce fut une fête des yeux et du cœur.

Hélas ! Quelques jours après, nous nous voyions condamnés à cette guerre odieuse de tranchées. Vivre dans des trous, combattre dans des trous. Bref, en revenir à l'ère des troglodytes.

Les soldats ne portent plus les couleurs de leurs dames. Si les dames voulaient porter les couleurs des soldats, elles devraient se rouler dans la boue. Nous sommes loin du temps de la guerre en dentelles !

Tout est gris, tout est sale dans la guerre industrielle.

Une seule chose y reste admirable : le soldat.

Un de nos plus grands chirurgiens me disait :
— Dans nos ambulances pas une plainte, mais une grande exaltation des sentiments religieux, patriotiques et familiaux.

L'entrée en Belgique.

J'ai déjà montré comment et pourquoi les Allemands, qui ne pouvaient déployer leurs armées entre Longwy et Huningue, s'étaient décidés à violer la neutralité belge et à faire porter leur effort principal sur la gauche des armées françaises.

Le plan de mobilisation français n'étendait la couverture qu'à quelques kilomètres à l'ouest de Montmédy.

Dès le 4 août, nous sommes avisés officiellement que les Allemands sont entrés dans le Luxembourg et se préparent à faire passer le gros de leurs forces par la Belgique.

Une variante du plan de mobilisation prévoyait cette hypothèse. Une armée est concentrée entre Maubeuge et Sedan ; de plus, un corps d'armée vient se placer à la gauche du corps extrême de couverture.

C'était insuffisant pour résister à la poussée allemande.

Quelques divisions anglaises prolongent notre ligne, mais elles ont elles-mêmes leur gauche en l'air.

Nous sommes heureux que la résistance inespérée des Belges retienne près de 300.000 hommes des forces allemandes et nous permette d'échapper à un désastre.

D'un autre côté, nous sommes mal renseignés sur les forces des Allemands qui ont dédoublé tous leurs corps d'armée et marchent contre nous avec près de cinquante corps d'armée.

Enfin, nous ne voulons pas abandonner le vieux principe, que l'offensive, seule, peut donner le succès.

Au lieu de préparer sur notre gauche un front défensif, le 21 août au soir, ordre est donné à toute l'armée française de se porter en avant.

Les reconnaissances ont été absolument insuffisantes.

Je ne citerai que l'exemple d'un corps d'armée. Ce corps n'avait envoyé, jusqu'au 21 août, aucune reconnaissance en Belgique. Ce jour-là, à 4 heures du soir, son régiment de cavalerie reçoit l'ordre de partir à 6 heures du soir pour une petite ville de Belgique, située à 30 kilomètres de la frontière. Il précède l'avant-garde du corps d'armée qui, d'après le même ordre, doit arriver à 6 heures dans la même localité.

Il pleut, la nuit tombe vite. Nuit noire. Le régiment ne peut envoyer aucune patrouille sur ses flancs. Il passe au milieu de forces allemandes sans s'en douter, arrive à 11 heures du soir au point qui lui a été assigné.

Le bourgmestre, affolé vient trouver le colonel et le prévient que toute une division allemande est campée autour du village.

L'avant-garde, qui en est avisée, s'arrête. Mais, le général commandant la brigade de tête du gros, a poursuivi sa marche en utilisant un chemin parallèle à la route principale. Il arrive à 7 heures à la petite ville. A 8 heures et demie, surprise générale. Les obus tombent à la fois sur la tête de colonne et sur le quartier général du corps d'armée au centre de la colonne. Les deux divisions sont coupées l'une de l'autre.

Grâce à l'énergie du général C... et du colonel d'artillerie qui est avec lui, nous nous tirons de ce mauvais pas.

Mais les corps d'armée voisins, eux aussi tombés dans le même traquenard, furent moins heureux que nous.

Dans ces conditions, il est facile de s'expliquer l'échec de notre offensive en Belgique et notre retraite derrière la Meuse.

Le 22 août.

A 9 heures du matin, notre corps d'armée, en colonne par quatre, attaqué sur son centre et en tête, se trouve coupé en deux. En vain essaie-t-on de dégager la route de communication en lançant une brigade d'infanterie à l'assaut. Cette attaque, qui n'a pas été préparée par le feu de notre artillerie, échoue devant les tranchées ennemies et sous les coups des mitrailleuses. Le général de brigade est mortellement blessé.

Je rejoins le quartier général. L'Olympe est fermé, même à ceux qui se pourraient croire des demi-dieux. Je reste donc assis sur une botte de paille avec le directeur du Service de santé. Nous glanons les renseignements en fumant des pipes. J'apprends qu'une partie de mes batteries est envoyée sur le mouvement de terrain du Hayon, fer à cheval qui domine tout le pays. La journée se passe lourde et pénible. Vers 4 heures, le général commandant la division demande à être appuyé sur sa gauche. Il craint d'y être tourné !

Ordre est donné à deux groupes d'artillerie et à un régiment d'aller renforcer les éléments qui sont déjà sur le Hayon.

Les batteries se précipitent, mais bientôt on voit les voitures s'arrêter et encombrer le village où nous nous trouvons.

— Allez me faire avancer ces gens-là et les installer, me dit le commandant de corps d'armée !

Enchanté d'avoir enfin quelque chose à faire, je cherche à gagner la tête de colonne.

C'est avec mille peines que j'y parviens. Le chemin sur lequel sont engagées les batteries est le lit caillouteux du torrent, par où se déversent les eaux. Il est escarpé, encaissé. Des voitures y sont versées.

Je me dis qu'une reconnaissance du terrain n'est jamais chose inutile; qu'un bataillon, employé pendant deux heures, aurait transformé ce torrent en grande route. Ce sont principes ignorés chez nous. J'aurais été plus utile à cet ouvrage qu'à fumer pendant cinq heures sans rien faire. Mais toute initiative est ici interdite.

Péniblement, j'arrive à faire monter les pièces avant la tombée de la nuit. Ce fut une vision inoubliable que celle du champ de bataille à ce moment. Dans le lointain, tous les villages brûlent, les canons envoient leurs dernières salves et les obus éclatent comme des fusées de feu d'artifice. Un convoi de blessés se profile sur la crête. Je demeure avec l'impression très nette que nous ne courons aucun danger de ce côté-là.

Il faut redescendre. Cette opération est une véritable odyssée. Les caissons encombrent encore le chemin creux. Ils cherchent à monter. Des émigrants, qui abandonnent leurs fermes, s'efforcent de descendre. Au milieu d'eux, des civières portant des blessés.

La nuit est noire comme de l'encre. Grâce à ma lanterne de campagne, portée par mon ordonnance, je gagne peu à peu du terrain.

Tout d'un coup, je crois reconnaître la voix d'un de mes colonels qui veut se faire ouvrir un passage.

— Est-ce vous, Aubry ?

— Oui, mon général, je vous cherchais.

— Quoi de nouveau ?

— Je viens de voir un officier du 42 (c'était le régiment d'artillerie qui, depuis le matin, était coupé de nous avec sa division). Ils se sont battus comme des lions. Peu de pertes. Ils sont en communication avec nous par la gauche.

Dieu soit loué ! Quel poids de moins sur le cœur. Sommes-nous vainqueurs ? Si les corps d'armée voisins s'en sont tirés comme nous, c'est un vrai succès que d'être sortis sains et saufs de ce guêpier.

Coriolan.

En ces longues journées de guerre, que faire pour occuper son esprit et ne pas lui permettre de se laisser aller à de dangereuses divagations?

La lecture des journaux est fastidieuse. Tous racontent la même chose. Les historiens vous laissent froid, nous sommes en train de bâtir une histoire plus vivante que celle qu'ils nous mettent sous les yeux.

Quant aux romanciers réalistes ou psychologues, leurs contes nous intéressent si peu, lorsqu'ils ne nous choquent pas, qu'à la troisième page nous avons fermé le livre.

Les philosophes? Les modernes surtout! Comme nous jugeons leurs spéculations à leur véritable valeur!

Seuls les vrais poètes résistent à l'épreuve. Une page de Michelet, de Tolstoï, de Racine, du Dante ou de Shakespeare vous arrête. La puissance de la vision et de l'imagination est telle, chez ces hommes, qu'ils ont atteint à la réalité des tableaux qui se déroulent sous nos yeux. Votre sensibilité s'émeut à leurs descriptions. Leur hardiesse nous charme. Mieux que vous ne sauriez le faire, elle a trouvé les mots qui expriment les sentiments que vous ressentez.

Ce matin, après avoir lu mon journal, je feuilletais Shakespeare et sa poésie vieille de près de 400 ans, traduisait mes impressions. Décidément les mêmes passions sont de tous les temps.

L'autre jour je mettais sous les yeux des lecteurs de *la France de Demain*, la scène I de « la Tempête ». Aujourd'hui, qu'ils me permettent de leur traduire la première scène de « Coriolan ».

(*Coriolan entre au milieu d'une bande de citoyens romains excitée par un tribun.*)

Coriolan. — Eh bien ! Qu'y a-t-il donc, coquins, qui, à force de gratter vos pauvres opinions, vous transformez en galeux ?

Le Tribun. — Nous avons toujours de vous de bonnes paroles.

Coriolan. — Celui qui te donnerait de bonnes paroles, serait un flatteur au-dessous de l'exécration. Que demandez-vous, chiens qui ne voulez ni de la paix, ni de la guerre ? L'une vous effraye, l'autre vous rend arrogants. Quiconque se fie à vous, trouve des lièvres, quand il voudrait trouver des lions, et des oies, quand il voudrait trouver des renards. Quiconque mérite la grandeur a rencontré votre haine; vos affections ressemblent à l'appétit d'un malade qui désire surtout ce qui peut lui faire le plus de mal. Votre vertu consiste à estimer celui que ses crimes ont abaissé et à maudire la justice qui l'a frappé.

Qu'est-ce qu'ils demandent ?

LE TRIBUN. — Du blé au prix qu'ils fixeront eux-mêmes. Ils disent que la cité en est abondamment pourvue.

CORIOLAN. — Qu'on les pende ! Ils disent ! Du coin du feu où ils sont assis, ils ont la présomption de savoir ce qui se passe au Capitole. Ils décident quels sont ceux dont l'élévation est probable, quels réussissent, quels déclinent ; ils rangent les partis en bataille, conjecturent entre eux des unions hypothétiques, renforçant tel parti, affaiblissant tel autre qu'ils n'aiment pas et, sans s'inquiéter de la grandeur du pays, le mettent sous leurs savates ressemelées.

23, 24, 25 août 1914.

Dans la bataille du 22 août, surpris comme nous, mais moins heureux, les corps d'armée voisins du nôtre ont eu leurs divisions de tête fortement éprouvées. Il ont dû battre en retraite. Fidèles à leurs principes de manœuvre, les Allemands bourrent, là où ils ont eu des succès, et nous laissent relativement tranquilles. Il y a, de plus, une raison à leurs mouvements : ils ont intérêt à éviter la place de Montmédy.

Aussi, est-ce fort tranquillement que, le 25 août, nous allons prendre position en arrière de cette place. Ce jour-là encore, c'est sur nos voisins que tombent les coups de l'ennemi. A notre droite, la canonnade fait rage. On sent que l'ennemi veut emporter la trouée de Stenay.

Impuissant et angoissé sur le sort de nos voisins, je voudrais les secourir. Les canons de Montmédy pourraient tirer jusqu'à leurs positions.

Je me décide à aller trouver le commandement de mon corps d'armée je le supplie de me laisser aller reconnaître le champ de bataille et de courir ensuite à Montmédy indiquer aux artilleurs de la place où ils doivent envoyer leurs coups.

« Demain, lui dis-je, la place sera investie.

(Passage censuré.)

A 4 heures du soir, ordre est donné de passer de l'autre côté de la Meuse. J'ai déjà raconté les angoisses de cette nuit du 25 au 26. Ce fut la seule où vraiment je me sois senti le cœur serré. Nous la passâmes à notre fenêtre, l'intendant et moi, cherchant à percer l'obscurité d'une des nuits les plus noires que nous ayons eues pendant la campagne. Mon camarade croyait percevoir des éclatements d'obus. Je lui démontrais qu'étant donnée la position de l'ennemi, c'était impossible. Malgré nous, le souvenir de Sedan nous hantait.

A l'aube, je reçois l'ordre de m'assurer que toutes les troupes d'artillerie ont passé la rivière. A 9 heures, le pont doit sauter. Je parcours le front et l'arrière. A 9 heures moins dix, j'arrive effaré près du pont.

Il me manque six batteries et le colonel d'un régiment. Je rends compte. Je suis fort mal reçu : « C'est impossible, vous avez mal cherché. » Je réponds que je le voudrais bien, mais je ne vois pas où ces batteries pourraient être cachées.

A ce moment, débouche le colonel au trot sur le pont. Il avait été oublié. L'ordre de retraite ne l'avait pas touché. Au jour seulement, il s'était aperçu que toutes les troupes d'infanterie avaient disparu. De sa propre initiative, il était parti, se faisant une escorte de ses servants. Quelques uhlans l'avaient accompagné de loin.

Décidément, nous avons de la chance ! A 9 heures et demie le pont saute. C'est une impression profondément triste.

Il semble que ce pont était un être vivant. C'est lui qui rattachait nos vies à celles des Français de l'autre rive. Il ne veut pas mourir. L'explosion n'a pas été suffisante. Il a les reins brisés seulement. Il faut l'achever. Les sapeurs s'y emploient activement.

Cette fois c'en est fait ! l'arche centrale tout entière s'écroule dans la Meuse.

La fourmilière.

En présence du cataclysme que les puissances des ténèbres ont déchaîné sur le monde, alors que les peuples ont été précipités les uns contre les autres, que coulent des fleuves de sang, que des millions de vies ont été fauchées, qui pourrait admettre que la volonté de quelques individus guide les masses? Qui se refuserait à reconnaître l'existence d'une force supérieure qui les dirige?

Au milieu de ce cyclone qui nous emporte, que sont les empereurs, les représentants des peuples ou même les généraux?

Sûr de son triomphe, orgueilleux de sa force, comptant sur l'organisation de son armée aussi bien que sur la valeur de ses généraux, un empereur a pu mettre le feu aux poudres. Encore n'était-il pas entraîné lui-même par les convoitises de ce peuple qu'il croyait conduire? Mais, quel est celui des plans qu'il avait préparés? Quelle est celle des manœuvres qu'il a exécutées qui ait eu sur la marche des événements l'influence qu'il avait espérée?

Il y a un an, en apercevant du haut des remparts de Paris la fumée des camps et des canons des Allemands nos représentants durent quitter la capitale. Pendant six mois, aux jours les plus tragiques de notre hisloire, ils témoignèrent par leur silence que l'éloquence était impuissante à modifier le mouvement des masses.

Les peuples n'entendaient plus leurs voix.

Quel est celui des généraux alliés qui, à l'avance, a préparé et mûri cette manœuvre d'encerclement des Empires centraux, grâce à laquelle notre succès final est assuré ? Elle a été tout bonnement le résultat forcé de l'ensemble des circonstances. Il y avait trois mois qu'elle était terminée, lorsque l'on s'est aperçu des résultats obtenus et de toutes les conséquences qu'ils entraînaient.

Dans quelle guerre le rôle des généraux fut-il plus obscur et plus ingrat ? Le public les ignore. A peine les soldats connaissent-ils le nom de celui qui les commande directement.

La guerre aussi s'est démocratisée. La victoire n'est plus due — si elle l'a jamais été — à l'action individuelle d'un homme.

Mens agitat molem ! Aujourd'hui, c'est la masse elle-même que fait mouvoir l'esprit. A quelle époque se firent sentir plus manifestement ces forces mystérieuses qui entraînent les nations aux grandes époques de l'histoire et font battre à l'unisson tous les cœurs d'un peuple ?

Ce sont les soldats, ce sont les officiers de troupe, qui ont gagné la bataille. Une fois de plus, à la stupéfaction du monde, se sont révélées les vieilles qualités du peuple de France.

C'est la fourmilière qui a travaillé avec son admirable instinct. C'est elle qui a creusé les tranchées et qui les défend, c'est elle qui demain, démolira la fourmilière ennemie.

Demain encore, c'est la fourmilière qui reconstituera sa cité en ruine, sans égard pour les parasites qu'elle entretient, ou pour les animaux domestiques qu'elle nourrit et qui se croient ses maîtres. C'est cette fourmilière qui réédifiera la France de demain.

Dialogue sur la plage.

— Avez-vous lu le rapport Chéron ?

— Non. S'agit-il de faire donner des chaussettes à nos poilus, ou de leur faire distribuer des brosses à dents ?

— Vous n'y êtes pas ! Vous nous parlez d'un Chéron du temps de paix. Vous ne connaissez pas le Chéron du temps de guerre.

— Je connais la sollicitude paternelle dont la Fée barbue a toujours entouré nos soldats. Je ne devine pas sur quel point elle a pu se manifester aujourd'hui. Il ne saurait être question de l'amélioration du casernement. Tous nos soldats ont leur cube d'air. Peut-être est-ce l'installation de bains douches que notre ancien sous-secrétaire d'État veut réaliser sur le front à l'instar des Anglais ?

— Mais non ! Comme vous, j'ai parfois blagué cet excellent Chéron, aujourd'hui, il fait du contrôle parlementaire et le président Deschanel a raison : si tous les rapports des commissions parlementaires sont semblables à celui-là nous serons étonnés et ravis.

— Ne me faites pas languir.

— Eh bien ! Mon cher, Chéron a découvert que tandis que notre meute était à la chasse, il y avait pas mal de chiens bien gras, au poil lustré, qui se promenaient encore dans nos rues.

— Si ce n'est que ça, c'est pas malin ! Nous les regardons depuis le commencement de la guerre, avec autant d'indifférence que de mépris. Vous connaissez mon sale caractère ; deux ou trois de ces chiens de cuisine sont venus se jeter dans mes jambes. Je me suis contenté de les écarter d'un coup de pied. Ils sont partis en serrant la queue.

— Chéron ne se contente pas de les avoir vus, il les a comptés, il en a trouvé plus de vingt mille, rien que dans les services du territoire.

— Cela ne m'étonne pas, j'en trouverais bien autant ailleurs. Mais voyez-vous, mon bon ami, rien ne sert de les compter, il faudrait les faire se battre. Et on ne porte pas les chiens à la chasse, surtout quand ils sont habitués à l'assiette au beurre.

— Vous ne croyez à rien. Vous pensez, qu'ainsi

dénoncés, ils ne vont pas tous demander, à rejoindre les camarades ?

— Pour ça, non. Je rends justice à la vertu de M. Chéron, comme à ses bonnes intentions. S'il arrive à jeter ces mâtins dans les tranchées, je propose pour lui une couronne civique. Il faudra trois mois pour les amener dans un dépôt, trois mois pour les instruire; d'ici la fin de ces six mois, ou bien les Prussiens seront battus, ou bien nos gaillards, qui sont plus malins que Chéron, auront trouvé un trou de souris où se tapir.

— Mon bon ami, vous êtes insupportable avec votre scepticisme.

— Voulez-vous faire un pari? Vous voyez, sur la plage, ces deux lascars : l'un qui joue au tennis en superbe khaki ; l'autre qui, avec son brassard, ne s'embête pas avec ces jeunes filles à allures bizarres. Je vous paierai une boîte de cigares, s'ils s'en vont d'ici avant notre départ, en automne.

La Meuse et la Vistule.

Il y a un an, les armées françaises rejetées des rives de la Meuse, effectuaient leur retraite sur les bords de la Marne.

Malgré la poursuite des Allemands, cette opération

ne put être entravée. C'est qu'avec les armées modernes une retraite est affaire relativement facile.

La cavalerie ne peut plus comme autrefois gagner les derrières de l'ennemi, elle est arrêtée par les moindres obstacles. Il ne paraît pas du reste que la cavalerie allemande ait été particulièrement mordante. Pendant la retraite de la Marne, les cavaliers ennemis se contentaient d'observer nos arrière-gardes. Jamais leurs patrouilles n'ont attaqué les quelques chasseurs qui marchaient à la queue de nos colonnes.

Je n'ai souvenance que d'un joli coup d'audace d'un escadron et d'une batterie allemandes, et je me demande s'il n'a pas été l'effet d'un simple hasard.

Si la cavalerie ne gêne pas la retraite, en revanche, la marche de l'ennemi est arrêtée par la difficulté du déplacement de son artillerie et en particulier de son artillerie lourde.

Les Allemands ne comptent que sur leurs 15. Leurs 77 sont sans effet sérieux.

Pour amener les 15 en ligne, il faut que l'ennemi s'arrête. L'installation est toujours pénible. Jugez de leur désespoir, lorsque, l'installation faite l'ennemi décampe et recule, ne serait-ce que de quelques kilomètres.

Quand ce ne sont plus quelques kilomètres, mais une centaine, comme en Russie, lorsque les chaussées sont rares et poudreuses, le transport de l'artillerie lourde et de ses munitions devient un problème des plus compliqués, qui ralentit fortement le mouvement de poursuite.

Je demeure convaincu que ce fut une des causes de nos succès sur la Marne. Les Allemands ne pouvaient plus alimenter leurs pièces pour un sixième jour de bataille.

Les mêmes causes produisent les mêmes effets. Demain, comme nous, les Russes auront leur bataille de la Marne.

31 août.

Le 27 août nous avions tenu sur la Meuse, mais, dans la région de Mouzon, Sedan, Carignan, les Allemands ont franchi la rivière. Nous sommes entraînés dans la retraite que nous soutenons.

Le 30 août au soir, notre corps d'armée, le corps d'armée qui est à notre droite, plus une division de cavalerie, reçoivent l'ordre de se porter sur les colonnes ennemies qui viennent du nord et de les rejeter.

Le 31, à 8 heures et demie, je suis envoyé pour commander l'artillerie de la division de droite à laquelle sont affectés deux régiments d'artillerie.

Vers 9 heures, j'arrive au cimetière de H.., poste de commandement de la division.

— Singulier endroit, dis-je à mon adjoint, je ne suis

pas superstitieux, mais jamais je n'aurais choisi pareil poste. De plus, ce satané cimetière est à la croisée de deux grandes routes. Gare les bombes !

Je ne croyais pas si bien dire. J'arrive pour assister à une panique.

(*Passage censuré.*)

On peut dire aussi que nos troupes n'étaient pas encore habituées à travailler la terre pour s'abriter, ce qui les fixe au terrain.

Quoi qu'il en soit, aux premiers obus qui tombèrent sur lui, ce régiment se retira en arrière de la ligne de nos batteries.

Heureusement les Allemands étaient loin et ne songeaient guère à foncer. Notre division de gauche les poursuit l'épée dans les reins, et à notre droite le corps d'armée voisin tient ferme.

Sur le front où je suis, tous les efforts sont vains pour rétablir le combat.

A onze heures, les 15 ont repéré notre cimetière et nous commençons à être arrosés.

Il fait une chaleur torride. Mon adjoint et moi nous nous abritons, pour déjeuner, derrière le mur du cimetière, du côté opposé au tir, en plein midi et essayons de dévorer des côtelettes dures comme de l'âne.

Mieux vaut se faire tuer en plein champ que d'être

rôtis, nous nous établissons dans le fossé de la route.

(Passage censuré.)

— Qu'est-ce que vous foutez ? me dit-il.
— Nous foutons le camp, mon général.
— Qu'est-ce qui vous a pris. Voyez ma brigade légère qui tient à la Fontaine-qui-bruit en avant de vos lignes.
— Je le sais aussi bien que vous, mon général.

Inutile de dire que la retraite s'effectua le plus facilement du monde.

L'incident n'eut, du reste, aucune importance. Nous devions toujours nous retirer le lendemain. Néanmoins, ce fut les larmes aux yeux que les chefs de la division gauche qui chassaient l'ennemi devant eux durent abandonner sa poursuite.

Rappelons-nous la victoire de Riga.

Vous ne vous attendiez certainement pas à celle-là : la flotte russe a battu la flotte allemande. Un grand croiseur, le *de Moltke*, deux destroyers, d'autres petites unités sont coulés. Le débarquement tenté par les Allemands a échoué, les troupes qu'ils avaient mises à terre ont été anéanties. Et voilà compromis le grand plan de l'invasion de la Russie par la Courlande.

Il est probable que les Allemands renouvelleront leurs tentatives. Mais trois semaines de gagnées équivalent à une victoire.

Une fois de plus, les choses ne se sont pas passées comme il avait été prévu.

Des calculs si précis des Allemands aucun ne s'est réalisé.

Normalement, il faut le reconnaître, nous aurions dû être écrasés, et au contraire, c'est nous qui démolissons pierre à pierre le colosse allemand.

L'armée anglaise, si méprisée de nos ennemis, compte à l'heure qu'il est un million de combattants.

De notre côté également, du petit au grand, toutes les prévisions ont été déjouées, il en est ainsi partout.

On croyait aux cuirassés, et cependant les grands dreadnoughts, construits à grands frais, ne font pas parler d'eux, tandis qu'à bord des transatlantiques, les passagers qui ne se croyaient exposés qu'au seul danger du mal de mer sont envoyés au fond de l'Océan.

C'est qu'un nombre incalculable de forces indépendantes, libres et souvent impondérables, agit sur la direction des armées et des combats, aussi bien que sur les résolutions des peuples. Les résultats ne peuvent être précisés à l'avance, même par ceux qui croient présider aux destinées des nations.

Aurais-je, par exemple, jamais prévu que moi, vigoureux comme à quarante ans, homme d'action, ayant toujours fait mon métier de soldat, je serais, pendant que les autres se battent, occupé à rédiger un article ? Ovide, frappé d'ostracisme, écrivit ses « tristes ». Ce genre n'est pas dans ma nature. J'en ai choisi un autre qui permet mieux de supporter l'exil, et j'essaie de faire entrer dans l'âme de ceux qui me lisent la confiance, l'espoir et la volonté de vaincre.

Je suis devenu trompette. J'ai toujours adoré cet instrument, en tête de tous mes régiments, j'ai toujours voulu de brillantes fanfares.

Il faut savoir rentrer dans le rang.

Le soldat qui, au moment de l'assaut, s'élance en criant : « Vive la France ! » a peut-être autant d'influence sur l'issue de la bataille que le général en chef.

L'homme conserve toute sa liberté ; mais, c'est en agissant sur les causes infiniment petites et infiniment nombreuses, qui se comportent comme les microbes dans notre organisme, que la Providence dirige les événements et conduit les peuples sur les voies qu'elle leur a tracées de toute éternité.

D'ores et déjà nous pouvons la bénir. Depuis le début de la guerre, nous voyons les microbes travailler en notre faveur. Ils désorganisent les forces ennemies en même temps qu'ils annihilent l'influence malfaisante que certaines bactéries auraient pu avoir chez les Alliés.

Le 2 septembre.

Le 1ᵉʳ septembre, nous sommes en Argonne. Je passe une délicieuse journée dans un vieux château. Une terrasse domine la vallée. Dans les prés, est établi un parc d'artillerie. Les hommes astiquent le matériel et soignent les chevaux. Les grands arbres de la forêt ferment l'horizon. Les troupes d'infanterie défilent en ordre et belle tenue.

On respire dans une atmosphère de confiance.

A 3 heures, je suis appelé chez le commandant de corps d'armée. Je sors ravi. Enfin, mon rêve va pouvoir se réaliser. Quel homme peut se vanter d'avoir, fût-ce une seule fois dans sa vie, réalisé un rêve !

Je suis chargé de protéger la retraite de l'armée. Les trente batteries du corps d'armée sont sous mon commandement. J'ai des avions, un observateur formé à mes méthodes.

Nous allons voir si l'expérience donnera raison à mes théories. La concentration des feux serait-elle un songe creux ? Jamais plus superbe occasion de le contrôler ne s'est offerte.

La situation est des plus critiques. Les corps d'armée voisins sont tous deux fort en arrière de nous et quelques bataillons seulement doivent protéger les batteries.

A 10 heures du matin, les batteries sont installées. Mon poste de commandement, placé sous un épicea, à l'abri des vues indiscrètes des taubes.

Malheureusement, je ne puis être relié téléphoniquement à chacun de mes colonels. Nous n'avons que 300 mètres de fil par batterie. Mes réclamations depuis deux ans en vue d'en obtenir davantage sont restées vaines.

Mais des relations rapides par motocyclettes et cavaliers sont établies entre les régiments et moi.

A peine installé, je reçois d'un de mes colonels l'avis qu'il trouve sa position très dangereuse et en l'air. Le général de division qui le transmet partage cette opinion. J'envoie ce compte rendu au général commandant le corps d'armée, qui me répond d'agir sous ma responsabilité.

Je ne puis, sans rompre l'équilibre, modifier les dispositions prises. Je reste.

Le résultat fut merveilleux. Aussitôt les avions nous ont-ils signalé une colonne, qu'elle est mitraillée. Aucune batterie ne peut nous atteindre.

Vers 3 heures, un groupe d'artillerie lourde ennemi ouvre le feu, notre route principale de communication est son objectif. Mes deux autos passent dans le feu. L'un d'eux reçoit de glorieuses cicatrices.

La position des batteries ennemies est repérée. Aussitôt deux groupes ouvrent sur elles un feu d'efficacité à 6.000 et 6.500 mètres. En quelques minutes elles sont éteintes, et nous n'entendons plus leurs voix de la journée.

Des batteries légères qui s'installent sur notre gauche sont canonnées de même.

Bref, nous atteignons ainsi le soir. A la tombée de la nuit, je donne l'ordre de la retraite, en laissant quelques batteries pour continuer le feu jusqu'à la fin du mouvement, tout s'effectue dans le plus grand ordre.

Il était grand temps !

Allons ! l'expérience a donné raison à la théorie. Je crois qu'on commence à croire à la concentration des feux. A la prochaine guerre ce sera devenu la règle.

Longwy.

Les lecteurs de *la France de Demain* savent que, à l'occasion de l'anniversaire de la prise de Longwy, le Kronprinz a publié un ordre du jour pompeux. Il nous annonce que, de même que la force des volcans qui tressaillent et frémissent, son armée attend avec impatience le moment où le Kaiser donnera l'ordre de quitter ses tranchées et ses souterrains pour marcher aux batailles auxquelles tous ses soldats aspirent. Il termine par ces mots : « La France refera alors connaissance avec les vainqueurs de Longwy. »

Bien plus que ceux du Kronprinz, nos soldats qui

sont en face des siens aspirent à quitter leurs tranchées. Ils seraient heureux d'abandonner ces fourrés de l'Argonne pour se mesurer en rase campagne avec des adversaires qui, depuis dix mois, ne résistent à nos coups que grâce à cette guerre de tranchées, si minutieusement étudiée par eux.

Quand le Kronprinz célèbre la prise de Longwy comme un haut fait (ce qui prouve l'héroïque résistance de la place), ses paroles me font personnellement le plus vif plaisir.

L'année qui précéda la guerre, j'avais sous mes ordres l'artillerie des quatre malheureux fortins qui étaient censés défendre les vallées de la Chiers et de la Meuse.

Je revins navré de mon inspection. La place de Longwy était la seule qui pût tenir 48 heures. Je fis un rapport.

Or, cette place était la seule condamnée et son déclassement était prévu depuis cinq ans. Les usines encombraient la vallée et montaient à l'assaut de la colline où se dressait la forteresse : leurs propriétaires avaient juré sa mort, ils étaient tout-puissants et convoitaient le terrain des fortifications qui gênait le développement de la ville. D'autre part, ils craignaient que leurs usines eussent à souffrir en cas de guerre.

La pauvre petite place de Longwy est un simple hexagone régulier dont les côtes peuvent avoir de quatre à cinq cents mètres de longueur.

Mais M. de Vauban qui l'a construite n'était pas un

imbécile. Il a fait à Longwy un pur chef-d'œuvre. Les dehors, très développés, étaient merveilleusement étudiés. Impossible de régler un tir de l'extérieur sur les lignes enchevêtrées de la fortification qui se profilent toutes les unes sur les autres. Les murailles des escarpes et des contrescarpes étaient plus solides que le meilleur béton. Des magasins-cavernes avaient été construits en 1880.

Il y avait à Longwy un commandant d'armes énergique et intelligent, un capitaine d'artillerie très à hauteur. J'avais la certitude que Longwy pourrait pendant quelques jours jouer son rôle de fort d'arrêt.

Mais on ne fit rien pour la place, qu'attendre le décret qui devait la déclasser. Son armement était extrêmement réduit. Les plus grosses pièces étaient, je crois, du 95.

L'ordre du jour du Kronprinz me montre que la vieille petite place de Louis XIV a tenu autant et plus que d'autres grandes places plus modernes.

Après la guerre, ses défenseurs devront être honorés en France, comme le furent, après 1870, les héros de Bitche et de Belfort. L'ordre du jour du Kronprinz est déjà pour eux la gloire.

Les nuits de la Marne.

Dame Censure s'est vraiment montrée bien sévère pour moi en ces derniers jours. Je regrette de ne pouvoir écrire des romans comme : *les Dames de Potsdam* ou *l'Espion de l'Yser*. Ce n'est pas mon genre et je ne possède pas assez d'imagination.

D'ici trois ou quatre ans j'espère, on pourra, sans inconvénient, raconter les événements tels qu'ils se sont passés au commencement de la guerre. J'en profiterai.

Quand on ne veut faire que le récit de ce qu'on a vu, on a en ce moment-ci une tâche peu aisée, même en cherchant à s'exprimer avec la plus délicate réserve.

Il est incontestable que la prise de contact avec l'armée allemande a été pour nous un peu rude. En exposant les rencontres auxquelles on a assisté, il est difficile de dire que...

Je considère qu'il est à notre honneur de reconnaître le fait.

Ce sera pour la France une gloire éternelle que d'avoir triomphé d'ennemis si puissants et après un si pénible début de campagne.

Moins sévère que bien d'autres, j'estime, comme Tacite, qu'il y a tout intérêt à avoir des chefs ayant éprouvé toutes les extrémités de la fortune. Mais il n'est pas permis à la guerre de tomber deux fois dans la même faute : *non licet in bello bis peccare.*

Dorénavant, je chercherai dans les guerres du passé des exemples prouvant la vérité de ces maximes.

Quant à moi, j'essaierai aussi de ne plus retomber dans les mêmes fautes à l'égard de la Censure.

Ce n'est que par des égards et des hommages qu'on triomphe des rigueurs d'une grande dame. Pas plus que le guerrier, l'écrivain ne doit pécher deux fois.

C'est ainsi qu'aujourd'hui, je voulais parler des heures vécues par moi à la bataille de la Marne.

Je me contenterai de vous dire que nous avons joui pendant des jours d'un temps merveilleux. C'est sous le plus beau soleil que nos soldats ont combattu. L'ouragan des marmites faisait contraste avec le calme du ciel.

Ce n'étaient plus les sombres nuits pluvieuses de la retraite. La pleine lune illumina la nuit de la victoire.

Comme cela s'est produit pendant toute cette période, de fortes averses venaient pendant la nuit rafraîchir la température. Mais les routes paraissaient lumineuses. Au cours d'une de ces nuits, je visitais une batterie. Officiers et servants reposaient autour de leurs pièces endormies. Tamisée par les nuages, la lumière argentée de la lune les éclairait doucement, tandis que, sur eux, l'incendie du village de Maurupt-le-Monthois projetait des reflets de feu.

Éternellement, je conserverai le souvenir de cette vision.

La retraite.

En rentrant à Montmédy, le 24 août au soir, je m'asseois au Café de la Gare.

C'est bien vrai, nous battons en retraite. On évacue la gare, je vois partir deux trains emportant le personnel et le matériel. La veille, nous avions déjà entendu l'explosion du tunnel de Longwy, ce soir c'est le bruit du canon de la place qui parvient à nos oreilles.

Il y a quatre jours, lors de mon passage à Montmédy, alors que nous marchions en avant, j'avais dîné gaîment avec le commandant de l'artillerie. Que vont devenir les défenseurs de ce pauvre îlot rocheux, lorsqu'ils seront submergés par le flot de l'armée envahissante ? La place n'a pas un abri, les pièces sont toutes vues de l'extérieur.

Jusqu'au 5 septembre, ce sera la retraite avec toutes ses tristesses.

Pourtant la fortune a été relativement favorable à notre corps d'armée. Nous avions échappé au guet-apens qui attendait notre armée dans les forêts du Luxembourg belge.

Sur la Meuse, toutes les tentatives faites par l'ennemi pour franchir la rivière, devant notre front, avaient été victorieusement repoussées.

Malgré cela, la mort dans l'âme, il fallait toujours reculer. Le 28 au soir je passai deux heures, au pied de la statue de Chanzy, à voir défiler, dans la nuit noire et pluvieuse, les canons et les voitures qui montaient une rampe glissante.

Le souvenir de celui qui, en 1870, n'avait jamais désespéré de la fortune de la France, planait sur nous, excitant nos énergies et réveillant nos espoirs.

Nous eûmes encore deux combats d'arrière-garde à soutenir avant d'arriver derrière l'Ornain.

Toutefois, nos pertes avaient été légères, l'artillerie était absolument intacte, nos servants étaient pleins de confiance en leur canon. Les officiers étaient confirmés dans leurs méthodes de tir de combat. N'ayant eu presque ni tués ni blessés, tous se croyaient invulnérables.

Les troupes d'infanterie avaient un moral au moins égal à celui du début. Les compagnies avaient toutes encore un effectif moyen de plus de 200 hommes.

C'était bien une retraite, non une déroute. Quelque extraordinaire que le fait puisse paraître, tant que les liens de la discipline ne sont pas relâchés, tant qu'il reçoit des vivres, le soldat est insensible aux événements.

La fatigue empêche son imagination de divaguer.

Si la soupe du soir a été bonne, le café du matin le trouvera gai et dispos.

Justice soit rendue au service de l'intendance ! Nos troupes ont toujours eu plus que le nécessaire.

En résumé, on peut livrer bataille et se retirer sans difficultés sérieuses.

Encore un fait en contradiction avec la théorie qui vous apprenait que pour une troupe complètement engagée, la rupture du combat est presque impossible.

On oubliait que les batailles modernes, si elles ne sont pas livrées trop à la légère, durent plusieurs jours et qu'il est facile de se dérober pendant la nuit.

A leur tour, au lendemain de la Marne, les Allemands déguerpirent sans que nous nous en soyons doutés.

Aujourd'hui, les Russes nous démontrent, une fois de plus, que tant qu'une armée n'est pas désorganisée, une retraite est une simple manœuvre, qui, loin de compromettre l'issue d'une campagne, peut être la cause de la victoire du lendemain.

La bataille de la Marne.

Ceux qui n'ont pas assisté à une grande bataille s'imaginent volontiers que c'est là qu'on ressent les impressions les plus vives, les émotions les plus violentes.

Cela peut être vrai pour ceux qui commandent les armées. A mesure que les renseignements leur parviennent sur les péripéties des batailles dont la direction leur a échappé, et dont pourtant ils porteront la responsabilité devant l'histoire, ces généraux doivent passer par de violentes alternatives de crainte, d'angoisse, d'espérance et de joie.

Pour le simple figurant, il n'en est pas de même. Tout occupé à sa tâche, il ne s'inquiète pas de ce qui se passe autour de lui. La fatigue le terrasse, dès qu'il a un instant de repos. De plus, son horizon est des plus borné, la plupart n'aperçoivent que quelques obus qui tombent autour d'eux.

Ce fut d'autant plus mon cas à la bataille de la Marne, que mon rôle y fut des plus modestes. L'artillerie y était répartie entre les deux divisions qui allaient combattre accolées.

N'ayant aucun contrôle à exercer sur elle, n'ayant même pas à coordonner les efforts des batteries, je n'eus guère à m'occuper que du ravitaillement en munitions.

Le reste du temps, je me maintenais à proximité du quartier général, c'est-à-dire fort loin de l'action.

La partie du champ de bataille que nous étions chargés de défendre, s'étendait sur un front de plus de vingt kilomètres entre Sermaize et Blesme;

chaque batterie, par conséquent, eut suffisamment à faire devant elle. D'autant plus que nous dûmes envoyer trois batteries au secours d'un corps d'armée voisin, fortement pressé par les attaques allemandes, devant Vitry.

Nous avions pour ainsi dire été surpris par l'ordre de tenir sur les positions que nous occupions. C'est vers 9 heures du matin que le général commandant l'armée me le donne. Dès 11 heures retentissent les premiers coups de canon.

Nos troupes acceptent la lutte comme une bataille de rencontre. Les fantassins ne remuèrent presque pas la terre. Les troupes du génie avaient été envoyées depuis quelques jours pour préparer une position très en arrière de celle sur laquelle on s'arrêtait.

C'est dans ces conditions que s'engagea, de mon côté, cette bataille de cinq jours qui sauva la France. La lutte fut opiniâtre, mais composée uniquement d'actions de détail. Nous pûmes heureusement tenir et la limite de résistance était atteinte, lorsque le 11 au matin on s'aperçut du départ de l'ennemi. Nous avions résisté victorieusement à l'attaque des deux corps wurtembergeois.

Le ravitaillement pendant la bataille.

Mon excellent ami le lieutenant-colonel Boissonnet vient de faire paraître dans *le Temps* deux articles sur le ravitaillement en munitions. Il semble craindre qu'au milieu du terrible drame de la bataille, les minuties du règlement rendent difficile l'arrivée des munitions d'infanterie et d'artillerie sur le front.

Il n'y a pas d'inquiétude à avoir à ce sujet. Que les chemins de fer apportent des munitions, les artilleurs sauront les distribuer et les tirer.

Je ne crois pas que dans la grande bataille de la Marne, il y ait eu de difficulté de ce chef. J'ai eu, pour ma part à remplir une des tâches les plus délicates. J'avais 120 canons à alimenter sur un front de 23 kilomètres. Certaines batteries étaient séparées des routes par des forêts de plusieurs kilomètres.

Nos canons ont tiré plus de 10.000 coups par jour de bataille et *les coffres des batteries ont toujours été pleins*. Lorsque mes batteries ont quitté le champ de bataille, pour entamer la poursuite, les caissons étaient pleins, ainsi que le premier échelon du parc.

Je ne dis pas que tout se soit fait sans mal, ni que tout se soit passé dans les formes. Mais toutes les opérations ont été effectuées avec le plus grand ordre.

Le 7 septembre au soir, je suis appelé par le général

commandant le corps d'armée qui me pose la question:

— De combien de coups pourrai-je encore disposer demain ?

Il fut stupéfait de ma réponse :

— Demain, mon général, tous les coffres des batteries seront pleins, et vous aurez, en plus, 18.000 coups derrière les batteries.

— Mais à quelle heure ?

— A 6 heures du matin, mon général.

— Vous me le garantissez ?

— Oui, mon général.

J'avais pour adjoint un lieutenant qui, en temps de paix est inspecteur à la Compagnie du Nord, et à qui je suis heureux de rendre justice. Il valait mieux en la circonstance que les fameux conducteurs de colonne de munitions allemandes dont nous parle le lieutenant-colonel Boissonnet.

Mais quelle nuit nous avons passée tous les deux !

Organisation de la gare de débarquement. Utilisation industrielle d'une section automobile mise à notre disposition.

Cela fait, reconnaissance des endroits où étaient les sections de munitions et les échelons des batteries. Sur quelques points nécessité d'aller jusqu'aux batteries.

Retour à la gare et au parc pour certaines modifications aux dispositions prescrites.

A 8 heures du matin, je pouvais rendre compte que le programme était rempli.

Hommes et animaux avaient fourni pendant la nuit un effort colossal, mais à partir de ce moment le ravitaillement ne fut plus une affaire. Les capitaines étaient tranquilles, étonnés de voir que plus ils brûlaient de cartouches, plus ils en avaient. Jamais ils n'eurent de préoccupation au sujet de leur ravitaillement jusqu'au jour où l'on ferma le robinet. Et, ce jour-là, on vint prélever dans mes coffres ce qui manquait aux voisins. J'oublie de dire que le comptable du parc a passé une semaine à s'arracher les cheveux.

Les Allemands n'avaient certainement pas mieux opéré que nous. Les difficultés qu'ils éprouvèrent de leur côté à se ravitailler furent une des causes de notre victoire.

De plus, la débauche de projectiles qu'ils avaient faite depuis le début de la campagne, amena chez eux aussi la crise des munitions. Ils surent s'en rendre compte. Immédiatement et sans bruit ils y remédièrent de la manière la plus remarquable, et firent face à des difficultés tout aussi considérables que celles que rencontra la fabrication des munitions en France.

Les journées de la Marne.

Les nuits sur la Marne furent comme je l'ai dit, fort occupées par les ravitaillements en munitions. Je fus assez heureux pour que les capitaines n'eussent jamais à se préoccuper de cette question, ils eurent toujours à leur disposition plus d'obus qu'ils n'en purent tirer et c'est les coffres pleins qu'ils quittèrent le champ de bataille.

Les journées furent plus longues, je n'eus guère qu'une mission à remplir. Ce fut le matin du deuxième jour, je me rendis auprès d'un général de division que je trouvai dans un village abrité par la lisière de la forêt et qui, par sa situation échappa miraculeusement à la destruction totale qui fut le destin de tous les villages situés sur notre front. Après avoir causé avec ce général, je me rendis auprès des batteries installées à proximité du village de Maurupt-le-Monthois. En arrivant près du pont qui traverse le ruisseau au sud du village, voilà les marmites qui encadrent mon auto. Mon adjoint et moi descendons. Notre automobiliste va abriter sa machine dans le bois. Nous nous arrêtons au pont. Les Allemands viennent de commencer le bombardement du village qui est à 400 mètres devant nous et arrosent systématiquement la prairie qui est en arrière. Les tuiles volent en poussière. Le clocher est particulièrement visé. Abrités par le parapet du pont nous considérons le spectacle. Pauvre village, nous y avions si gaîment déjeuné trois jours avant.

Ce n'est pas dans les batteries que l'on court le plus de dangers. Le tout est d'y arriver. La plupart des officiers tués l'ont été en dehors des batteries, soit en allant porter un ordre, soit en se tenant à des postes d'observation spécialement exposés.

Je ne crois pas avoir perdu pendant la bataille plus de quatre officiers aux batteries. En revanche, un seul coup de canon dans une maison en arrière tuait le colonel Aubry du 29ᵉ régiment, qui venait de montrer depuis quinze jours des qualités militaires hors ligne, ainsi que son adjoint le capitaine Armand, officier de premier ordre.

Le reste des trois premiers jours de combat s'écoula péniblement dans une jolie petite maison, située près de la mairie où était installé le quartier général. On entendait de loin la canonnade incessante. Les agents de liaison des sections de munitions nous donnaient en passant de rares nouvelles. On n'osait bouger. Il fallait rester prêt à exécuter un ordre qu'on attendait et qui ne venait jamais. Je ne connais rien d'odieux comme cette situation. Se sentir inutile. Être tranquille pendant que les autres combattent. Avoir toutes les angoisses de la lutte, et s'en trouver écarté.

Quelle satisfaction lorsque, après le coucher du soleil, on apercevait dans le ciel les signaux des Allemands qui se propageaient sur toute la ligne et annonçaient la cessation du feu.

Cependant nos troupes cédaient peu à peu le terrain. Blesme, Sermaize avaient été enlevés par les Allemands, mais nous tenions toujours ferme sur les hauteurs qui dominent l'Ornain.

A notre gauche, une grosse action était engagée à hauteur de Vitry-le-François. Une batterie formidable de 44 pièces de 15 cherchait à déblayer le terrain pour une attaque allemande.

Et chaque matin dès l'aurore le bruit de la canonnade reprenait plus violent que jamais.

La bataille de la Marne.

Les fastes de France enregistreront certainement la bataille de la Marne comme l'événement le plus mémorable, le plus important et le plus providentiel de son histoire.

Après nos échecs du début, ce fut avec la plus grande sagesse que le commandant des armées françaises choisit la ligne de la Seine, de la Marne et de l'Ornain pour y attendre l'ennemi.

Ce qui fut merveilleux, ce fut de voir le flot de l'invasion allemande venir se briser contre cette ligne, le long de laquelle on n'utilisa même pas la fortification passagère. Je crois que le général de Castelnau fut le seul à l'employer au Grand-Couronné.

Le canon de 75 remplaça les tranchées. Ses barrages formèrent des obstacles infranchissables, dans lesquels tourbillonnèrent les attaques allemandes.

Nul ne déterminera jamais quelle fut la part d'influence sur le succès de l'action de flanc des divisions de Paris, des attaques du général Foch, du manque de munitions des Allemands, aussi bien que des pertes incalculables qu'ils subirent sur tout le front.

Ce qui est certain, c'est que partout le soldat fit son devoir. Ce faisant, il sauva la France et les Alliés du désastre et assura leur victoire définitive.

L'esprit se refuse à imaginer quelles eussent été pour nous les conséquences d'un échec sur la Marne. Nous étions à la veille de manquer de munitions. Bien plus que Varsovie, Paris était hors d'état de résister à une attaque de vive force.

Maîtres de la côte du Havre à Anvers, les Allemands n'auraient-ils pas pu alors rendre effectif ce blocus de l'Angleterre qui avait été leur rêve, et qui, s'il était réalisé pendant deux mois comme l'écrit de Bernhardi, eût été la mort de la Grande-Bretagne?

Pourquoi donc les Allemands ont-ils livré bataille dans les conditions défectueuses où ils s'étaient placés?

C'est là le secret de Dieu.

Enivrés de leurs succès, ils ont méprisé les règles stratégiques.

Puis, deux armées en présence s'attirent comme deux aimants, dit Clausewitz. Cette attraction, ajoute-t-il, semble opérer comme la gravitation universelle.

Plus les armées sont nombreuses, plus elles sont près et plus il est difficile à l'une d'elles d'échapper à cette force mystérieuse.

Toute l'histoire militaire montre la vérité de cette observation.

Quoi qu'il en soit, l'état-major allemand ne sut pas échapper à cette attraction et il précipita son armée dans un désastre irréparable.

L'année de lutte que nous venons de supporter avant d'avoir pu atteindre la victoire définitive montre mieux que tout raisonnement le danger auquel nous avons échappé providentiellement.

Honneur et profit.

Lycurgue défendait aux Spartiates de faire souvent la guerre aux mêmes ennemis, car les mêmes ennemis apprennent à connaître leurs adversaires, à savoir comment leur résister et de quelle manière il faut les assaillir.

A chaque page, l'histoire nous montre la sagesse de cette recommandation. Louis XIV disant, à son lit de mort, qu'il avait trop aimé la guerre, ne fait que renouveler l'enseignement de Lycurgue.

Les Allemands nous ont trop souvent fait la guerre. Ils nous ont appris à bien les connaître.

Après la victoire, ils n'ont pas su se montrer ennemis généreux. La paix inexorable qu'ils nous avaient dictée, jamais ils ne l'observèrent de bonne foi. Dans leurs écoles ils entretenaient la haine de l'ennemi héréditaire. Sur les pays conquis, ils faisaient lourdement peser le joug du vainqueur.

Chacun des discours de leur empereur était pour nous une menace.

Ce n'était pas là la paix, *fidam et perpetuam*, loyale et éternelle, que les Romains pratiquaient, après l'avoir jurée.

Pendant la paix, ils nous avaient ainsi prévenus du sort qui nous attendait si nous étions vaincus.

Depuis, ils nous ont appris comment ils déclarent la guerre et comment ils la font. Les traités ne sont que chiffons de papier, il n'y a pas de droit de la guerre. La fin justifie les moyens.

Maintenant, l'empereur Guillaume proclame que son seul désir est une paix honorable.

Qu'est-ce que cela veut dire?

En même temps, les chambres de commerce de l'Empire consultées exposent la nécessité pour l'Allemagne de conserver tous les pays occupés momentanément par ses armées.

A peine installés à Varsovie, nos ennemis songent à y proclamer un roi allemand.

Il est facile de distinguer dans ces manifestations une part de bluff. Mais ce bluff lui-même nous indique

que ce n'est qu'en excitant les convoitises des Allemands qu'on les fait se battre.

Dès qu'ils ont occupé nos villes, ils ont déménagé nos maisons au profit de leurs soldats. Actuellement leur plus vif désir est de ne jamais déménager de chez nous.

Ce n'est pas l'honneur qui leur importe : c'est le profit.

Honneur et profit ne couchent pas dans le même lit, disaient nos pères.

Cependant, pour les Boches, il semble que paix honorable et paix profitable soient synonymes.

Après ce qu'ils ont fait, ils ne peuvent espérer une paix honorable !

Après ce que nous savons, nous ne leur laisserons pas obtenir une paix profitable.

Un jour, Rome rencontra un ennemi à qui on ne pouvait se fier.

Les Romains vaincus dans trois batailles rangées, écrasés à Cannes, apprirent aux stratèges qu'il n'est pas de défaites décisives pour un peuple qui entend se défendre. Au bout de quinze ans, ils parvinrent à chasser Annibal d'Italie.

Leur persévérance eut sa récompense : ils ne cessèrent de combattre qu'après avoir détruit Carthage.

Le Service de santé.

L'organisation du Service de santé aux armées a soulevé des discussions passionnées. Les lecteurs de *la France de Demain* seront peut-être intéressés par le récit de ce que j'ai vu.

Mon témoignage est formel. *J'ai une admiration profonde pour la manière dont a fonctionné le Service de santé au corps d'armée où j'ai servi.*

D'abord je rends hommage aux deux directeurs qui se sont succédé à la tête du service, ils ont toujours prodigué leurs soins et leurs peines. Ils furent, en même temps que des savants, d'excellents administrateurs.

Auprès d'eux, comme adjoint, se trouvait le docteur J..., camarade sympathique, esprit charmant, écrivain distingué, joignant à ces qualités celles d'un organisateur plein d'initiative et de modestie.

Le soir, dans des discussions sans fin, il nous faisait oublier les ennuis des longues journées d'hiver.

C'est par miracle qu'il échappa à la mort pendant la bataille de la Marne. Il se trouvait dans une chambre où éclata un obus de 15 qui tua un colonel et deux officiers et blessa un général et deux officiers. Le sang-froid qu'il montra en cette circonstance, et avec lequel il soigna les blessés fut au-dessus de tout éloge.

Toutes nos ambulances, dirigées par les plus célèbres chirurgiens de France, étaient des modèles à tous les points de vue.

Partout, conduits par deux médecins majors que je suis fier d'appeler mes amis, nos brancardiers ont déployé un véritable héroïsme. Les aumôniers étaient avec eux, sous le feu, à relever et consoler les blessés.

Nos voitures automobiles d'ambulance ont fonctionné de façon irréprochable. Le lieutenant qui dirigeait ce service a fait l'admiration de tous. A toute heure de jour et de nuit, sur les routes les plus exposées, on voyait filer ses voitures à toute allure.

Bref, je ne crois pas que sous mes yeux le Service de santé ait été l'objet d'aucune critique.

Je dois reconnaître que le corps d'armée en question était doté du matériel nouveau modèle. Il n'y manquait rien, même le fourgon automobile de pharmacie, sur le derrière duquel trônait le caporal B..., jésuite, professeur à l'Université de Beyrouth, qui, avec sa longue barbe et sa bonne figure ascétique, aurait représenté le plus beau des apothicaires si on eût complété son uniforme par un bonnet pointu.

En revanche, j'ai eu l'occasion de voir trois ambulances allemandes.

Il n'est pas possible de rêver vision plus atroce. Dans l'église de Charmont notamment, les blessés allemands étaient couchés sur la paille, au milieu de la saleté la plus révoltante. Une odeur de gangrène vous saisissait lorsque vous vous approchiez des malheureux, qui vous suppliaient de ne pas les mettre à mort.

Messieurs les députés peuvent facilement se rendre compte de la vérité de ce que je dis.

L'un d'eux, le docteur Thierry, maire de Saint-Mihiel, dirigeait une des ambulances dont j'ai fait l'éloge. Il peut attester que je n'ai rien exagéré.

Le 13 septembre.

Le 12 septembre au soir, vers 11 heures, notre avant-garde a traversé Sainte-Menehould. Pressé par nous, l'ennemi battait précipitamment en retraite. C'est par trois voitures de front que ses convois se sont écoulés par la route de Grandpré.

Le lendemain matin, je traverse la ville qui n'a pas souffert. Gaîment, nous continuons notre route et allons déjeuner à Vienne-la-Ville.

Après le repas, je vais voir le paysage... Et j'admire la méthode des Allemands. Partout des ponts ont été jetés, des débouchés ont été créés dans les bois pour le passage de l'infanterie, afin de réserver la route aux voitures.

Tout à coup devant nous, à 500 mètres, sur la route qui forme un grand lacet, éclatent deux marmites. Les six chevaux d'une voiture d'artillerie sont tués.

Qu'est-ce que cela veut dire? Rapidement l'état-major s'établit quelques kilomètres en arrière.

Le village de Servon, où était entré un bataillon d'avant-garde, est repris par l'ennemi qui ne devait plus l'abandonner.

Le combat reprend avec violence. Le général C..., le héros de Belgique et de la Marne, est blessé. Le colonel d'artillerie Aubrat est tué à côté de lui.

Au bout de quelques heures, le village de Saint-Thomas est en flammes. Médecins, aumôniers et brancardiers déploient un courage admirable pour évacuer les blessés de l'ambulance qui y avait été installée.

Dans un terrain défavorable à leur action, nos batteries se plaquent sur le sol. Cinq mois après, en les quittant, je les laissais à la même place.

Nous voilà fixés. Un an après, je retrouve dans les communiqués les noms de ces localités que nous allons apprendre à connaître, de ces ravins, de ces ruisseaux, où vont tomber tant d'Allemands et, hélas! tant de Français.

L'Argonne, forêt mystérieuse, va devenir le théâtre de la guerre la plus sauvage. On nous avait dit que l'on ne se battrait pas dans les bois! Qu'une troupe ne déboucherait jamais des lisières d'une forêt! Le dernier point est resté vrai. Mais c'est dans les bois que l'Allemand va se livrer de préférence à cette guerre de tranchées où ses lance-bombes, ses fortins, ses mitrailleuses se trouvent le mieux dérobés aux regards et aux coups.

Argonne, Bois-le-Prêtre, Bois-d'Ailly, forêts des Vosges, de combien de combats héroïques, autant qu'obscurs, aurez-vous été les témoins ?

Instruits par une pénible expérience, nous nous sommes faits à cette guerre et aujourd'hui les canonnades qui retentissent sur tout le front nous apprennent qu'enfin nous avons les moyens de faire le siège régulier de l'immense forteresse allemande.

La poudre.

La poudre est une grande dame qui demande à être traitée avec les égards qui lui sont dus. Si vous avisez d'y manquer, vous serez immédiatement rappelé à l'ordre par un soufflet.

En vain, pendant un mois, je cherchais à répandre ce principe autour de moi. Les combattants tenaient à avoir sous la main les dépôts de munitions qui leur étaient nécessaires. Avec une insouciance toute française, ils entassaient, dans des locaux, au milieu des villages, des bombes, des poudres, des fusées éclairantes, des pétards de mélinite, des grenades de divers modèles.

En pleine ville, fonctionnait un atelier de chargement qui aurait pu la faire sauter.

Tous les rapports étaient inutiles.

Un beau matin, je suis appelé pour procéder à une enquête. Un dépôt du genre de celui que j'ai décrit venait de sauter. J'y cours. Du fond de la plus jolie vallée de l'Argonne, s'élève une épaisse colonne de fumée. En approchant, on voit une partie du village qui flambe, les maisons en torchis brûlent comme un décor de théâtre et s'écroulent les unes après les autres. Des fantassins travaillent à limiter l'incendie, pendant que des artilleurs astiquent tranquillement leurs bricoles et que les cuisiniers font cuire la soupe au milieu des débris fumants.

Par un hasard providentiel, il n'y a qu'un mort : une vieille femme, et un seul blessé.

Les compagnies qui occupaient cette partie du village étaient parties dès l'aube.

Les deux sapeurs chargés du dépôt, ayant vu une flamme, s'étaient sauvés en criant : « Sauve qui peut ! »

Appelé par leurs cris, un capitaine du génie avait assisté au feu d'artifice des bombes éclatant dans les airs.

Le lendemain les dépôts de munitions furent mieux installés.

En revoyant cette scène, je pense aux innocents pacifistes d'avant la guerre. En les traitant d'innocents, j'admets qu'ils n'étaient animés que des plus purs sentiments d'humanité. Partisan de l'union sacrée, j'entends la mettre en pratique.

Ce n'est pas à un simple feu d'artifice qu'ont assisté ces rêveurs, mais au plus effroyable des cataclysmes.

Ainsi que le voulait la logique et l'expérience, l'immense arsenal qu'étaient devenus les empires du centre, a pris feu.

Il ne pouvait en être autrement, à un moment ou à un autre.

C'est à la fin d'août, l'an dernier, que nos plus illustres pacifistes purent admirer l'explosion dans toute sa splendeur, alors que le volcan, en pleine activité, menaçait d'engloutir dans un flot de lave et Paris et la France. Ils s'éloignèrent de la capitale pour ne pas être témoins de la guerre abhorrée.

Aidés par la Providence nous avons arrêté, devant la Marne, le torrent de feu. Il ne reste plus qu'à en éteindre les dernières flammes.

Les leçons de la veille seraient-elles si vite oubliées?

Non, nous voulons que nos fils ne portent pas sur leurs épaules le faix que nous portons depuis 44 ans, nous voulons que, fièrement, ils puissent lever la tête vers les cieux. Pour cela il faut que Carthage soit détruite, ses arsenaux réduits en cendre, et que soient anéanties ses usines qui fabriquent la mort.

La guerre absolue.

C'est bien aux Allemands que revient tout entière la théorie de la guerre absolue qu'ils ont la prétention de faire et dont ils ont poussé l'application jusqu'aux extrêmes limites de la plus absurde barbarie.

Clausewitz avait émis le principe :

« La guerre est un acte de violence qui a pour but de contraindre l'ennemi à accomplir notre volonté. Pour l'atteindre, il faut désarmer l'ennemi et tout ce qui peut lui causer du dommage est autorisé. »

De là au paradoxe que la guerre conduite avec le plus de cruauté possible est la plus humaine, il n'y a qu'un pas, et les Allemands n'ont pas hésité à le franchir.

L'ennemi, disent-ils, ne garde pas rancune des procédés employés, il se rend compte qu'ils ne l'ont été que pour hâter la conclusion de la paix.

Aussi, furent-ils un peu étonnés, qu'après nos défaites de 1870, nous n'acceptions pas, aussi facilement que les Autrichiens et les Bavarois, le dogme de la suprématie prussienne, et que nous ne les ayons pas bénis et adorés.

Ils en conclurent simplement que, comme des enfants mal élevés, nous avions besoin d'une nouvelle correction, après laquelle nous baiserions pieusement la main qui nous l'aurait administrée.

Cette fois, la correction serait sérieuse, massacres des femmes et des enfants, incendie des villes, destruction des édifices, violation des traités, tout serait mis en œuvre pour le triomphe de la Germanie.

Le succès légitime tout, et la conspiration historique que, dès 1840, Augustin Thierry nous a signalée et dont presque tous les écrivains se sont fait complices, n'était-elle pas là pour crier au monde la gloire de l'Allemagne ?

Une seule chose a manqué aux Allemands pour réaliser leur rêve. Ils n'ont pas contraint l'ennemi à accomplir leur volonté : ils ne l'ont pas désarmé.

Ils ont incendié des villes, ravagé des provinces, mais les armées françaises ont arrêté l'invasion derrière la Marne, comme les Russes l'arrêteront derrière les lignes qu'ils vont choisir.

Alors, comme dit notre bon La Fontaine :

Adieu, veau, vache, cochon, couvée.

Les rêves sont envolés, place aux réalités. Perrette, comme dans la Fable, est en grand danger d'être battue.

Leurs victoires mêmes, qui consistent principalement dans l'occupation de provinces ennemies, constituent pour l'Allemand une véritable faiblesse, elles soutiennent son orgueil, en disséminant ses forces.

Tandis que les Alliés renforcent chaque jour leurs armées, il ne restera bientôt plus à nos ennemis que des femmes pour pleurer leurs morts, et demander une paix honorable.

Ces pleurs ne sont pas faits pour nous attendrir. Nous n'oublierons pas les deuils dont souffrent toutes les familles françaises, nous n'oublierons pas les massacres, les ruines, dont les provinces envahies ont été les douloureux témoins.

Ces membres saignants de la patrie sont là qui nous rappellent à nos devoirs, et, comme je l'ai dit déjà, c'est nous qu'il faudra que l'Allemand bénisse, c'est à nous qu'il devra venir baiser la main lorsque nous lui aurons imposé notre volonté, toute notre volonté.

Quintus Fabius Maximus.

En lisant dans les communiqués des jours derniers le récit des canonnades que notre artillerie dirigeait sur tous les points du front ennemi, tous les cœurs ont bondi en se disant, cette fois : « Nous pouvons tirer des coups de canon sans compter. » Les impatients ont même ajouté : « C'est demain que nous prenons enfin l'offensive. »

La canonnade se prolonge et ils ne voient pas se prononcer cette attaque dont ils rêvent. Leurs doléances recommencent. Navrés par le recul des Russes, ils avaient encore une fois espéré de notre côté une action décisive.

Que je suis loin de partager leurs regrets ! Une fois encore, vous devez vous rendre compte que nous sommes des amateurs qui luttons avec un professionnel. Nous ne devons entrer en champ clos avec lui qu'après l'avoir usé et lorsque nous aurons enfin tous nos moyens d'action.

C'est ce que firent les Romains il y a plus de deux mille ans. Ils s'en trouvèrent bien.

Franchissant les Alpes, Annibal avait détruit à la Trébie l'armée de Cornélius Scipion, puis anéanti à Trasimène les forces de Flaminius.

Quintus Fabius Maximus, rassemblant tout ce que Rome et ses alliés pouvaient mettre d'hommes en ligne, mais conscient de la supériorité d'Annibal, reconnaissant aussi ce que la situation de celui-ci avait de délicat, prit pour règle d'éviter les batailles décisives.

Les consuls Paul Émile et Varrus, qui avaient succédé à Fabius dans le commandement de l'armée romaine, acceptèrent la bataille de Cannes et mirent la République à deux doigts de sa perte.

Les Romains reprirent la tactique de Fabius, bientôt ils empêchèrent Annibal de communiquer avec la Cisalpine, les Gaules et l'Espagne. Ainsi bloqué, l'envahisseur était condamné à la ruine par usure dans un délai plus ou moins long.

En l'an 203, il dut repasser en Afrique avec 24.000 hommes seulement. C'était à l'automne 218 qu'il avait franchi les Alpes ! La lutte sur le territoire de l'Italie avait duré 15 ans.

Tranquillisez-vous ! Il ne nous faudra pas quinze ans pour nous débarrasser des Boches.

En tout cas, comme Kutuzow, qui se refusait à livrer bataille pour accélérer la retraite des Français, disait au tzar : « Je ne donnerais pas la peau d'un Russe pour celle de vingt Français. » J'avoue approuver absolument notre commandement lorsqu'il adopte la tactique de Fabius Maximus.

A E I O U

Un de nos ministres s'est vanté jadis d'avoir décroché les étoiles du ciel. Nous voyons tous par ses discours qu'il a exagéré. Il voulait se contenter d'éteindre le soleil de Dieu. Mais par une contradiction extraordinaire il avait la prétention de conserver la lune et les planètes, qui, sous le nom de justice, de vérité, de civilisation, de droit, gravitent autour de l'astre central et ne brillent que de la lumière qu'elles en reçoivent.

Luther, Frédéric II, Bismarck, ainsi que tous les philosophes allemands avaient, eux, décroché tous les astres du ciel pour établir la Kultur en leur pays. Tout véritable Allemand méprise les notions de justice et de vérité.

Pour lui, la guerre est sainte; toute promesse, tout traité est limité par la condition *rebus stantibus*. Que la situation change, aucun traité ne tient plus.

Je vois bien comment on décroche les étoiles : Il suffit de faire appel aux instincts du peuple, à ses passions. Mais je ne sais pas ce qu'il faut pour mettre au monde un astre qui éclaire le firmament.

Le Souverain Pontife, qui cherche à y attacher celui de la paix, se rend compte des difficultés de la tâche.

Il semble que, pour y parvenir, il faille avant tout des flots de sang.

En tout cas, il apparaît clairement que la cause qui a empêché le soleil de la paix de continuer à illuminer le monde ne doit pas être cherchée en France. Nos discordes intestines ne gênaient pas nos voisins.

Le rêve qu'avait fait l'Allemagne de dominer le monde a déchaîné le cataclysme.

Au commencement du dix-septième siècle, les Allemands avaient déjà voulu asservir l'univers.

L'orgueilleuse maison d'Autriche avait pris pour devise ces fameuses initiales :

A E I O U

qui signifient : *Austriæ est imperare orbi universo.*

L'Autriche avait fait servir les trésors du nouveau-monde à assurer sa suprématie. A l'Espagne, aux Flandres, elle avait arraché leurs franchises, livré Rome à la brutalité d'une soldatesque impie. Aspirant à un pouvoir absolu et prépondérant, elle était devenue le plus grand ennemi du monde.

Dieu ne permit pas le triomphe de cette convoitise babylonienne. Du point le plus inattendu il suscita Gustave-Adolphe qui, tout mort qu'il fût dans sa victoire de Lutzen, fit au cœur de l'Autriche une irrémédiable blessure.

Il y a un an, de la manière la plus inattendue aussi, le Hohenzollern orgueilleux, successeur de la maison d'Autriche, a lui aussi trouvé son Lutzen à la bataille de la Marne. Il a rencontré l'obstacle qui a arrêté et brisé son effort.

Ce n'est que lorsque nous aurons anéanti sa puissance qu'il sera permis d'espérer de revoir les étoiles briller au ciel.

L'Empire allemand.

« La Prusse est le péché de la France », a dit un jour Louis Veuillot.

Rarement mot fut plus profondément vrai. Nos soi-disant philosophes et nos soi-disant libéraux ont fait la Prusse.

Dans ces conditions nous pouvons dire que l'Empire allemand est l'enfant du péché de la France.

Quel monstre nous avons engendré, mon Dieu ! Comme Pantagruel, à peine né, il mordait le sein de sa nourrice.

D'après l'opinion populaire, les enfants du péché sont beaux, comme l'amour qui les a procréés. D'aucuns en concluraient que philosophisme et libéralisme, pour avoir réussi à mettre au monde un produit aussi horrible, ne doivent pas être ce qu'il y a de plus beau sous le soleil. Je serais volontiers de cet avis qui me semble découler de la plus pure logique.

En tous cas, il est difficile de reconnaître les marques spécifiques qui caractérisent les nations dans ce monstre qui s'appelle l'Empire allemand, et qui est brusquement apparu au milieu des organismes délicats qu'étaient les grandes nations modernes.

C'est que l'histoire seule forme les nations. Une langue commune, des appétits communs n'y suffisent pas.

Ce n'est pas aux philologues qu'il appartient de tracer les frontières des peuples.

Il a fallu plus de mille ans à l'histoire pour faire la France avec les Grecs de Marseille, les Romains de Provence, les Celtes d'Auvergne et de Bretagne, unis aux Alsaciens, aux Normands et aux Basques.

Toutes ces parties ont été si harmonieusement assemblées, ô Allemands ! que vous n'avez pu en détacher une, sans rompre tout notre équilibre national, et le tronçon, violemment arraché, n'a jamais pu se souder à la masse informe qu'est votre Empire.

Vous êtes des parvenus sans traditions, incapables de comprendre les délicatesses de l'âme d'un gentilhomme. Aussi nul ne peut s'étonner de ne trouver chez vous ni générosité ni loyauté. Ces qualités sont le propre des nations de vieille souche.

Vous êtes des primaires, immobilisés dans votre suffisance. Vous avez ouvert le livre de la science et vous vous êtes convaincus que seuls vous l'aviez compris.

Vous n'avez pas d'histoire. Aussi ce n'est pas une nation que vous avez fondée, c'est une société anonyme pour l'exploitation du monde à votre profit. Votre empereur n'est que le président du conseil d'administration de cette Kulturkolossalgesellshaft dont vous êtes tous actionnaires.

Comme des gogos, vous avez cru à un boum prodigieux et vous êtes acculés à un krach formidable.

Lorsqu'il se sera produit, ce n'est pas avec une nation que nous aurons à traiter, nous ne nous heurterons pas à des traditions millénaires. Nous serons en présence d'une société en déconfiture dont la faillite entraînera la dissolution.

Le général de Courcy à Kars.

Une des figures militaires les plus remarquables de l'armée française, dans la période qui suivit la malheureuse année 1870, fut certainement celle du général de Courcy. Je le vois encore monté sur un cheval blanc qui avait bu dans les eaux de l'Euphrate. Tous, jusqu'au dernier soldat, se seraient fait tuer sous les yeux de ce diable d'homme.

Son souvenir m'est revenu quand j'ai appris la nomination du grand-duc Nicolas comme vice-roi du Caucase et commandant des armées russes en Asie-Mineure.

En 1878, comme aujourd'hui, il était d'une importance capitale pour la Russie de posséder la crête des montagnes qui forment la barrière immense entre l'Asie et l'Europe.

Le mont Ararat la domine. Les trois Empires russe, turc et persan viennent se raccorder au flanc de cette montagne, véritable berceau du monde, et sur laquelle s'appuie le plateau arménien, témoin de toutes les migrations humaines.

Maître de cette région, le Turc dominerait l'énorme dépression qui règne de Pola à Bakou, et dans laquelle court le chemin de fer qui réunit la mer Noire à la mer Caspienne.

Au moment où s'ouvrait la campagne de 1878, frappé par des deuils cruels, le général de Courcy demande un congé et court à l'armée russe du Caucase qui opérait sous les ordres du grand-duc...

Oh! vanité de la gloire! Sans livres dans ma solitude, ma mémoire me refuse son nom, alors qu'elle est obsédée par celui de son adversaire Mouktar pacha.

Qu'importe du reste. Le général de Courcy fut bientôt connu de toute l'armée russe. La prise de Kars devait le rendre célèbre.

La veille de l'assaut qui allait être donné à cette place, le général de Courcy demande au grand-duc l'honneur de marcher avec le peloton de grenadiers qui doit former la tête de la colonne d'assaut.

C'est ainsi que, la nuit suivante, il entrait le premier dans Kars. Il était sans armes, la cravache à la main.

Le lendemain, il lui vient à l'idée qu'il y a de longs mois que son congé est expiré et il demande au grand-duc l'autorisation de rentrer en France.

Celui-ci le lui accorde et il le prie de vouloir bien

se charger de porter au Tsar le compte rendu des opérations. Il lui donne rendez-vous le lendemain pour lui remettre les dépêches.

Quelle fut la stupéfaction du général, en se rendant à l'endroit fixé, d'y trouver l'armée russe rangée en bataille. Devant le front, le grand-duc le décore du Saint-Georges de 1re classe et l'invite ensuite à passer l'armée en revue.

Après le défilé, le colonel commandant le 1er régiment de grenadiers du Caucase s'avance et remettant un rouleau de papier au général, lui dit : « C'est la *Marche du régiment* à la tête duquel vous êtes entré dans Kars, nous vous serions reconnaissants de la faire jouer par vos régiments français. »

Que de fois j'ai entendu son rythme sauvage. Elle fut célèbre pendant un temps en France sous le nom de *Marche du Tonkin*.

C'est ainsi que dans une auréole de gloire sur les sommets du Caucase s'amorçait l'alliance russe.

Notre guerre commence.

Le Tsar a pris le commandement des armées russes, montrant ainsi sa volonté, qui est celle de tout son peuple, de pousser la lutte jusqu'au bout. Devant cette attitude, les Allemands inquiets se demandent où vont les conduire leurs succès, leurs victoires blessées à mort.

« Ce qui se passe, n'est plus de la guerre », disait, il y a quelques jours, un officier prisonnier allemand à un aumônier qui m'a répété ce propos.

Non, Allemands, ce n'est plus votre guerre, c'est la nôtre. Votre guerre est finie et la nôtre commence.

C'en est fini de la ruée des hordes teutonnes à travers le monde.

A l'Occident, leur marche a été arrêtée par notre victoire de la Marne, puis par celle des Flandres, au moins aussi importante que la première en raison des résultats décisifs qui en ont été la conséquence.

Habitué déjà au succès, et espérant même à ce moment une issue rapide à la guerre, le peuple de France ne donna peut-être pas une attention suffisante à la bataille de l'Yser.

L'héroïsme des troupes alliées y fut peut-être encore plus remarquable qu'à la Marne. Les Allemands sentaient que la victoire sur ce point était pour eux question de vie ou de mort. Aussi, déployèrent-ils à la lutte une opiniâtreté analogue à celle que nous leur voyons manifester actuellement sur le théâtre oriental.

Les Russes livrent en ce moment leur bataille des Flandres.

Avec une méthode perfectionnée, ne laissant rien au hasard, ce qui leur avait mal réussi sur la Marne, les Allemands ont essayé de porter des coups mortels à l'armée russe.

Leurs efforts ont échoué et ne sont arrivés qu'à coûter à nos ennemis des pertes irréparables.

Maintenant notre guerre va commencer. Nous sentons que Français, Anglais et Belges sont prêts. La visite du général Joffre au quartier général italien nous a prouvé que nos alliés de l'autre côté des Alpes entendent de plus en plus agir en coopération avec nous.

C'est bien notre guerre qui commence. Déjà c'est sans compter que nous envoyons nos coups de canon à l'ennemi. Ces coups de canon!... Quelle joie. Je me rappelle la satisfaction que j'éprouvai le 20 décembre dernier lorsque, pour la première fois depuis trois mois, j'entendis de nouveau la musique de notre 75; c'était le corps voisin du nôtre qui, en vue d'une attaque, avait reçu des munitions le 18. J'envoyai trois batteries qui devaient coopérer à la tâche entreprise. Les deux heures que je passai au milieu d'elles furent des meilleures de ma vie. Mes canons avaient retrouvé leur voix. Hélas! c'était une des dernières fois qu'il m'était donné de l'entendre.

Quoi qu'il en soit, à partir d'aujourd'hui cette voix ne cessera pas de dominer celle des canons allemands. C'est notre guerre qui commence.

Sébastopol.

Trois guerres présentent de curieuses analogies avec celleque nous faisons aujourd'hui : c'est, en premier lieu, la campagne de 1812, puis la guerre de Sécession américaine, enfin, le siège de Sébastopol.

A diverses occasions, j'ai essayé de montrer comment nous retrouvons, dans les deux premières de ces guerres, les caractères de la guerre d'usure si remarquables dans la campagne actuelle. Comme les Russes en 1812, comme le Nord en 1864, nous ne verrons le succès définitif de nos armes qu'au moment où l'organisme ennemi sera épuisé par les pertes qu'il subit et par les souffrances qu'il éprouve.

La guerre de Crimée nous offre aussi des exemples bien remarquables.

Il est donc intéressant d'examiner comment furent conduites les opérations en Crimée.

D'abord, dès que le maréchal Pélissier prit la direction des opérations, il voulut les conduire comme il l'entendait. A diverses reprises, il menaça de faire couper le câble télégraphique qui le reliait à Paris. La légende prétend même que le maréchal répondit une fois par le mot illustré par Cambronne.

Pour des armées opérant sur le territoire national, une pareille indépendance est bien difficile, et on ne se représente guère notre généralissime utilisant les procédés ou les termes du maréchal.

Devant Sébastopol, le génie avait pour chef un homme extrêmement remarquable, le général Niel, qui imposa partout ses méthodes. Les tranchées furent construites avec un entrain et une uniformité extraordinaires. Étant donné le danger que couraient les officiers du génie en première ligne, le général donna l'ordre que tous les officiers du génie employés, à quelque titre que ce fût, dans les états-majors, fissent leurs tours de tranchée comme les camarades.

J'ai personnellement connu un ancien officier du génie qui fut honteusement chassé de l'armée pour s'être défilé. Il était pourtant aide de camp du général Niel.

Il habitait à côté de la maison d'un de mes oncles qui, lui aussi, avait fait la campagne de Crimée, et qui, depuis son retour de la campagne, ne le saluait plus. Il subissait le même affront de la part de tous ses camarades.

J'ai encore bien peu parlé des opérations de guerre. Nous y reviendrons un autre jour et pourtant il me semble déjà que les guerres du passé peuvent fournir des exemples fort intéressants.

Autant nous honorerons les vaillants auxquels sera due la victoire, autant notre mépris sera profond pour tous les hommes de 19 à 40 ans qui n'auront pas fait leur devoir. Pour tous ceux qui n'auront pas entendu siffler une balle, ou n'auront pas, à l'usine ou sur une locomotive, contribué de toutes leurs forces à l'œuvre commune.

L'utilité des places fortes.

Une discussion aussi bruyante que pauvre en arguments est ouverte sur le rôle des places fortes dans la guerre actuelle. D'aucuns concluent à leur faillite.

« La plus belle fille du monde ne peut donner que ce qu'elle a ». Il en est de même des places fortes pendant les opérations.

Je ne me pâmerai pas d'admiration devant la manière dont avait été compris le rôle des places fortes.

Mais, quelles que soient les erreurs qui aient été commises, il est juste de reconnaître que les forteresses françaises et belges ont largement contribué à nous permettre de gagner la bataille de la Marne.

D'abord, sans les places de Liége et d'Anvers, que seraient devenues les malheureuses milices belges ayant à supporter, dès le 5 août, l'assaut des Allemands?

Que l'on m'excuse de traiter de milices les troupes belges de 1914. Elles ont été héroïques, mais les Belges eux-mêmes sont les premiers à se rendre compte qu'à ce moment, ils ne possédaient pas une armée comme celle qui combat aujourd'hui à nos côtés, c'est-à-dire susceptible de se mesurer avec une armée allemande.

Liége, attaquée le 5 août, ne vit son dernier fort tomber que le 23 août, bien que la place n'eût pas de noyau central et que les Allemands fussent entrés dans la ville dès le premier jour. Le général Léman résista héroïquement et obligea l'armée allemande à aller chercher un passage sur la Meuse, au nord de la ville.

La place avait tenu 19 jours, causant de grosses pertes à l'ennemi et nous faisant gagner 15 jours au moins pour la tranquillité de notre concentration.

Anvers joua un rôle plus important encore. La place ne fut prise que le 9 octobre. Elle retint devant elle plusieurs corps d'armée, résultat que n'aurait pas obtenu l'armée belge sans les fortifications qui la couvraient.

Maubeuge même ne fut pas inutile. Je ne sais dans quelles conditions la place a capitulé. Mais quelque courte qu'ait été sa résistance, il n'en est pas moins vrai que les troupes qui l'assiégèrent, pas plus que celles qui étaient retenues devant Anvers, ne prirent pas part à la bataille de la Marne.

Or, demandez-vous quel effet aurait produit une armée d'au moins 200.000 hommes, formée par les corps de siège d'Anvers et de Maubeuge, et qui aurait marché à la droite de von Kluck? Que serait devenue dans ce cas l'armée Maunoury?

Il n'est donc pas vrai de dire que les places fortes ont fait faillite.

Il serait facile d'établir aussi que, pendant la bataille de la Marne, la place de Verdun a joué son rôle.

Elle formait le point d'appui de notre droite et, seule, sa présence a permis au général Sarrail d'étendre sa gauche et d'opérer sa liaison avec le général de Langle.

D'où vient la barbarie allemande ?

Il y a des Allemands qui sont de très braves gens, j'en ai connu un entre autres, prêtre des plus distingués, professeur connu : C'était le R. P. Pesch.

A Mayence où il habitait, cet homme excellent avait été pour mes fils, pendant plusieurs mois, un maître et un ami.

Un jour que je dînais avec lui, il me dit :

— Voyez-vous, nous autres Allemands, nous avons un gros appétit, et nos prêtres ne peuvent pas se soumettre au jeûne sévère qu'observent les prêtres français.

Oh ! philosophes ! vous allez bien loin chercher la cause de la barbarie allemande. Elle est tout entière contenue dans cette phrase : L'Allemand a un gros appétit.

Son prophète Luther a dit :

« Quiconque n'aime ni les femmes, ni le vin, ni le chant, celui-là est un sot et le sera sa vie durant. »

Il est facile dès lors de comprendre comment la réforme de Luther a prospéré sur le sol allemand. Elle encourageait les appétits.

Les calvinistes français, les puritains anglais, les quakers écossais, eux, n'ont jamais cessé de professer et de pratiquer l'austérité.

Faites le parallèle entre Sully et le margrave de Hesse, entre Henri IV et l'Électeur de Brandebourg : vous verrez la différence qui existe entre les protestants français et allemands.

« En Allemagne, disait la princesse Palatine, chacun s'est fait une petite religion pour soi, lui permettant de satisfaire ses appétits. »

Frédéric II fut à ce point de vue un véritable Allemand.

Naturellement les philosophes allemands en sont venus à glorifier les appétits, et à déifier le moi, à professer que tout est soumis à ce dernier et qu'il n'y existe rien en dehors de lui.

Ces doctrines étaient, elles aussi, une efflorescence naturelle du sol.

En professant que les instincts les plus bas n'étaient que des manifestations de la divinité, les philosophes ne faisaient que justifier le droit à la domination du monde pour le ventre allemand, siège des appétits et de la force de la nation.

Les philosophes allemands n'ont pas créé la barbarie allemande : ils en ont été le produit.

Mais la voix qu'ils faisaient entendre répondait à la voix que chaque Allemand entendait en lui, et qui lui disait :

« C'est toi qui as le plus gros appétit. Tu es donc Dieu. Et tous les Allemands qui, comme toi, ont de gros appétits, sont des Dieux. Les appétits de tous les Allemands sont plus grands que ceux de tous les autres hommes réunis : ils doivent donc conquérir le monde. »

Mais l'esprit a soufflé et les nations se sont trouvées unies pour se défendre.

Je crois le moment venu où les Allemands seront forcés, malgré eux, de professer la sobriété.

Bientôt, j'espère, leurs poètes chanteront les beautés du renoncement et de l'humilité.

Pélissier.

En prenant le commandement de l'armée d'Orient, le maréchal Pélissier sut imposer à tous ses manières de voir.

C'est ainsi qu'il se refusa à l'investissement de Sébastopol et prétendit user l'armée russe sur le théâtre qui s'étendait de la mer aux rives de la Tschernaïa.

C'est que le maréchal Pélissier n'était pas seulement un valeureux capitaine. Il était un homme de caractère, doué, au plus haut degré, des facultés de commandement et de diplomatie qu'exigeaient ses fonctions.

Les qualités du diplomate furent éminentes. Il sut maintenir les meilleurs rapports entre Français, Anglais, Turcs et Piémontais qui combattaient côte à côte.

Plus tard, nommé ambassadeur à Londres, il sut conquérir dans tous les milieux anglais une situation prépondérante.

Ils commettraient une singulière erreur, ceux qui, sur la foi des boutades légendaires du maréchal, le prendraient pour un grossier personnage.

Le hasard m'a appelé à classer une partie de sa correspondance. C'étaient notamment les lettres, qu'étant gouverneur de l'Algérie, il écrivait à son chef d'état-major, lorsqu'il était séparé de lui.

Ces lettres révèlent l'esprit le plus cultivé, le cœur le plus excellent. D'une fine et délicate écriture féminine, elles sont émaillées de citations, qui dénotent l'helléniste qu'était le maréchal. Quant à son cœur, il se trahit à chaque page par la sollicitude avec laquelle il s'enquiert des nouvelles de tous, s'inquiète d'un enfant malade, etc.

Sa plume est quelquefois un peu dure pour ses généraux, mais il emploie toujours à l'égard de ses subordonnés ces mots justes qui, malgré leur brusquerie un peu militaire, ne blessent jamais et décèlent le chef qui est en même temps le camarade le plus loyal et le plus dévoué.

De plus, le maréchal Pélissier se montrait toujours chrétien. Avant de commander l'assaut de Malakoff, fixé au 8 septembre, jour de la Nativité, il fit un vœu à la Vierge protectrice des Français.

Notre-Dame-de-France, élevée avec le bronze des canons pris à Sébastopol, fut le magnifique *ex-voto* élevé par le duc de Malakoff, à la suite de sa victoire.

Cette qualité de chrétien ne semble pas avoir nui aux succès militaires du maréchal.

Les évêques de France ont prescrit des prières à l'occasion du 29 septembre, fête de saint Michel, protecteur de la France. En s'unissant à eux, nos chefs ne feraient peut-être pas œuvre inutile.

Après la victoire, quelles magnifiques fêtes pourraient être célébrées dans la Basilique restaurée !

Canonniers, à vos pièces !

Malgré tout, dans ma retraite, mes pensées vont toujours à mes camarades qui se battent. A l'heure qu'il est, elles sont toutes à mes artilleurs qui enfin font parler leurs canons.

Que ne suis-je encore avec eux ! Se voir condamné à ne pas être même figurant dans cet acte suprême de la grande tragédie ! Quel supplice !

Ah ! que j'envie le modeste servant d'une des batteries que j'ai tant aimées !

Avoir tout donné à son pays, avoir été à la peine et ne pas être à l'honneur ! Ne pas assister à cette victoire que vous sentez prochaine, mes chers canonniers !

Soyez sans crainte, je ne serai pas jaloux de vos triomphes. C'est avec tout mon cœur que je suis vos progrès et que j'applaudis vos succès.

Vous avez enfin la supériorité du feu, vous possédez les moyens de la conserver, vous pratiquez les méthodes qui vous la font utilement employer.

C'est entre vos mains qu'est l'instrument qui va permettre à l'infanterie d'avancer et de vaincre.

Frappez juste ! Frappez fort, mais surtout frappez longtemps ! Il le faut pour obtenir un résultat décisif.

Frappez juste, pour écraser les repaires allemands et éteindre leurs batteries.

Frappez fort. Ce sont de véritables forteresses que vous avez devant vous.

Surtout frappez longtemps, il faut que tout soit détruit : Fils de fer, fortins, mitrailleuses. Frappez longtemps, pour empêcher l'ennemi de reconstituer les ouvrages endommagés, pour abattre son moral, pour lui causer des pertes irréparables.

Frappez sans vous lasser. Qu'à chaque instant l'Allemand se croie sous le coup de l'assaut. Qu'il garnisse ses tranchées dès que vous cessez le feu. Et, sans trêve, reprenez votre tâche, ne lui laissez de repos ni de jour ni de nuit.

Si le front ennemi n'est pas entièrement ruiné, nous n'obtiendrons que des résultats sans lendemain.

Je le sais, ce n'est pas l'œuvre d'un jour. Il ne s'agit plus d'enlever quelques mètres de tranchées.

C'est plus et mieux que vous voulez, et vous réussirez.

La barrière de fer que vous voulez démolir est solide. Frappez, glorieux forgerons. Frappez à coups redoublés.

Une fois la brèche ouverte, rien n'arrêtera l'élan de nos troupes enivrées par la victoire.

Fin septembre 1914.

L'arrêt.

Il est triste d'être arrêtés. Or, il n'y a pas à dire, il y a juste un an, nous étions bien et dûment arrêtés. Les corps d'armée voisins du nôtre l'étaient aussi. Et quand je dis que nous étions arrêtés,

(Passage censuré.)

Le canon tonna comme aux plus beaux jours, et les automobiles du Service de santé qui passaient à chaque instant étaient un indice de la vivacité de l'action.

(Passage censuré.)

Quelles mortelles journées, passées dans l'inaction la plus complète ! Je ne l'oublierai de ma vie, ce plateau entre Aisne et Bienne où, du matin au soir, il fallait demeurer immobile et désœuvré.

Savoir se brosser et attendre : ce sont les grandes vertus militaires. Je me forme de plus en plus. Nos ordonnances, chargés de nous brosser, ont une rude besogne. La route est défoncée par le passage des armées; les bas-côtés ont été transformés en fondrières dans lesquelles les averses continuelles entretiennent cinquante centimètres de boue. Les voitures s'y embourbent : il faut dégager à bras d'hommes les autos qui y tombent.

Nous faisons une première connaissance avec la boue de l'Argonne.

Se brosser, passe encore; c'est une occupation. Mais attendre! Bien que nous soyons au point culminant du plateau, une ondulation du terrain arrête le regard.

On ne voit rien dans la vallée de la Bienne, ni du pays de Servon et de Saint-Thomas où les troupes sont engagées. Je sais bien que cela nous procure l'avantage de ne pas être vus non plus.

O Sully, premier grand-maître de l'artillerie française, quelle leçon de guerre moderne tu aurais reçue si tu t'étais trouvé à ma place !

(*Passage censuré.*)

C'est la seule distraction, car nous avons pour tout lieu de promenade des champs de betteraves, où les voitures d'artillerie s'enlisent. Mais, dans ces champs, on peut admirer des pommiers extraordinaires. Qui n'a vu que les vergers de Normandie ou de Bretagne ne peut se figurer que le pommier peut devenir un arbre superbe. Ces pommiers de l'Argonne sont des merveilles.

Un après-midi, pourtant, il me fut donné d'assister à un des spectacles les plus grandioses de la guerre.

Le temps était à l'orage. Des nuages d'ardoise frangés de jaune s'élevaient à l'ouest. Tout à coup, les Allemands dirigent sur le corps d'armée qui occupe la rive gauche de l'Aisne, la canonnade la plus formidable que j'aie entendue. Les cœurs sont serrés. Mon Dieu, qu'est-ce qu'ils prennent ! C'est un roulement de tonnerre ininterrompu. Voilà que le tonnerre du ciel gronde à son tour. Le spectacle est sublime. Vers 5 heures et demie, le bruit cesse au ciel et sur la terre. Un brillant arc-en-ciel paraît au firmament. Renseignements pris : beaucoup de bruit pour rien.

Les communiqués du 26.

Comme les anciens, nous marquerons d'un caillou blanc la journée du 26 septembre où, pour la première fois depuis un an, nous pouvons lire des communiqués nettement satisfaisants. Notre satisfaction est d'autant plus complète que, non seulement nous enregistrons des succès sérieux, mais que les résultats obtenus sont dus à l'application d'une méthode rigoureuse, basée sur notre supériorité effective sur les Allemands.

Comme je le disais l'autre jour, c'est notre guerre qui commence. Exténués par les efforts gigantesques qu'ils ont produits au cours de la campagne, les forces matérielles des Allemands deviennent inférieures à celles des Alliés.

Nous avons enfin les canons et les munitions nécessaires pour faire brèche. Instruits par l'expérience, nos généraux ont compris qu'il ne suffit pas d'un bombardement de quelques heures pour rendre les ouvrages de campagne intenables et pour abattre le moral de leurs défenseurs. Depuis plus de quinze jours nos obus semaient le désordre sur le front allemand. L'œuvre de destruction et de mort s'est poursuivie inlassable, sans laisser à l'ennemi un instant de répit. Sur les points particulièrement intéressants, nous avions concentré le feu de nombreuses batteries. Heureux artilleurs, qui avez pu enfin réaliser le rêve de toute ma vie! Heureux, vous avez réussi! Voilà démontré, une fois de plus, que ce n'est pas par de petits procédés que l'on arrive à terrasser un adversaire comme l'Allemand.

Les moyens puissants que nous avons employés nous ont, au contraire, donné des résultats sérieux.

Rien que sur le front de Champagne, nous avons enlevé les défenses ennemies sur une largeur de 25 kilomètres et fait près de 26.000 prisonniers. La fameuse *Maison de Champagne* qui était notre objectif depuis plus d'un an est enfin entre nos mains. Sa chute doit entraîner celle de ce fameux réduit de la défense allemande qui domine le confluent de la Dormoise et de l'Aisne et qui, une fois entre nos mains, gênerait terriblement les installations allemandes entre Aisne et Argonne.

D'autre part, notre marche poursuivie dans la direction de Rethel et de Vouziers amènerait forcément le recul de toute la ligne ennemie.

Mais ne vendons pas la peau de l'ours. Nous venons

seulement de frapper le premier coup de cognée. Ne croyons pas que ce soit fini.

Il nous faudra recommencer. Eh bien ! nous recommencerons.

Mackensen nous a montré la méthode allemande pour faire une trouée. Par trois fois, avec sa phalange, il a réussi à enfoncer le front russe.

Lorsque pour la troisième fois, par la *méthode française*, nous aurons pénétré au cœur des défenses allemandes, nous serons bien près d'un résultat décisif.

Causerie diplomatique.

La Bulgarie se rangerait aux côtés des Turcs et des Allemands ! Tant que les coups de fusil ne sont pas partis, il ne faut jurer de rien. En elle-même la chose n'aurait rien qui dût nous surprendre. Certains accusent notre diplomatie. Que voulez-vous qu'elle fît ?

Nos ministres des Affaires étrangères ont en général toujours agi pour le mieux et, en particulier, M. Delcassé, pendant tout le temps où il a été au quai d'Orsay, a certainement obtenu des résultats plus favorables que ceux que nous n'étions en droit d'espérer.

Ce n'était pas la faute de nos ministres, si, depuis 1870, la France n'avait qu'une diplomatie sans prestige.

Nous étions des vaincus ; pour beaucoup, en plus, nous étions des révolutionnaires dangereux. La situation de vaincu, était plus terrible encore que notre mauvaise réputation. Sous la première République, dont les armées étaient redoutées, on avait pu voir le général Bernadotte se permettre — à Vienne — toutes les incartades.

D'aucuns se figurent volontiers que le Français doit être aimé pour lui-même. Quelle erreur ! Demandez à ce sujet leur avis aux Français qui sont allés à l'étranger. Demandez-le, en particulier, aux vrais diplomates, à l'épiderme délicate ; ils vous diront ce qu'ils ont souffert, en présence de la morgue grossière des Allemands qui nous écrasaient de leur supériorité, nous poursuivaient de leurs intrigues et de leur haine méprisante.

Ce qui m'étonne, c'est que nos ministres des Affaires étrangères soient parvenus à nous faire une cuisine diplomatique encore aussi présentable.

Que faire, quand on a peur de parler haut le moment venu ? Comment lutter contre les Allemands surtout en Orient, la patrie de la force et du « Batchich » ?

Cependant nous avions la prétention d'y faire de la diplomatie par de petits moyens, comme on voulait nous apprendre à faire la guerre en résolvant de petits problèmes tactiques.

Les Allemands, fiers de leurs succès militaires, n'y metttaient pas tant de formes. Semant l'or à pleines mains pour acheter les concours, sûrs d'être toujours soutenus, ne nous parlant qu'avec un air de supériorité qui nous les faisait éviter, ils s'étaient assuré une situation prépondérante.

Les roitelets allemands, mis à la tête des clans balkaniques, avaient prêté serment de vassalité au Kaiser. Ils ont cherché à arrêter leurs peuples dans l'élan qui les portait vers les Alliés.

Ferdinand de Bulgarie se laissera-t-il entraîner jusqu'à les combattre? C'est le secret de demain. Quel cadavre est enterré entre lui et Guillaume II? Nul ne le saura, mais il y en a certainement un, pour que depuis la mort de sa mère, la princesse Clémentine, il ait échappé totalement à notre contact.

Quoi qu'il en soit, nous sommes au jour où notre diplomatie peut parler haut. Les coups de canon de notre victoire en Champagne se feront entendre en Bulgarie, et accompagneront utilement la voix de nos représentants.

Les Alliés disposent de la force, ils doivent l'employer en complète union.

Une fois encore l'action du bâton du chef d'orchestre allemand se fait sentir. Nos ennemis paraissent avoir d'autre besogne plus pressante à faire que de s'en aller à Constantinople.

Gouraud, Marchand.

Après le général Gouraud, c'est le général Marchand qui a été grièvement blessé. Sa blessure, assure-t-on, ne met pas ses jours en danger. Que Dieu exauce les vœux que nous formons pour sa guérison et nous conserve ce chef qui fut un véritable conducteur d'hommes, car, nul mieux que lui ne sut entraîner ses soldats pour en obtenir des miracles et nul ne fut par eux aimé davantage.

Gouraud, Marchand, grandes figures populaires de l'épopée que fut notre expansion coloniale, qui dira jamais assez la reconnaissance que vous doit la France ?

Depuis vingt ans, vous et les généraux, officiers et soldats coloniaux, vous avez offert le plus bel exemple des qualités militaires et chevaleresques de notre race.

En lisant le récit de la mission Congo-Nil, ou celui des expéditions contre Samory et contre les Maures, l'imagination de nos fils s'enflammait. Gouraud, Marchand, vous étiez l'antidote salutaire contre le poison antimilitariste que l'on cherchait à infiltrer dans leurs âmes.

Vous réveilliez chez eux ces sentiments militaires, apanage de tous les jeunes Français.

Ce n'est pas seulement chez les jeunes gens que

votre influence se faisait sentir. Qui de ceux qui les ont vues, oublierait jamais les manifestations enthousiastes, avec lesquelles Paris accueillit Marchand, à son retour de Fachoda ?

Je me trouvais à ses côtés, lorsqu'il fut reçu au Cercle militaire. Quel merveilleux spectacle que cette foule dont tous les cœurs battaient à l'unisson et dont la voix acclamait le héros !

Une véritable émotion nous saisit lorsque Marchand, prenant les gerbes de fleurs qui lui étaient offertes, se tourna vers les officiers et leur dit :

« Mes chers camarades, ces fleurs c'est à vous qu'elles reviennent, je les prends à pleines brassées pour les déposer au pied du drapeau ; car c'est à l'armée qu'en est dû l'hommage ; à l'armée, cette grande calomniée ; à l'armée, l'honneur et la sauvegarde de la France. »

L'action bienfaisante des exploits de nos coloniaux ne s'arrêtait pas à la frontière, elle la franchissait et allait surprendre le monde entier, étonné de voir les soldats français accomplir au Tonkin, au Soudan, à Madagascar, au Maroc une œuvre qu'aucune autre armée européenne n'eût osé entreprendre.

Avant que notre vaillance dans la guerre actuelle ait prouvé que nous n'avions rien perdu de nos qualités militaires, Coloniaux, vous aviez montré à l'Europe que nous avions toujours les premiers soldats du monde.

Au cours de la campagne, Coloniaux, pendant près de six mois, j'ai combattu à vos côtés. L'histoire racontera vos hauts faits. Je ne puis dire que vous fussiez toujours des voisins de tout repos. Mais, qui ne vous pardonnerait vos fantaisies, après avoir constaté chez vous, au plus haut degré, ces qualités caractéristiques du soldat français : la bonne et loyale camaraderie du champ de bataille, l'ardeur, la gaîté, l'entrain et une bravoure que d'autres ont pu égaler, mais n'ont certainement jamais surpassée ?

La fortune pour les Alliés.

Pour qui aura réfléchi à ce que l'on apprenait en deux ans d'étude à l'école de guerre théorique, il apparaîtra clairement que, pour les Anglais, les Français et les Russes, ce n'était pas trop d'une année complète d'école de guerre pratique, pour leur permettre de mettre au point leur organisation et leurs méthodes.

Cette année d'expérience paraîtra à tous avoir été fructueusement et merveilleusement employée si, comme le montrent nos derniers succès, nous sommes parvenus à réunir des moyens plus puissants que l'ennemi et à utiliser les meilleurs procédés pour les mettre en usage.

Ainsi, nous paraissons avoir enfin une doctrine qui est la suivante :

Avant de lancer une attaque, il est nécessaire d'avoir écrasé l'ennemi par le feu, d'avoir anéanti les défenses élevées par lui sur la position, enfin, d'avoir abaissé son moral par la prolongation de l'action de l'artillerie.

Pour arriver à ce résultat, il faut : en premier lieu, avoir réuni les moyens suffisants, ensuite procéder à une organisation d'artillerie qui ne peut se faire que sous la direction de chefs techniques.

Que nous sommes loin des principes du début! Croyez-vous qu'il suffise d'un jour pour opérer pareille transformation?

La véritable cause de nos insuccès fut que trop de chefs ne s'étaient pas pénétrés de l'idée primordiale que l'infanterie ne peut rien toute seule.

Faut-il leur en vouloir? Faut-il regretter ce qui est arrivé? Non. Ce fut peut-être pour nous une heureuse chance. Vous connaissez déjà, lecteurs, ma philosophie : je suis de ceux qui estiment que la Providence a fait tourner en notre faveur les événements d'une façon extraordinaire. Nos fautes elles-mêmes nous ont été à profit.

Admettez, pour un instant, que nous eussions voulu appliquer au début des opérations, notre méthode d'attaque actuelle. Il est probable que, faute de munitions, et faute aussi d'artillerie lourde, nous n'aurions pu en pousser l'application jusqu'au bout.

Le moment serait rapidement venu où, nos coffres vides, nous aurions été arrêtés, n'ayant pas en notre sac tous les tours que les Allemands possédaient pour faire une guerre de position et de tranchées.

Je vous le dis, bénissons, encore une fois, la Fortune qui nous a permis d'user les Allemands, pendant qu'ils nous instruisaient des méthodes qui vont enfin nous permettre de les écraser.

Nous fûmes plus heureux que sages.
La Fortune se plaît à faire de ces coups.

Les traditions françaises et anglaises.

Rien n'est difficile comme de rompre les traditions d'un peuple. Nos révolutionnaires antimilitaristes s'en sont heureusement aperçus.

C'est en vain que, depuis trente ans, ils ont sapé tous les principes traditionalistes de France, qu'ils ont attaqué la discipline et l'armée, qu'ils ont même voulu effacer dans les livres d'histoire les noms de nos victoires et de nos généraux.

La guerre devait devenir un mythe comme la religion.

Pourtant, à l'heure du danger, le peuple français

s'est retrouvé tel que le dépeint César : *Duas res pleraque Gallia industriosissime prosequitur : rem militarem et argute loqui*. Ce qui peut se traduire : Presque tous les Gaulois s'appliquent avec autant de succès que de persévérance à deux choses qui sont : l'art de la guerre et celui de la parole.

Cette double tradition s'est perpétuée au cours de toute notre histoire. Le Français a l'âme pétrie par l'amour de la gloire militaire, aussi bien que par celui de l'idéal auquel il est toujours prêt à sacrifier sa vie.

Tout autres étaient les traditions anglaises ; le même César nous les montre : *toto divisos orbe Britannos*. Dans leur île, les Bretons étaient déjà, en tout, séparés du reste du monde.

Se croyant à l'abri de toute insulte, grâce à la maîtrise des mers, depuis plusieurs siècles ce peuple avait perdu la tradition militaire. Que l'Angleterre pût un jour se trouver en danger, que chaque Anglais dût être un jour dans l'obligation de coopérer à la défense de la grande nation, c'était une idée qui ne germait dans aucun des cerveaux de la masse. Toutefois, depuis une vingtaine d'années, les Anglais, qui n'étaient inféodés à aucun parti, se rendaient compte de l'infériorité que causait à l'Angleterre la faiblesse de son état militaire.

Aux manœuvres de 1898, dirigées par le général de Négrier, j'eus, à diverses reprises, l'honneur d'être attaché à la personne de S. A. le duc de Connaught.

Un jour, je l'avais accompagné à une inspection détaillée, qu'il fit passer à une compagnie qui venait de faire un effort considérable. La troupe se présenta admirablement, avec ce certain laisser-aller caractéristique du troupier français, qui a le respect du chef, mais répond librement à ses questions.

Après son inspection, Son Altesse me dit :

— La France a de la chance d'avoir de telles troupes. Que je voudrais voir l'Angleterre en posséder de pareilles !

Comme je répondais au duc que l'Angleterre, heureusement protégée par sa flotte, n'avait pas besoin d'une armée comme la nôtre :

— Commandant, me dit-il, nul ne sait dans quelles conditions se trouvera demain l'Angleterre; elle pourrait regretter amèrement de n'avoir pas une armée.

Ces paroles sont restées gravées en ma mémoire.

L'Angleterre a fait un colossal effort. Elle l'a fait avec tout son cœur et toute sa bonne volonté. Nous sommes heureux de l'avoir eue à nos côtés.

Le résultat n'a pas été toujours celui espéré, et pourtant elle ne pouvait faire mieux, car il a fallu lutter contre les traditions d'un peuple. Et ce n'est que six mois après la déclaration de guerre que la masse anglaise a compris la gravité de la situation, et la nécessité de faire coopérer à une même tâche toutes les individualités.

Le sens de la mort.

Alors que l'on entend gronder la terrible bataille, alors que l'on sait tous ceux qui vous restent engagés dans la mêlée, marchant et se battant, au milieu des plus furieux combats qui furent jamais; quelles angoisses pour ceux qui sont à l'arrière, inactifs, impuissants! Comme ils regrettent l'enivrement de la bataille qui ne laisse pas le cœur se ronger par l'inquiétude. Ils ne peuvent que répéter indéfiniment : « Mon Dieu, n'est-ce pas assez de sacrifices, sauvez ceux qui sont encore au combat! »

Pendant la bataille de Champagne, il pleuvait sur la lande bretonne, les journées grises semblaient ne pas avoir de fin, et le courrier n'apportait pas de nouvelles.

Le dernier livre de Bourget, *le Sens de la Mort*, me tombe sous la main. Je le lis, j'admire le merveilleux talent du romancier, mais c'est avec une profonde impression de tristesse que je tourne la dernière page. Le doute, toujours le doute! Ce n'est pas le langage qui convient à ceux qui sont au feu, ni à ceux qui ont des enfants qui se battent.

En mathématiques, l'analyse infinitésimale se propose de remonter des effets aux causes, des phénomènes aux lois, il paraît qu'il n'en est pas de même en littérature. Que me fait d'avoir démonté un bonhomme, si je suis comme un enfant qui a ouvert le ventre à sa poupée pour constater qu'il s'y trouve du son ?

À la dernière page du livre, un abbé disserte sur le *Credo* en fin psychologue, mais certainement pas en apôtre.

Ce ne sont pas les premiers articles du symbole qu'il lui aurait fallu développer, ce sont les derniers.

Dans le Symbole, le mot « je crois », inscrit au frontispice, est répété devant ces derniers articles pour en marquer l'importance.

Je crois au Saint-Esprit, à la communion des saints, à la vie éternelle.

Je crois à l'Esprit qui anime le monde, qui souffle où il veut pour assurer dans l'univers le règne de Dieu, c'est-à-dire le triomphe de la justice et de la liberté.

Je crois à la communion des saints, à l'union spirituelle de la mère avec le fils qui combat, à l'efficacité de sa prière.

Je crois à la vie éternelle qui assure l'immortalité glorieuse à nos combattants qui sont tombés, et maintenant protège ceux qui combattent encore.

Voilà le langage de l'apôtre. C'est celui de mon recteur qui encourage et console les mères. C'est celui des aumôniers que j'ai entendus sur le front et qui donne à tous le courage dans l'attente et la certitude de la victoire.

Le sens de la vie.

Depuis huit longs jours, rien. Pas un mot du front. Les communiqués nous ont bien apporté des nouvelles de victoires, mais peut-on se réjouir quand on a le cœur rempli d'inquiétude et d'angoisse ? Or, nous le savons, nos fils, nos amis, tous les gars du pays sont dans la fournaise et ont pris part aux terribles combats.

Aujourd'hui, le soleil, si longtemps caché, se montre à travers une auréole de brume et, d'une lumière infiniment douce, éclaire les bruyères qui cachent leurs dernières fleurs sous l'or des genêts. Serait-ce un heureux présage ?

James, le vieux facteur, sort tout joyeux de la poste. Son sac est bondé. Il rentrera plus joyeux encore, sa tournée terminée, s'il arrive à rentrer, après avoir absorbé un verre de cidre dans chaque maison.

Il y a des lettres ! La nouvelle vole de bouche en bouche. Mères et femmes en coiffes blanches se tiennent aux portes. Il n'y a de fermées que les maisons où déjà la terrible guerre est venue frapper ou le père ou l'époux.

Dieu soit loué ! tous nos enfants sont en vie. Un seul est blessé et pourtant la lutte fut formidable.

On se montre les lettres. En les lisant, l'émotion vous étreint. Un tel a vu tomber autour de lui la moitié de ses camarades : deux balles ont déchiré sa capote. Dieu l'a providentiellement protégé.

L'on voit une larme descendre le long des vieilles faces ridées. Larme d'émotion, de joie et de fierté. Car elles sont fières de leurs gars, les mères, et tout à l'heure elles vont aller remercier le bon Dieu qui les a sauvés, en le priant de mettre enfin un terme à l'horrible cauchemar qui, depuis plus d'un an, les poursuit.

Encore un coup, les gars, et le monstre hideux qui hante les rêves de vos mères sera abattu ! Comme un polype monstrueux, il avait étendu ses millions de bras de l'Orient à l'Occident. Un à un, nous retranchons ses immondes suçoirs. Il fait ses derniers efforts pour s'accrocher à la proie qu'il avait cru pouvoir dévorer. Son étreinte se desserre. Vous verrez bientôt traîner sur la plage la dépouille flasque de l'énorme pieuvre !

Quel cri d'allégresse retentira : « Il est vaincu, l'ennemi qui, depuis cinquante ans, complotait notre ruine, et sa puisance était immense ! » Si notre France n'a pas été seule à l'abattre, toutes les nations reconnaîtront qu'aucune ne la surpasse en valeur, en abnégation, en héroïsme et qu'à elle revient la plus belle couronne. Alors, la vie sera belle, car il n'est de vie que dans la liberté et dans la gloire. Et c'est pour vous, Gloire et Liberté, que nous avons combattu. C'est pour vous que nous avons triomphé.

XIIIe et XXe siècles.

M. Charles W. Eliot, président émérite de l'Université Harvard, a écrit au poète Vielé-Griffin une lettre qui commence ainsi :

« J'ai reçu un exemplaire de votre brochure intitulée : *Les Allemands destructeurs des cathédrales et des trésors du passé*, et je veux vous accuser réception de ce document aussi déplorable qu'humiliant. Tous les Américains qui pensent se rendent compte que la guerre actuelle est faite par les Allemands d'une façon *plus digne du treizième siècle que de notre vingtième siècle*, et que le travail de dévastation des armées allemandes par les ordres de leurs officiers supérieurs indique clairement ce que sont la civilisation prussienne et la nouvelle religion allemande. »

Je suis heureux des témoignages que M. Charles-W. Eliot apporte à la barbarie allemande. Mais pourquoi diable venir comparer la barbarie allemande qui détruit les cathédrales au vingtième siècle, à la civilisation du treizième siècle qui les a construites?

De ce que les Américains n'ont pas de monuments anciens, se figurent-ils que nos cathédrales sont sorties du sol au dix-septième ou au dix-huitième siècle?

Sauf erreur de ma part, la cathédrale de Reims doit dater de 1260 et celle d'Amiens de 1280. Aussi entendre traiter le treizième siècle de barbare m'a toujours indigné. Nous, Français, nous rougirions de cette période splendide, qui s'inaugure sous Philippe-Auguste, à Bouvines, et qui a son point culminant sous saint Louis? De ce siècle où nous voyons s'élever ces prodigieux monuments que sont nos cathédrales ?

A qui ferez-vous croire que ceux qui les ont construites sont des barbares comparables aux Allemands d'aujourd'hui ?

J'espère que la guerre remettra un peu d'ordre dans les idées.

Évidemment le monde se transforme, mais les nations conservent leurs traits caractéristiques.

Je me rappelle avoir lu un jour dans un ouvrage de M. Dreyfus, ancien député, qui était allé faire un voyage en Afrique, la phrase suivante : « Les nègres en sont à la période de civilisation du moyen âge. »

J'ai écrit en marge : « Je n'ai jamais entendu parler de cathédrales à l'intérieur du Soudan. »

On nous a décidément assez rasé avec la théorie de la perfectibilité. Il y a des races qui ne construisent jamais de cathédrales : ce sont les races nègres.

Il en est d'autres qui sont des races de proie et qui les démolissent : ce sont les races teutonnes. Que ce soit au quatrième ou au vingtième siècle, nous les retrouvons brûlant Rome sous Alaric et Reims sous Guillaume II.

La guerre chronique.

Les médecins rangent les maladies en deux classes : les maladies aiguës et les maladies chroniques. Dans les prochains traités d'Art militaire, il conviendra aussi de consacrer un chapitre spécial aux guerres chroniques. Dans ce genre de guerre, ce n'est pas après deux ou trois de ces accès violents, que l'on nomme des batailles, que succombe un des adversaires. C'est après de longs mois de fièvre lente, entrecoupés de quelques crises plus ou moins violentes, que l'un d'eux mourra de consomption.

Je l'avoue à ma honte, après la bataille de la Marne, j'étais comme tous les camarades, persuadé qu'après deux ou trois affaires de même ordre, c'est-à-dire au bout de deux à trois mois, nous serions parvenus au terme de la guerre.

Joyeusement nous faisions des projets pour Noël : Guillaume n'avait-il pas promis à ses soldats qu'ils seraient rentrés dans leurs foyers pour cette époque ?

Un de nos camarades nous avait tous conviés à « réveillonner » chez lui. Hélas ! ce fut au front qu'il nous fallut manger les choses exquises que sa femme parvint à nous faire passer.

Ceux qui ont eu le bonheur de rester au front « pourront-ils réveillonner » encore chez eux cette année ?

Comme nous traitions, en octobre dernier, la lenteur anglaise ! Lord Kitchener avait promis solennellement qu'un million d'Anglais seraient au front au 1ᵉʳ juillet 1915 ! Ces Anglais ils seraient toujours les mêmes, jamais ils n'arriveraient qu'après la bataille gagnée.

En ce qui me concerne, ce ne fut qu'après quatre mois de combats en Argonne que je fus fixé sur le caractère que prenait la campagne.

J'avais constaté que toute attaque préparée par des moyens insuffisants était vouée à l'insuccès, et que, de plus, une attaque, même réussie, ne conduirait à des résultats sérieux, qu'au moment où les Allemands auraient vu leurs réserves sérieusement diminuées.

Dans ces conditions, j'avais calculé que la fin de septembre marquerait le moment de notre supériorité effective.

Je reconnais avoir estimé trop bas les effectifs Allemands. Néanmoins, les derniers événements montrent bien que l'Allemagne en arrive à un moment critique. Ne nous laissons donc pas émotionner par ce qui se passe en Orient.

A la veille de leur mort, les poitrinaires ont de ces sursauts de vie. Comme eux, les Allemands peuvent se faire des illusions. Malgré tout, leurs jours sont comptés.

Les mutilés.

Connaissant par une triste expérience les souffrances d'un mutilé, je suis prêt à m'attendrir sur le sort des malheureuses victimes de la politique et de la guerre.

Pauvres députés, comme moi la guerre vous a mutilés. A moi elle a enlevé l'épée, tandis qu'elle vous a privés de la parole. Je comprends vos regrets, vos indignations, vos colères. Vous êtes impuissants.

Tout à coup la voix du canon est venue couvrir et éteindre toutes les autres voix, même les vôtres. Pour les Français, vibrant aux accents de cette grande musique, il n'était plus de place pour les refrains ou les chansons.

Dans les troupes d'artistes, c'est la misère profonde pour les femmes ou les vieillards. En revanche, j'ai rencontré au front de jeunes chanteurs qui ne regrettaient rien. Ils égayaient leurs camarades. L'un d'eux surtout faisait la joie du groupe de brancardiers divisionnaires dans lequel il avait été versé. C'était un garçon plein de gaîté et d'entrain, prêt à toutes les besognes. Il avait été pris comme ordonnance par l'aumônier du groupe. Avec lui il allait ramasser les blessés, il l'assistait lorsqu'il bénissait les morts.

Mais le groupe était-il au repos, changement de décor. Le soir, dans une grande salle, se donnaient rendez-vous officiers et soldats et le répertoire du joyeux compère, augmenté d'une foule de chansons de circonstance, trouvait le plus sympathique auditoire. Tous étaient heureux de se dérider un instant et d'oublier les tristesses de l'heure présente, et reprenaient en chœur le refrain que l'artiste accompagnait en frappant le parquet.

Pourquoi le souvenir de ce brave garçon me revient-il? Le poète s'excusait d'établir les comparaisons entre les petites et les grandes choses!

Après tout, mon brancardier n'était pas une petite chose. C'était un bon Français et un brave soldat. Le parlementaire le plus susceptible ne saurait être froissé d'être comparé à lui. Sa voix était utile au front.

Utile fut aussi celle de ces vaillants députés qui ont compris qu'en guerre ce sont les actes qui parlent, et qui, au premier signal, ont rejoint nos légions. Plusieurs sont tombés. Je m'incline sur leurs tombes, mais ce n'est pas eux que je plains. Ce sont les malheureux parlementaires à qui la guerre a tout enlevé. Pendant six mois, il furent privés de la parole. Lorsqu'ils purent espérer se faire entendre, ils étaient devenus sourds et aveugles. Au lieu d'avoir l'illusion de diriger, ils étaient entraînés, malgré eux, sur des voies inconnues. C'était à devenir fou.

Pauvres mutilés, imitez-moi, vous qui le pouvez. On m'a refusé de tenir une épée, j'ai pris une plume. Vous pourriez peut-être faire l'inverse. Ah ! que cela ne m'est-il permis ! Comme je laisserais ma plume, ou une position de membre d'une grande commission, ou même de sous-secrétaire d'État, si on m'offrait de servir comme commandant de batterie ou même en qualité de simple servant.

La poursuite.

J'avais passé la journée du 10 septembre à organiser un champ de bataille en arrière de la Marne, pour le cas où nos troupes auraient été dans l'obligation de se replier.

Quelle joie, le soir, lorsque j'appris que, loin de battre en retraite, notre division de gauche avait fait des progrès. Nous étions tellement habitués à reculer qu'on n'osait croire au succès. Le lendemain, il fallut bien se rendre à l'évidence : il n'y avait plus un Allemand devant nous. Comment cela se pouvait-il bien faire? Nous ne l'apprîmes que quelques jours après.

Nous nous portons en avant. Vers 2 heures de

l'après-midi, le quartier général passe l'Ornain, l'ordre porte que nous devons cantonner à Heitz-le-Maurupt.

Je m'écarte un peu de la route pour aller voir l'emplacement d'une batterie lourde que nous n'avons pu éteindre.

Notre tir a porté trop à droite, une seule pièce a dû être touchée. Un petit bois derrière la batterie est littéralement haché. Dans une clairière, une quarantaine de chevaux sont couchés.

Le soir, notre vétérinaire principal, qui fait profession de ne pas croire aux effets de l'artillerie, provoque une hilarité générale en nous déclarant qu'il a examiné les animaux *et qu'ils sont morts de soif!*

Si nous croyons trouver bon gîte à Heitz-le-Maurupt, nous sommes vite désillusionnés; le village a été systématiquement incendié par les Allemands. Impossible de trouver travail mieux fait, il ne reste debout que les cheminées.

Il faut aller chercher un abri dans un village voisin qui avait eu l'honneur d'abriter le grand-duc de Hesse pendant la bataille. Mais la présence de cette Grandeur n'a pas sauvé le village du pillage. Tous les meubles sont forcés, tous les coffres-forts béants, même dans la maison qu'il occupait.

Certainement, chacun est satisfait, mais on ne se sent pas encore respirer librement. Ce n'est pas la fin de la guerre. C'est le premier pas sur une route qui sera encore longue.

Quelques canons mis hors de service par notre tir et les blessés de l'ennemi : voilà nos seuls trophées.

En Orient.

En 1799, un jeune conquérant bloqué en Égypte par la flotte anglaise, fit un rêve merveilleux. Habitué au succès, croyant à sa fortune, plein, d'ailleurs, d'une confiance justifiée dans la valeur de ses troupes, il se berçait d'idées gigantesques comme celle de s'ouvrir les routes de l'Inde et de Constantinople, et de reconstituer le royaume d'Alexandre.

La tâche qu'il allait entreprendre était facilitée par les moyens de la guerre moderne employés dans des contrées qui les ignoraient.

Il avait tous les enivrements de la jeunesse, de la force et de la gloire, avec la volonté arrêtée de faire des prodiges.

Il espérait, en agissant avec vigueur et rapidité, enlever quelques places mal fortifiées et mal défendues. Il comptait sur le concours des Maronites et des Druses. De plus les Mutualis, dissidents mahométans, lui avaient promis de se joindre à lui.

Le succès n'était-il pas assuré ? Ne s'appelait-il pas Bonaparte ? La victoire n'avait-elle pas suivi partout ses étendards ?

Quelques mois plus tard, après son échec devant Saint-Jean-d'Acre, Bonaparte ramenait en Égypte les restes de son armée, et lui-même, l'abandonnant, venait poursuivre sa fortune sur d'autres routes que celles de l'Orient.

Le mirage qui poussait Bonaparte vers Constantinople, est à peu près le même que celui qui y entraîne aujourd'hui les Allemands. Bloqués de tous côtés, impuissants à marcher sur Paris, n'ayant plus les forces nécessaires pour écraser les Russes, ils espèrent, eux aussi, cueillir de faciles lauriers dans cet Orient qui les fascine.

Ils voient déjà la route ouverte. Leurs rêves deviennent des réalités. Ce sont les chemins de l'Inde qu'ils vont posséder, et peut-être pourront-ils précipiter sur l'Occident une nouvelle invasion sarrasine?

Ce n'est pas chez eux un rêve de jeunesse. C'est un cauchemar de vieillard qui voit la mort approcher et ses forces diminuer.

Je ne suis pas dans le secret des dieux. Mais l'entreprise des Allemands me semble comme celle de Bonaparte et, pour les mêmes raisons, vouée à l'insuccès.

Ce serait la fin de la guerre, si nous réussissions, s'écrient les journaux allemands. D'abord je ne vois pas pourquoi : ce succès leur donnera-t-il un centimètre d'avance sur les autres fronts? Cela leur donnera-t-il la maîtrise de la mer?

Je crois au contraire que le terrain sur lequel ils s'avancent est extrêmement dangereux. D'ores et déjà leurs menaces renforcent l'union des coalisés, qui, si elle est complète, aura bientôt mis fin à toutes les rodomontades boches.

« La Carrière ».

N'était la gravité des circonstances, il conviendrait de prendre gaîment les mésaventures qui sont arrivées à notre diplomatie en Orient. Toutefois, je ne puis mêler mon indignation à celle de tant de journalistes et de certain en particulier qui devait bien connaître le personnel de nos légations et qui, mieux que personne, sait ce que peut obtenir un ministre de France dans les pays qui ne sont pas rattachés au nôtre par les liens mêmes de leurs intérêts primordiaux.

En tout cas, je suis loin de croire qu'il faille prendre les choses au tragique. Il semble bien qu'en laissant les événements se développer naturellement, ils ne tourneront certainement pas plus mal qu'en prétendant les faire diriger par les diplomates de carrière. Loin de moi l'idée de dire du mal de ces gens charmants, distingués, instruits, gentilshommes d'ancienne souche ou appartenant à la meilleure aristocratie républicaine, financière ou même socialiste.

Ce n'est pas leur faute si, bien qu'ayant beaucoup voyagé et sur terre et sur mer, ils n'ont pas appris, comme autrefois Ulysse, à connaître les cités et les peuples.

N'ayant jamais fréquenté que les cours, ils ignorent les nations. De par les milieux dont ils sont issus, ils ont la plupart du temps des idées fausses sur leur propre pays. En revanche, ils ignorent tout de celui où ils se trouvent momentanément.

Les diplomates des pays étrangers, sont du reste en général logés à la même enseigne que les nôtres. Ils sont même loin d'avoir la valeur intellectuelle de nos attachés ou de nos secrétaires. A part cela, on les dirait tous coulés dans le même moule ; rien ne ressemble plus au milieu diplomatique de Paris que celui de Petrograd ou de Constantinople.

Lisez *la Carrière* d'Abel Hermant, vous y trouverez des peintures prises sur le vif.

Je mets à part toutefois trois ou quatre hommes éminents qui nous ont rendu les plus grands services.

En résumé, vous auriez tort d'en vouloir à notre diplomatie de ce qui arrive en ce moment.

En ce faisant, vous commettriez une injustice analogue à celle dont se rendraient coupables ceux qui accuseraient les généraux de n'avoir pas prévu et préparé la guerre.

Chaque gouvernement a une diplomatie à son image.

Notre grande idée diplomatique depuis quinze ans a été la suppression de l'ambassadeur auprès du Vatican. Un vieux diplomate me disait un jour : « Rome et Constantinople sont pour nous les deux centres principaux d'information et d'activité diplomatique. » En rompant les relations avec le Saint-Siège nous avons, du même coup, perdu notre plus grande force en Orient, et nous apprenons à nos dépens qu'il y a dans ce pays d'autres questions que celles des phares de Constantinople, des quais de Smyrne, ou même du chemin de fer de Bagdad.

Affaires étrangères.

Au moment où le gouvernement grec essaie de ne pas faire honneur à la signature qu'il a apposée sur un traité, les Alliés ne pouvaient hésiter à affirmer solennellement qu'ils soutiendraient de toutes leurs forces l'héroïque Serbie traîtreusement attaquée. L'honneur est engagé, il faut marcher. Anglais et Français l'ont compris ; quand l'honneur parle chez eux, qu'importe le reste !

C'est la grandeur de la Triple-Entente. C'est aussi sa force, il serait facile de montrer que c'est en même temps son intérêt.

Dans ces conditions, il est difficile de comprendre l'inquiétude qui s'est emparée de certains esprits aux nouvelles qui nous arrivaient des Balkans. Car je veux espérer que les rancunes politiques ne sont pour rien dans les manifestations regrettables qui ont eu lieu.

Je sais bien qu'elles n'affectent nullement l'état moral du pays qui est si admirable. Mais elles sont exploitées contre nous en Allemagne.

C'est à ce point de vue que la démission de M. Delcassé me semble le plus regrettable, étant données les circonstances actuelles.

Est-il parti pour n'avoir pas réussi dans les négociations qu'il avait entreprises? Nul ne pouvait lui faire un reproche de son échec. Un ministre des Affaires étrangères n'est pas forcément toujours heureux.

Sa retraite serait-elle au contraire motivée par le fait qu'il a été en désaccord avec ses collègues sur les opérations à suivre ou sur les négociations à engager?

Dans ce cas encore, je ne saurais l'approuver. Qui peut être assez orgueilleux pour être sûr que la solution qu'il propose est la seule qui puisse être favorable aux intérêts du pays?

Dans une équipe, un partner ne lâche pas au milieu de la partie.

En d'autres circonstances, M. Delcassé se montra moins susceptible.

Un jour, dans une heure grave, il y a près de dix-sept ans, il fut seul de son avis au Conseil des ministres.

Il était convaincu à ce moment qu'il soutenait l'honneur de la France. A bien des points de vue, il avait raison.

A cette époque, M. Delcassé se soumit. Il encaissa magnifiquement la responsabilité d'une politique qui n'était pas la sienne. Il en fut récompensé par la conclusion de la Triple-Entente, qui lui est due en partie et qui restera son honneur.

Le geste de M. Delcassé me semble donc, en tout cas, regrettable pour lui. Pour nous, il ne paraît pas avoir grande importance. La Triple-Entente n'en est pas à l'heure de la diplomatie d'intrigues. Laissons aux Allemands les rouerie, les trahisons et les mensonges.

La bataille des Flandres.

Par quelles angoisses ont dû passer l'année dernière, à pareille époque, ceux qui avaient les responsabilités des destinées de l'armée et de la France ! Que sont les craintes que nous pouvons avoir aujourd'hui au sujet des événements qui se déroulent dans les Balkans, en comparaison de celles que nous aurions dû éprouver lors de la fameuse marche des Allemands contre Calais ? Ce n'était pas Nisch, mais Dunkerque, Calais et Boulogne qui pouvaient succomber ! Notre armée courait le plus grand risque d'être rejetée sur les lignes de la Somme. Nos communications avec l'Angleterre, plus importantes que celles avec la Serbie, étaient menacées.

La bataille des Flandres, livrée de Lille à Newport, sauva la France en achevant l'œuvre commencée à la Marne.

Cette fois encore, il semble que la Providence ait fait tourner tous les événements en notre faveur.

Comme au mois de septembre, les Allemands commettent des fautes stratégiques. On peut admettre qu'ils ont rencontré des difficultés insurmontables à rapprocher davantage de la mer le corps qui investissait Anvers. Nous n'avons pas de documents suffisants pour en juger. Mais, en tout cas, il leur eût été facile d'occuper Gand et Bruges. La possession de ces villes par l'ennemi eût singulièrement gêné, sinon empêché la retraite de l'armée belge, dont les colonnes, composées de soldats épuisés et incapables d'un effort sérieux, eussent été prises en flanc.

Bien mieux, au lieu de se hâter de lancer leurs troupes à la poursuite des Belges, dès que la place d'Anvers est tombée, les Allemands s'amusent à faire une entrée triomphale dans la ville et perdent au moins trois jours à cette orgueilleuse et inutile parade.

Leur génie pratique est une fois encore en défaut : ils manquèrent une occasion qu'ils ne retrouveront plus. Ils en sont réduits aujourd'hui à marcher sur Sofia.

Combien fut tragique la situation des armées du Nord au milieu d'octobre, le *Bulletin des Armées* du 25 novembre 1914 nous l'indique de façon saisissante :

« Au début d'octobre, dit-il, l'armée belge sortait d'Anvers trop éprouvée pour participer à une manœuvre, les Anglais quittaient l'Aisne pour le Nord, l'armée du général de Castelnau ne dépassait pas le sud d'Arras, celle du général de Maud'huy se défendait du sud d'Arras au sud de Lille. »

À ce moment, de sept à dix corps d'armée allemands étaient prêts à fondre sur le secteur de Lille à Newport où nous ne possédions que des forces insignifiantes.

Ces éléments permettent de mieux apprécier l'importance de la bataille des Flandres, dont on ne se rendit pas compte suffisamment, l'an dernier.

Il fallut que l'héroïque dévouement des fusiliers marins et de notre cavalerie arrêtât l'ennemi jusqu'à ce que les inondations de l'Yser vinssent former de Newport à Dixmude un fossé infranchissable et que l'armée du général d'Urbal, enfin réunie, pût présenter un front inébranlable de Dixmude à Armentières.

L'étude de quelques épisodes de cette période si glorieuse de la campagne, permettra de mieux apprécier à combien peu de chose a tenu notre victoire des

Flandres qui a eu pour résultat d'arrêter définitivement l'invasion allemande sur le front occidental.

L'autre guerre.

Au milieu de la tourmente que nous traversons, d'aucuns se préoccupent déjà de l'avenir et rêvent des mesures à prendre en vue de prémunir notre commerce et notre industrie contre la guerre que, paraît-il, les Allemands se préparent à leur faire dès la cessation des hostilités.

La France de Demain convie même les personnes compétentes à donner leur avis sur cette *autre guerre*. J'avoue n'avoir aucun titre pour émettre une opinion sur ce sujet, auquel je n'entends absolument rien.

— Ce n'est pas une raison, me direz-vous.

Évidemment, mais tranquillisez-vous, je voudrais seulement dire que le moment ne me paraît pas venu de faire de ces questions l'objet de nos préoccupations.

Tout raisonnement à leur sujet me paraît prématuré et même impossible tant que la guerre n'est pas terminée.

En temps normal, on peut représenter par des courbes l'évolution des divers phénomènes économiques, politiques et sociaux. L'expérience prouve que ces courbes sont continues, en les étudiant il est, par suite, permis de prévoir les événements du lendemain qui ne sont que la continuation de ceux de la veille.

La guerre a brusquement interrompu toutes ces courbes.

A la paix, quelles directions reprendront-elles ? Quelles seront leurs inflexions ? Nul ne peut le prévoir.

Comment se résoudront les divers problèmes économiques et sociaux ?

Comment se répareront tant de ruines ?

Comment s'effectuera le paiement des dépenses et des dettes ?

Comment, surtout, s'orienteront les forces sociales ? Continueront-elles à se laisser diriger par une politique dont le terme nécessaire, inévitable et dernier est la ploutocratie ?

Deux ans de guerre ne les détourneront-elles pas de la tyrannie matérialiste de l'argent ?

Autant de questions, autant de problèmes insolubles.

Après la guerre il s'effectuera certainement dans le monde une transformation analogue à celles que les catastrophes géologiques ont opérées dans les révolutions du globe.

Il s'agit pour nous d'appartenir à la portion du continent qui ne sera pas submergée.

Soyons vainqueurs et tout le reste nous viendra par surcroît.

La France sera toujours assez riche pour nourrir ses enfants et un champ immense s'ouvrira à leur activité, s'ils veulent s'y employer.

Soyez sans inquiétude pour la « France de demain », si ses fils restent unis dans les travaux de la paix, comme ils l'ont été sur les champs de bataille.

L'union dans la paix, voilà l'œuvre à laquelle devraient penser tous les bons Français. Il y a, hélas! beaucoup à faire pour la réaliser. Je suis de ceux qui ont confiance et qui sont résolus à consacrer à cette tâche le reste de leurs forces — et je suis convaincu du succès : tous ceux qui, ensemble, auront combattu et vaincu, seront mes auxiliaires.

« Les Animaux malades de la peste ».

Certain dimanche, au front, un aumônier tenait, paraît-il, des propos incroyables; d'après les journaux, ce seraient les suivants :

> Mes chers amis,
> Je crois que le Ciel a permis,
> Pour nos péchés, cette infortune :
> Que le plus coupable de nous
> Se sacrifie aux traits du céleste courroux;
> Peut-être obtiendra-t-il la guérison commune.

> L'histoire nous apprend qu'en de tels accidents
> On fait de pareils dévouements.

L'orateur en était là de son discours lorsque l'on vit tout à coup se sauver, éperdu, un âne qui était par aventure dans l'auditoire. Le dit âne, m'a-t-on assuré, s'était promené jadis en un pré de moines et ne s'était pas contenté d'y tondre l'herbe tendre à la largeur de sa langue. Or, il lui restait en souvenance qu'un de ses congénères, coupable d'un délit analogue, s'était trouvé, un jour, dans une assemblée où ce même langage avait été tenu, et que la foule entière avait crié :

> Haro sur le baudet !
> Qu'il fallait dévouer le maudit animal
> D'où venait tout le mal.

Craignant pareil sort, notre âne se sauvait, remplissant l'air de ses cris de détresse. La plaine et la montagne en retentirent. Si bien que, de tous côtés, accoururent à son aide les animaux à longues oreilles, et tous de braire à qui mieux mieux. Les ânes rouges, qui, comme chacun sait, sont les plus terribles quand ils sont en colère, se faisaient surtout remarquer par leur éloquence.

Ils réclamaient pour les peaux d'ânes que l'on voulait, disaient-ils, transformer en tambours pour mettre l'ennemi en fuite, au lieu de continuer à les employer comme autrefois.

Assourdi par leurs cris, le lion, qui se trouvait à la

guerre avec le léopard et l'ours, prescrivit de faire une enquête à l'arrière. Or, il ne s'y trouvait plus que des bœufs, des moutons, des oies et des dindons: les coqs eux-mêmes étaient partis sur le front. Ce fut donc à l'oie et au dindon, les seuls capables de tenir une plume, que revint le rôle d'enquêteurs.

Pour ramener le calme dans les esprits, et pour mettre fin aux clameurs des ânes qui troublaient les combattants, ils proposèrent dans leur rapport que, dorénavant, il fût interdit de lire La Fontaine aux armées et que cet auteur fût proscrit des écoles.

Ces conclusions furent adoptées. On vit renaître l'union sacrée chez les combattants, et les ânes consentirent à reprendre leur bât.

La fête des Morts.

C'est la fête des Morts, jour de souvenir et de deuil, mais en même temps jour d'espérance.

Mères qui avez perdu des fils, épouses qui vous êtes vu enlever ce que vous aviez de plus cher, votre douleur est infinie. Vous n'avez même pas une tombe sur laquelle aller verser vos larmes et vos prières et déposer une couronne d'immortelles. Femmes, vous avez perdu l'espoir de reposer auprès de l'époux dans la couche éternelle.

Les tombes de nos soldats sont éparses dans les bois, dans les champs. Elles jalonnent les lignes mêmes devant lesquelles leur valeur a fait reculer l'invasion germanique.

Mères et veuves, vos regrets sont encore augmentés par la pensée que vous n'avez pu assister à leur dernière heure ceux que vous avez tant aimés ; ils sont partis sans que vous les ayez revus, sans que vous ayez recueilli d'eux un dernier souvenir et un dernier adieu.

Mères et veuves, pleurez ! Je sais que nulle consolation ne pourra tarir la source de vos larmes. Mais ces larmes ne doivent pas être amères. Soyez fières de vos morts ! Par leur courage, ils vous ont sauvées, et leur valeur a déjà reçu leur récompense dans cette éternité où vous les retrouverez.

Ils ressusciteront, et comme eux et grâce à eux la France ressuscitera. Par leur mort, ils ont assuré ses destins, les destins de nos fils.

Gloire à eux ! Ils ont restauré la cité. Leur sacrifice a commencé l'œuvre que le temps achèvera et, sur leurs tombeaux, la postérité viendra admirer ce qu'a fait le Français combattant pour la gloire et le salut de la Patrie.

Et leur souvenir éternel vivra parmi nous. Nos enfants survivants pourront jouir tranquilles du fruit de leurs travaux et le siècle qui commence, éclairé par la lumière des grands événements qui s'accomplissent, tiendra à honneur de suivre l'exemple des vertus que nos morts nous ont léguées.

Aussi de leurs tombes jaillit la plus pure de nos sources d'espoir. C'est là que nous puiserons la force et le courage nécessaires pour continuer la lutte jusqu'à la victoire définitive.

L'union de tous nos héros dans l'Au-delà n'est-elle pas aussi pour nous la plus grande des leçons et le plus heureux des présages ?

Ils sont là au champ d'honneur, tous couchés côte à côte : prêtres et incroyants, riches et pauvres, ingénieurs et ouvriers, maîtres et laboureurs. Nous demain, nous serons forts et puissants, nous serons heureux si nous restons unis dans la vie, comme nos héros le sont éternellement dans la mort.

Le nouveau ministère.

Quel est le Français, quelles que soient ses opinions politiques ou religieuses, qui ne s'est réjoui en lisant à l'officiel la liste de nos nouveaux ministres? Se trouvera-t-il même un parlementaire assez dénué de patriotisme pour ne pas donner sa voix à un conseil des ministres où se trouvent réunis les talents les plus remarquables, les caractères les plus fermes qu'ait produits le régime depuis cinquante ans ?

On a voulu rajeunir nos généraux pour activer les opérations militaires. Heureusement et avec raison on s'est gardé d'en faire autant pour nos ministres.

Le génie de la jeunesse a trop de feu et trop de tendance aux innovations pour bien conduire les affaires publiques dans des circonstances difficiles : il convient d'y employer des hommes âgés et mûrs.

Les grands fardeaux et les grandes affaires ont besoin de grandes aides. Ce sont de vrais trésors et des instruments fort utiles au chef de l'État que des ministres expérimentés. Les uns l'aident de leur esprit, les autres de leur conseil et de leur langue, les autres enfin de leur travail.

Les premiers sont beaucoup plus honorables car, nous disent les grands philosophes, c'est une chose sacrée et divine que bien délibérer et donner bon conseil.

Aussi nous devons applaudir à la décision prise à l'égard des hommes d'État les plus éminents qui entrent au nouveau ministère. Ces parlementaires modèles qui ont conduit de façon si remarquable les affaires de la République et ont manifesté tant de sagesse quand ils étaient au pouvoir, ne seront pas embarrassés par d'absorbantes fonctions, il leur sera ainsi permis de réserver tout leur jugement pour le conseil.

Enfin nous avons le gouvernement ferme et stable auquel chacun est heureux d'obéir. Tout Français ne trouvera-t-il pas dans ce ministère un représentant de ses propres opinions ? Il lui sera facile de s'imaginer que c'est sa voix qui est prédominante au conseil. Ainsi par la confiance et l'estime réciproque se trouve définitivement réalisée l'union sacrée. Quel beau rêve ! Les parlementaires réunis dans l'amour, dans l'amour qui peut tout !

Les États menés par la crainte ne sont point durables, disait Salluste dans son discours à César. Notre nouveau ministère est de bien heureux augure, arrivant à l'heure où il s'agit de durer. Les Allemands en sont réduits à un gouvernement qui emploie les moyens violents. Tandis que chez nous ce sont les volontés individuelles qui nous portent à la bataille.

Nous voulons tous aller jusqu'au bout, nous sommes comme des abeilles qui défendent leur ruche contre une attaque de frelons. Elles n'ont pas besoin que leur reine les excite au combat, elles ne lui demandent qu'une chose : assurer, par sa fécondité, la prospérité de la République.

Les faux dieux.

Depuis cinquante ans, nous a-t-on assez entretenus des droits sacrés de l'Art. Les Flaubert, les Goncourt, les Zola, pour ne parler que des morts, nous ont-ils assez souvent répété :

« A d'autres les préoccupations de morale, de justice, de charité. Nous, nous faisons de l'art pour l'art, nous broyons des couleurs, nous cadençons des phrases. »

Quel géographe philistin, nous dit Victor Hugo, sera assez audacieux pour limiter les frontières de l'Art et définir les bornes qu'il ne saurait franchir ?

« La beauté légitime tout. Elle flamboie et tout renaît autour d'elle. »

Mais von Hartmann, prophète du dieu de la guerre, nous tient exactement le même langage !

« Le guerrier a besoin de passions, il ne faut pas les considérer comme un mal, ni les condamner, ni chercher à les réfréner, comme une force brutale et sauvage. La liberté absolue de l'action militaire est la condition indispensable du succès. »

Qu'en dites-vous, poètes licencieux ? Après cela, que pensez-vous de l'Art-Dieu, littérateurs, peintres, sculpteurs ou même danseuses, vous, ses ministres ou ses prêtresses ?

Le guerrier n'est qu'un artiste militaire. Pourquoi, comme Machiavel, ne pas admirer la beauté du crime ? Pourquoi reprocher aux intellectuels et aux artistes allemands de trouver de la beauté qui flamboie, lorsque les villes brûlent, lorsque les femmes et les enfants sont assassinés, lorsque les tours de la cathédrale de Reims s'écroulent au milieu du plus fantastique des incendies ? Qu'est-ce que la morale et le droit ont à faire avec l'Art ou avec la Guerre ?

A notre siècle déchristianisé, il a fallu des Idoles, et les Allemands ont adoré Moloch, dieu de la guerre, tout comme nos artistes ont fléchi le genou devant l'Art.

Quant au peuple français, ses prophètes lui ont crié : Le Peuple Souverain est Dieu, il n'est pas de droit contre sa volonté. Et les Français ont adoré le Peuple Souverain, comme les Allemands Moloch, comme les artistes la Nature. Voilà que les croyants crient au scandale : M. Clémenceau a refusé de saluer la statue du Peuple-Dieu. Comme moi, il est de la vieille génération qui a appris par cœur la fable de La Fontaine : « Démocrite et les Abdéritains » dont la morale est :

> Le récit précédent suffit
> Pour montrer que le peuple est juge récusable.
> En quel sens est donc véritable
> Ce que j'ai lu en certain lieu,
> Que sa voix est la voix de Dieu ?

Écoutez-la, la voix de Dieu ; elle se fait entendre au-dessus des champs de bataille. Elle vous crie que le culte des faux dieux, que le mépris de la morale, de la justice et du droit ont engendré le plus effroyable cataclysme dans lequel le monde ait été jamais entraîné.

La chute des feuilles.

Pour la deuxième fois depuis le commencement de la campagne, nous voyons tomber les feuilles.

L'année dernière, j'étais en Argonne, alors que les arbres se dépouillaient de leur parure et nous laissaient apercevoir les horizons prochains à travers leurs branches dénudées. Nos fantassins insouciants qui avaient bien de la peine à se décider à creuser de mauvaises tranchées, avaient compté sur le couvert que fournissait le feuillage pour dissimuler leurs mouvements, et maintenant ils se désolaient à l'idée qu'il allait falloir remuer encore de la terre pour établir des communications.

La chute des feuilles leur avait révélé un des principes de la guerre de tranchées et les avait mis dans l'obligation de l'appliquer.

Que de fois j'ai vu se renouveler ce phénomène ! Combien de fois a-t-il fallu que les feuilles tombent, pour faire apparaître brusquement à nos yeux surpris des réalités qui semblaient se cacher dans l'ombre d'une forêt mystérieuse ?

Dans toute cette campagne, il semble que nous ayons été des explorateurs imprévoyants, qui ne se sont pas doutés que dans le pays qu'ils allaient parcourir pouvaient se trouver des fleuves à franchir, des montagnes à escalader et qui, devant chaque obstacle découvert à l'improviste, en ont été réduits à improviser des méthodes, à créer des organes et des moyens de fortune.

Notre première surprise fut la grandeur colossale de la force et de la préparation allemandes. Après, vint celle de l'invasion par la Belgique. Plus tard, on s'aperçut que l'infanterie ne pouvait rien sans l'artillerie. Il fallut changer notre tactique basée sur le principe de l'indépendance du fantassin.

Puis ce fut la surprise des tranchées, un front défensif se présenta avec une puissance presque illimitée. Tous les organes nécessaires à ce nouveau genre de guerre durent être improvisés.

Enfin, ce dont pas un ministre, pas un chef d'état-major, pas un directeur d'artillerie ne s'est douté ! on découvrit qu'il fallait beaucoup de munitions et de canons pour faire la guerre et que la fabrication devait en être continuée et même augmentée pendant la guerre.

Aujourd'hui, pour la seconde fois, je vois tomber les feuilles et, à travers la forêt, ce sont les Balkans qui apparaissent en feu.

Cette nouvelle surprise peut émouvoir ceux qui ne se rendent pas compte des obstacles imprévus que nous avons déjà rencontrés et que nous avons surmontés.

En ce second automne de la guerre, je me repose,

ne sachant ni pourquoi ni comment, au bord de la mer d'émeraude. A travers le bois dépouillé, devant ma maison, j'aperçois la mer jusqu'à l'horizon, il n'y a plus de surprises possibles. Les phares tranquilles éclairent la côte. La tempête, dit-on, règne en Orient. C'est l'habitude, à cette époque, sur les mers qui en arrosent les rivages. Nous en avons vu bien d'autres ; il suffira, comme le fit autrefois Jupin, qu'un *Quos ego...* énergique soit prononcé pour faire rentrer dans leur antre les vents qu'Éole a déchaînés malgré les Dieux.

Dixmude.

Nous devons à la plume de M. Charles Le Goffic l'histoire de la brigade des fusiliers marins, du 9 octobre au 10 novembre 1915. Cette monographie est, je crois, le seul ouvrage, paru depuis la guerre, où nous trouvions à la fois des renseignements exacts sur les opérations militaires et une peinture vraie de la vie de nos troupes au combat.

Avec M Charles Le Goffic, nous sortons de cette guerre anonyme où, depuis quinze mois, on entend nous plonger. Comme si les oreilles françaises ne pouvaient supporter la vérité glorieuse. A ceux qui sont écœurés d'histoires et de contes bleus sur les poilus, la lecture de *Dixmude* apprendra ce qu'est le troupier dans la vie des tranchées. Ils y verront ce que l'amiral Ronarc'h obtint de ses fusiliers, inscrits de tous nos quartiers maritimes de Bayonne, de Toulon, de Dunkerque, etc... Le bataillon du commandant de Sainte-Marie, formé à Cherbourg, contenait un assez joli lot de natifs des Batignolles.

« J'ai eu l'occasion, nous dit M. Le Goffic, de m'entretenir avec trois ou quatre de ces Parigots. Je ne conseillerais à personne de blaguer devant eux leurs officiers. Et il est vrai que de ces officiers si peu demeurent que, huit fois sur dix, la plaisanterie risque de ne frapper qu'une ombre.

« Les mots les plus profonds, les plus tendres que j'aie entendus sur le lieutenant de vaisseau Martin des Pallières m'ont été dits par un fusilier de la rue des Martyrs, Georges Delabolle, qui faisait le coup de feu avec lui, devant le cimetière, la nuit où les mitrailleuses encrassées ne jouaient plus et où cinq cents Allemands, conduits par un major, qui portait le brassard de la Croix-Rouge, se jetèrent à l'improviste sur nos tranchées.

« — Mais pourquoi l'aimez-vous tant ? lui demandai-je.

« — Je ne sais pas.., on l'aimait parce qu'il était brave et qu'il avait toujours le mot pour rire... mais surtout parce qu'il nous aimait. »

Voilà le secret de cette emprise extraordinaire des

officiers sur leurs hommes. Dans cette épopée de Dixmude les commandants Jeanniot, de Sainte-Marie, Varney, Pugliesi-Conti, les héroïques lieutenants de vaisseau Sericyx et Cautener obtiennent de leurs hommes des efforts surhumains.

Après avoir tenu 72 heures à Melle, lorsque, par sa résistance, l'armée belge fut sauvée, ainsi que son matériel, l'amiral vint mouiller à Dixmude, le 18 octobre, selon l'expression du fusilier Servel.

« Le rôle qu'on vous donne est dangereux et solennel, dit l'amiral à ses troupes, on a besoin de vos courages pour sauver tout à fait notre aile gauche jusqu'à l'arrivée des renforts, sacrifiez-vous. Tâchez de tenir au moins quatre jours. »

Au bout de quinze jours, les renforts n'étaient pas encore arrivés et les fusiliers tenaient toujours.

Ce fut le 10 novembre seulement, après avoir fait sauter les ponts, que l'amiral se replia de l'autre côté de l'Yser.

La brigade avait perdu la moitié de son effectif et 80 p. 100 de ses officiers. Leur sacrifice n'avait pas été inutile. Dixmude tombée, l'ennemi nous retrouvait sur l'autre rive de l'Yser, dont le front était devenu inexpugnable : devant lui l'inondation, exacte au rendez-vous, tendait maintenant son inflexible réseau.

Dunkerque, Calais, Boulogne étaient sauvés. Nos communications avec l'Angleterre assurées. La France venait, pour la seconde fois, d'échapper au danger de l'invasion allemande.

Les roitelets.

En 1793, mon arrière-grand-père défendit contre les Anglais un de nos ports. La Convention lui décerna une écharpe d'honneur.

Cent ans après, on célébrait en grande pompe cette victoire.

Mon oncle qui portait le nom du défenseur de la cité, était, en ce moment, un vieux capitaine de frégate, en retraite dans sa ville natale. Il avait conservé son franc-parler et sa voix, habituée à dominer les éléments, s'élevait chaque jour, au milieu des marins du port, pendant que ses grands bras et ses grandes mains s'agitaient comme des signaux de sémaphore. C'était l'indépendant le plus original que j'aie connu. On se garda de le convier à la cérémonie : avec de pareilles allures, il ne pouvait être républicain, il eût pourtant été capable, à bord de sa frégate, de montrer aux rois ce dont était capable un marin de la République.

Le même sort me fut réservé et jamais je ne fus invité à m'asseoir au banquet républicain, et pourtant quelle injustice !

Alphonse Karr disait : « Excepté moi, il n'y a pas de républicains en France. »

Je crois lui avoir succédé dans cet emploi.

Je m'en suis notamment convaincu pendant les années où il m'a été donné de fréquenter les roitelets et leurs cours. Notez que je ne parle pas des souverains des grandes nations, qui avaient des horizons plus larges, mais de ceux des petites cours qui toutes nous détestaient. Même celles dont les pays avaient eu le plus à souffrir des violences allemandes, même celles où la dynastie régnante était de pure origine française.

Seul le roi Pierre de Serbie était Français et d'esprit et de cœur, on le lui fit payer.

Dans toutes les autres cours, nous passions pour des êtres malfaisants et dangereux.

Je me rappelle une charmante dame d'honneur qui avait entrepris ma conversion. Je m'amusais follement à lui entendre développer ses idées sur les Français et les Françaises, sur notre mépris de la famille et de toutes les choses sacrées.

En même temps, je m'instruisais des préjugés soigneusement entretenus dans ce milieu, par les Allemands qui y étaient intéressés.

Hélas, j'étais seul de mon avis, seul à être convaincu que nous avions dans tous ces roitelets des ennemis irréconciliables. Ils ne trouvaient chez nous qu'admirateurs et flatteurs.

Aujourd'hui encore je considère comme bien naïfs

ceux qui croient que le Kaiser s'est avancé dans les Balkans sans s'être assuré du dévouement absolu à sa cause des roitelets de Bulgarie, de Grèce et de Roumanie.

Le Kaiser s'était promis bien d'autres concours, il se croyait avec eux sûr de vaincre. Il aura, cette fois encore, quelques désillusions en Orient.

Quelques réflexions.

Bercés par les chants d'un pacifisme humanitaire, jouets d'illusions politiques qui leur faisaient espérer le bonheur de lois réformant la société, les Français avaient relégué au second plan les préoccupations militaires. Ils se refusaient à croire à la guerre. Inconscients du danger, ils ne voulaient pas prévoir l'organisation du pays en vue de sa défense.

Cette tendance avait sa répercussion jusque dans l'armée. Je ne me hasarderai pas sur le terrain défendu; je dirai seulement que la question primordiale, la préparation de la guerre, était devenue trop souvent d'une importance secondaire. Dans nos grandes écoles militaires, et jusque dans nos régiments, l'enseignement lui-même se ressentait de l'influence que j'appellerai pacifiste.

Aussi ce fut un dur réveil lorsqu'apparut brusquement l'armée allemande sur notre frontière.

Nous nous trouvions en présence des forces d'un peuple de proie qui allait, avec une méthode implacable, employer contre nous des moyens d'attaque préparés avec soin, depuis un demi-siècle, dans l'ombre et le mystère.

Y avait-il eu, du reste, pour les Allemands, si impérieuse nécessité à se cacher? Ils l'avaient fait parce qu'ils nous jugeaient d'après eux, mais nous n'étions nullement curieux de savoir ce qu'ils faisaient.

Devant l'urgente nécessité, il nous a fallu improviser et nous continuons. Hier, les canons, les munitions, les engins de tranchées ; aujourd'hui les avions, demain peut-être les gaz asphyxiants.

Et cela ne va pas trop mal, cela va même bien. C'est admirable.

Les anciens avaient déjà reconnu que souvent les expéditions militaires les mieux préparées échouaient misérablement, ils disaient en ce cas : *Dulce bellum inexpertis* (La guerre a des faveurs pour ceux qui n'y ont point d'expérience).

Ne croyez pas que je sois partisan de cette maxime qui excuserait toutes les imprévoyances et justifierait toutes les incapacités.

Mais elle nous permet de comprendre les événements actuels. La parabole de l'enfant prodigue nous avait déjà enseigné que la Providence préférait les dissipateurs aux avares.

Aussi peu prévoyants que nous, nos amis Anglais et Russes bénéficient de sa part du même traitement de faveur. La guerre sera douce pour eux et pour nous. J'entends par là que ses résultats ne seront pas ceux que nous aurions pu redouter.

Un jour, au grand scandale des Français, le roi Constantin déclara que les victoires remportées par lui étaient dues à la rigoureuse application des méthodes allemandes.

Il s'apercevra bientôt que la vérité d'hier n'est pas celle d'aujourd'hui : sa foi dans l'infaillibilité allemande pourrait être aussi préjudiciable aux Grecs qu'à leur roi.

Théorie et pratique.

Contempler l'activité qui règne à l'arrière, tant en France qu'en Angleterre, est certainement le spectacle le plus réconfortant que nous puissions avoir. Partout à côté des usines qui marchent, on voit s'en élever de nouvelles qui bientôt nous donneront tous les canons, toutes les munitions dont nous avons besoin pour acquérir une supériorité écrasante sur les Allemands. Ce spectacle nous fait pénétrer dans les plans de nos généraux ; il nous inspire, comme à eux, espoir et confiance.

Nous en avons fini avec les cours de métaphysique appliquée à la guerre, à l'usage des parlementaires aussi bien qu'à celui des officiers.

Vraiment si la guerre pouvait dégoûter les Français de l'habitude qu'ils avaient de prendre des vessies pour des lanternes, elle nous aurait rendu un fier service.

Je ne désespère pas de voir nos soldats, au sortir des tranchées, rentrer avec des idées, non plus apprises de professeurs, mais acquises grâce à la dure expérience qu'ils auront faite des réalités de la vie.

En tout cas, au point de vue militaire, nous n'en sommes plus réduits aux spéculations ou à des systèmes sortis armés de pied en cap du cerveau de leurs auteurs. Plus n'est besoin de s'agenouiller dans le sanctuaire où étaient rangées les idoles du jour.

Dans l'art militaire comme ailleurs, la méthode subjective qui nous empoisonne partout, depuis deux cents ans, a montré définitivement sa faiblesse et son inanité.

Avant la guerre, ne sachant pas comment les choses s'y passeraient, on avait aligné dans nos règlements de belles phrases impossibles à retenir, mais toutes ayant des prétentions à la plus haute métaphysique.

Qui avait découvert un nouveau mot pour exprimer une idée vieille comme le monde était sacré grand homme. Le mot « Mission », par exemple, est un des derniers qui fit fortune : grâce à lui plus de difficultés.

Comment nos devanciers avaient-ils pu faire la guerre eux qui ne connaissent que les synonymes ordre, rôle, instruction ?

On avait simplement perdu de vue que ce n'est pas avec des phrases bien faites que l'on arrive à battre les Allemands.

Vous l'avons enfin compris. On a appris ce que répétaient les idiots :

Que c'est par le feu que l'on gagne des batailles ;

Que pour obtenir le feu, il faut des canons et des munitions ;

Que pour porter loin, il faut des canons lançant de gros projectiles avec une forte vitesse initiale ;

Que pour écraser les défenses ennemies, ils est nécessaire d'avoir des projectiles très puissants.

On a fait des découvertes analogues dans toutes les autres branches de l'art militaire.

J'espère que demain on s'apercevra que pour la maîtrise de l'air, il faut y avoir des dreadnoughts et des croiseurs plus puissants que ceux de l'ennemi.

Ce jour-là, nos avions seront prêts à escorter nos armées marchant victorieusement sur le Rhin.

Le casque.

En débarquant hier à Paris, j'ai admiré les fantassins et artilleurs qui revenaient du front coiffés du casque en forme de bourguignotte.

Je ne sais quelle impression vous avez ressentie en les voyant avec cette nouvelle coiffure. Pour moi, vieux troupier, ce fut une véritable joie, je ne me lassais pas de les regarder. Du fait d'avoir un casque, ce qui peut sembler à quelques-uns une simple modification à l'uniforme, l'allure des hommes était changée. Quelle heureuse transformation s'était donc opérée ? Notre jeune armée de 1915 a meilleure tenue que notre armée de 1914. Or, qui dit tenue, dit discipline. Voir la tenue s'améliorer au cours d'une campagne, n'est-ce pas le plus rassurant des symptômes ?

— Que de choses vous voyez dans une simple coiffure ! me direz-vous.

Mais demandez donc à une jolie femme si elle considère comme une simple bagatelle ce chapeau qu'elle choisit avec tant de soin ! Elle sait bien mieux que vous l'influence qu'il va exercer sur sa beauté et même sur son caractère. Ce n'est pas sans raison que l'on dit d'une femme bien habillée qu'elle est sous les armes.

Sur bien des points on peut comparer un troupier à une jolie femme. Peut-être est-ce une des causes de la sympathie réciproque qu'ils ont toujours éprouvée l'un pour l'autre.

En tous cas, la coquetterie étant une vertu chez la femme et chez le soldat, la question des chapeaux a une aussi grande importance pour l'un que pour l'autre.

Ce n'est pas pour eux, comme pour M. Jourdain, qu'un chapeau est simplement fait pour couvrir la tête.

Henri IV fut célèbre par son panache, Napoléon par son petit chapeau, le père Bugeaud par sa casquette.

En parcourant les salles des armures au Musée de l'Artillerie, celle des costumes au Musée de l'Armée, vous vous rendrez compte que le caractère du soldat de toutes les époques est révélé par sa coiffure. En 1870, nos soldats jetèrent sur les routes leurs shakos et leurs bonnets à poils, vestiges de l'armée de Napoléon. Cet acte d'indiscipline marquait la fin des armées de l'Empire.

Aujourd'hui nos soldats sont fiers de leur nouvelle coiffure, ils ne veulent plus la quitter; elle les protège contre les balles et les éclats d'obus, et puis, elle leur convient, elle leur donne un air martial.

Pendant ce temps-là, au moment des attaques dans la tranchée, l'Allemand qui ne veut plus de casque à pointe, jette lui aussi sa coiffure, comme le faisaient nos soldats en 1870.

Comparez les images représentant des combats du commencement de la guerre à celles qui figurent les dernières luttes. Vous constaterez comment, avec le nouveau casque, nos troupiers dominent actuellement le soldat allemand en bonnet. Vous ne nierez plus, après cela, l'influence de la coiffure sur les champs de bataille.

La cavalerie.

Qu'a fait notre cavalerie? demandent les profanes. Elle a fait ce qu'elle a pu, elle a fait ce qu'on lui a dit de faire.

En plusieurs circonstances, elle le fit héroïquement. Au cours de la retraite et plus tard, sur l'Yser, elle rendit les plus grands services.

Je dirai aujourd'hui un mot du rôle qu'elle joua jusqu'à la Marne.

Dès que les Allemands eurent violé la neutralité belge, trois divisions de cavalerie, sous le commandement du général Sordet, furent envoyées vers Liége. Une réception enthousiaste les accueillit partout dans la vaillante Belgique. Un cavalier me disait : « Quel brave pays ! Pendant tout le temps où nous y sommes restés nous avions une bouteille de vin dans chaque poche. » C'est, d'ailleurs, un des nombreux problèmes insolubles de cette guerre que d'arriver à savoir quelle est la capacité des poches des troupiers.

Le corps de cavalerie arriva à six kilomètres de Liége. Là commença une retraite qui fut un peu rapide, car les Allemands, arrêtés à Liége, ne l'avaient pas été ailleurs et notre cavalerie, menacée d'être coupée, eut à fournir deux étapes de cent kilomètres à bonne allure. On a accusé la cavalerie d'avoir esquinté ses chevaux, mais on n'a pas indiqué le moyen de faire faire à trois divisions de cavalerie un tel raid sans les fatiguer. On passa la frontière belge, et le corps de cavalerie se trouva entre l'aile gauche française et l'armée anglaise.

Une division provisoire formée des meilleurs éléments restants est placée sous les ordres du général Cornulier-Lucinière, ayant comme chef d'état-major mon vieil ami d'André. Cette division est chargée de relier l'armée anglaise à l'armée française en retraite.

Elle eut pendant quelques jours de durs combats à livrer. Elle mangeait des pommes et envoyait à l'ennemi tous les pruneaux de ses cartouchières, tous les obus de ses caissons. La liaison fut maintenue. Fait d'armes tout à l'honneur de la division et de son chef. Car vous devez vous rendre compte de l'allure de l'armée anglaise qui formait l'aile, comment dirai-je, « reculante ».

Puis ce fut l'arrêt. Le corps de cavalerie était aux environs de Saint-Cyr ! les murs de la vieille école durent frémir en voyant arriver les Boches. Et les héros dont les noms étaient gravés sur les plaques de marbre de la salle d'honneur frissonnèrent en pensant que notre cavalerie allait finir, à Versailles, dans une charge héroïque contre l'invasion allemande.

La Providence en avait décidé autrement : la Marne nous sauva. Mais, hélas ! que de noms à ajouter à ceux déjà inscrits sur les listes glorieuses de nos Saint-Cyriens morts à l'ennemi.

Quelle reconnaissance nous devons à ces héros qui par leur sacrifice assurèrent le salut de la Patrie.

Pédantisme et fantaisie.

Jamais les Français n'ont pu se défaire de ce fonds de légèreté, d'insouciance et de fantaisie qui constitue leur caractère propre. Nos voisins n'y ont vu qu'une preuve de notre faiblesse. Ils avaient oublié que ces défauts apparents deviennent pour nous de précieux avantages, lorsque, brusquement réveillés par une crise, nous déployons, à côté de ces prétendus vices, une ingéniosité, une vivacité et une endurance qui sont aussi chez nous des qualités de race.

Nos ennemis nous voient alors avec stupeur déjouer, par une brillante improvisation, leurs sourdes menées et leurs manœuvres savamment préparées.

C'est ce que les Allemands n'ont jamais pu comprendre. Leur instinct les avertissait bien qu'il y avait en nous une finesse à laquelle ils ne pouvaient prétendre. Leur orgueil en souffrait. Par exemple, les caricatures de Hansi ou de Zislin les exaspéraient. Ils ne pouvaient répondre par des arguments de même nature.

Si vous ajoutez à cela que leurs convoitises et leur jalousie étaient allumées par les richesses qui s'accumulaient de façon tout à fait injuste chez ce peuple léger, vous comprendrez facilement leur résolution de nous humilier, d'éteindre tout foyer de plaisanterie, et de se partager les provinces et les biens si étrangement dévolus par la Providence à une nation qui les méritait si peu.

En Guillaume II, ils trouvèrent le souverain de leur cœur. Voilà enfin le monarque qui comprend le génie allemand, son orgueil est infini. La terre ne suffit plus aux Allemands, il leur faut l'empire des mers. Qu'importe le nombre de leurs ennemis !

Leur science est infaillible ; leurs généraux et leurs armées ne reculent devant aucune difficulté ; les plans élaborés sont des chefs-d'œuvre, aucun préjugé ne viendra en arrêter l'exécution.

En cette crise d'orgueil, Guillaume II se refuse à entendre les conseils que Frédéric II donnait à ses descendants. Le grand roi de Prusse était un philosophe, ce qui lui avait appris l'inutilité pratique des doctrines les plus sages. Il était, en outre, un politique qui connaissait les hommes, science absolument étrangère aux philosophes. A ce double titre, il écrivait, le 12 septembre 1737 :

« Le public croit assez généralement que les événements qui tournent à l'avantage des princes sont les fruits de leur prévoyance et de leur sagesse, alors que réellement ce n'est que la fortune qui décide de la réputation. Celui qu'elle favorise est applaudi, celui qu'elle dédaigne est blâmé. Il y a du bonheur à venir à propos dans le monde, sans quoi on ne fait jamais rien. Dans une campagne, il faut un certain bonheur qui accompagne souvent la jeunesse et se refuse à l'âge avancé. »

Selon la doctrine du roi de Prusse, nous voyons aujourd'hui, une fois de plus, la prévoyance et la sagesse ne pas trouver grâce devant la Fortune, qui a favorisé les combattants insouciants et légers, qui souvent cachent plus de bon sens sous le manteau de leur fantaisie que les pédants glorieux sous leurs robes de professeurs.

L'odyssée d'une route.

Pauvre vieille grande route de Sainte-Menehould à Vienne-la-Ville, quelles impressions tu dois conserver de la campagne !

Ce fut d'abord le lugubre défilé des convois d'émigrants qui t'annonçait nos défaites.

Puis, le 2 septembre, vinrent les tristes et interminables colonnes de l'armée française qui battait en retraite, pendant qu'à droite et à gauche résonnait le canon allemand.

Elles furent suivies par les hordes allemandes qui croyaient anéantir l'armée française.

Le 12 septembre, c'est encore en te parcourant que les corps wurtembergeois battaient en retraite et que leurs lourdes voitures, par trois colonnes de front, écrasaient ta chaussée et défonçaient tes bas-côtés.

Le 13, au matin, s'avançaient nos avant-gardes joyeuses qui croyaient n'avoir plus qu'à voler de victoires en victoires.

Hélas ! depuis ce jour-là, tu ne fus plus que la grande artère de ravitaillement des troupes qui allaient se battre dans l'Argonne.

Dès le matin, les vieux autobus parisiens allaient cahin-caha porter la viande aux troupes du front, puis venait le défilé indéfini, et de jour et de nuit, des voitures d'artillerie, des voitures de ravitaillement, des automobiles du Service de santé et des états-majors.

Pauvre vieille route, c'en était trop pour tes forces.

Tu agonisais et l'hiver arrivait pluvieux, menaçant de changer en une rivière de boue notre seule voie de communication, qui allait mourir.

Dans le pays, pas un caillou, partout la « graize » qui se délite à l'air et que l'eau transforme en cette terrible boue qui caractérise l'Argonne.

En vain, nous réclamons l'établissement d'un chemin de fer à voie étroite. Pareils procédés sont bons pour les Allemands.

Il faut se débrouiller et quel débrouillard que le petit conscrit N.... tout frais émoulu de l'École des ponts ! Quelle belle chose qu'une jeunesse pas abrutie par la bureaucratie du corps remarquable auquel il appartiendra ! En voilà un de ceux qui renouvelleront, dans quelques années, l'esprit arriéré de nos administrations.

Il faut dire que, perdus dans la forêt, nous battant tous les jours, loin de l'armée, nous étions des frères pauvres.

Mais rien n'arrête l'ardeur combative du conscrit. Chaque soir, on le voyait arriver à la fin du dîner, ravi d'avoir volé quelque chose au voisin, détourné des wagons de laitier, dérobé quelques charrettes.

C'était la joie d'écouter le récit de ses aventures.

La plus jolie fut l'enlèvement d'un rouleau à vapeur. Depuis quinze jours, le conscrit était sombre : rien pour écraser ses cailloux !

Il part en exploration, et, bien loin en arrière, découvre un vieux rouleau à vapeur du plus puissant et du plus antique modèle.

Aussitôt vu, aussitôt pris, et le lendemain nous saluons de nos acclamations le rouleau, suivi de sa roulotte.

Trois jours après, quelle est ma surprise de voir le rouleau, déjà atteint de deux éclats d'obus, qui placidement, écrasait des cailloux.

Mais le pauvre conscrit ne savait pas quel orage il

avait déchaîné et quelles sont les fureurs d'un ingénieur en chef à qui on a ravi un rouleau.

Menacé de Conseil de guerre pour abus de pouvoir, le malheureux conscrit dut se rendre devant une commission mixte. Rien, pas même la mort, n'était capable de l'émouvoir. Il rentra vainqueur, ayant désarmé le jury par son entrain et son esprit, et fut porté en triomphe à son retour; et le rouleau continua à écraser les cailloux, se moquant des balles et des obus, et la route fut sauvée. Le conscrit a mérité qu'une plaque commémorative rappelle cette cure merveilleuse.

Sommes-nous à la suite ?

En serions-nous réduits, comme le prétend M. Maurice Barrès, à marcher partout et toujours *à la suite* des Allemands ?

Heureusement non. Entre Allemands et Alliés tout diffère ; les principes, les méthodes, les procédés.

Ainsi nous n'avons jamais émis la prétention d'organiser le monde à notre image, la trouvant parfaite, et de procéder par la force à cette opération. Jamais dans la cervelle d'un Anglais, d'un Français, d'un Italien ou d'un Serbe, n'a germé l'idée d'asservir l'univers par les armes sous prétexte qu'il appartenait à une race supérieure. Peut-être chez nous quelque philosophe politique a-t-il rêvé de transformer le monde, mais ce n'était pas par la force qu'il songeait à réaliser ses conceptions. Cette race était du reste devenue bien rare parmi nous. La plupart de nos hommes politiques bornaient leurs ambitions au soin de leurs intérêts personnels, et n'avaient qu'un désir, se constituer de petits fiefs où leur autorité serait incontestée.

Nous pourrions voir de même que nos méthodes de guerre qui respectent les droits éternels de l'humanité, aussi bien que les traités que nous avons signés, ne sauraient avoir aucun rapport avec celles des Allemands, et cela qu'il s'agisse du but de la guerre, de sa préparation ou de la manière de la conduire.

Aussi le chaos parut-il régner sur la partie du globe que n'occupait pas l'Allemagne, lorsque les forces organisées par nos ennemis se déchaînèrent sur l'Europe, semblant devoir l'ensevelir sous l'avalanche de leurs armées !

Nous assistons au plus effroyable cataclysme que le monde ait vu depuis le déluge, et successivement se déroulent devant nos yeux les phases du drame si savamment préparé.

Les forces naturelles des peuples et des individus sont entrées en jeu contre les forces organisées. L'esprit a lutté contre la matière, les traditions contre la culture.

Voilà que, comme le dit la Genèse, l'esprit est descendu sur les eaux. Des torrents, suivant les pentes naturelles des montagnes, sont devenus des rivières et des fleuves puissants sur les bords desquels l'avalanche se vit arrêtée tant à l'Orient qu'à l'Occident. Maintenant leurs eaux en rongent la base, en attendant que le soleil vienne en fondre les derniers vestiges.

Français, ne vous laissez pas troubler par le vent et par le bruit. Retournez-vous. Regardez derrière vous, si vous prenez le vertige et n'avez pas le courage de contempler en face les obstacles qui vous restent à franchir. Vous vous apercevrez que vous en avez surmonté de bien plus terribles, et vous attendrez sans effroi l'heure qui vous paraît si lente à venir et qui marquera le triomphe de la civilisation et de la Patrie.

La lutte à outrance.

« Je poursuivrai mes ennemis, je les saisirai à la gorge et je ne reviendrai qu'après leur entière défaite », disait le saint roi David en allant combattre les Amalécites.

Comme lui, nous poursuivrons l'ennemi sans trêve ni merci, et ne remettrons l'épée au fourreau qu'après l'avoir exterminé.

Entre l'homme et la bête, un duel à mort est engagé ; il faut que l'un ou l'autre périsse.

C'est bien à la bête que nous avons affaire, à cette bête que Dante nous dépeint immonde et méchante, dont rien n'assouvit les désirs, et qui, après son repas, a plus faim qu'auparavant.

Ce monstre s'est jeté sur nous, quand il nous croyait sans défense. Ses passions sont bien celles de la bête. Il n'a ni foi, ni loi, ni conscience, ni honneur.

Par la manière dont ils font la guerre, les Allemands méritent d'être rangés parmi les brutes. Ils ont plongé leurs épées dans le sein des vierges, coupé la gorge aux enfants, et leur joie était dans leur ivresse de voir le pavé des villes rougi du sang des otages et éclairé par la lueur des incendies.

Qu'ont-ils de civilisé, ces barbares qui ont brûlé les bibliothèques et détruit ces cathédrales, merveilles léguées par nos pères et qu'on ne refera jamais ?

Quelle peuplade nègre ou jaune a jamais fait la guerre avec ce mépris de l'honneur et de l'humanité ? Jamais nous n'avons rencontré chez nos ennemis un sentiment d'honneur.

Il n'est jamais question de combat chevaleresque ou même loyal. Tous les moyens sont bons. On brûle l'ennemi avec du pétrole enflammé. On l'empoisonne par des gaz.

Ils tirent sur les postes de secours, sur les ambulances, sur les brancardiers qui viennent relever les blessés, qu'ils regrettent de ne pouvoir achever.

Ah ! non, nous n'oublierons pas ! Maudite soit la bête par qui nos enfants ont été lâchement égorgés.

Pas de paix avec elle. Nous combattons pour notre Dieu, pour nos foyers, pour notre cité et notre patrie. Ils mourront, et jusque-là nous rendrons balles pour balles.

Comme le dit Dante, voici le lévrier qui vient et qui fera mourir la bête dans les douleurs, et le lévrier chassera la louve de ville en ville, jusqu'à ce qu'il l'ait rejetée dans l'enfer, dont autrefois l'envie la fit partir.

La cavalerie après la Marne.

Lorsque survint la victoire de la Marne, les quelques jours qui s'étaient écoulés depuis l'arrivée à Saint-Cyr des divisions de cavalerie qui revenaient de Belgique n'avaient pas été suffisants pour rendre leurs quatre jambes aux chevaux qui n'en avaient en général plus que trois après les fatigues éprouvées.

Aussi, la 5ᵉ division de cavalerie fut-elle, en principe, la seule qui prît part à la poursuite. Elle traversa l'Ourcq, canonna des convois et vida ses caissons.

Elle y alla avec un tel entrain, qu'un jour elle se trouva prise à droite et à gauche entre les colonnes ennemies. Elle se jeta dans la forêt de Villers-Cotterets où elle passa de mauvais moments. Elle fut sauvée par le calme de son chef qui s'était déjà distingué en maintenant la liaison des armées anglaises et françaises pendant la retraite.

Mais le moment où la cavalerie nous rendit les plus grands services, ce fut en ces jours critiques de la bataille des Flandres, dont j'ai souvent parlé et qui commença vers le 13 octobre.

Alors que nous n'avions pas de troupes au nord de Lille, le corps de cavalerie fut chargé d'aller prendre le contact de l'armée allemande, il traversa la forêt d'Houtulst et s'avança jusqu'à Roulers, il ralentit la marche des colonnes ennemies et finalement s'arrêta en avant du canal de l'Yser pour défendre le secteur entre Dixmude et Lille.

Les trois divisions de cavalerie qui, au début de la guerre, avaient opéré du côté de Florenville, puis sur la Meuse, avaient rejoint à ce moment et contribuèrent, pour leur part, à la défense du secteur.

Le 27 octobre seulement, apparurent les têtes de colonne du 9e corps d'armée qui allait enfin participer à la lutte.

Nombreux furent les actes d'héroïsme. Qu'il me soit permis de citer celui de l'escadron du 2e dragons qui, ayant brûlé toutes ses cartouches et sommé de se rendre, s'arma de ses lances, chargea l'ennemi et tomba jusqu'au dernier homme.

Puis ce fut l'enlèvement de Bixchotte par les cyclistes d'une des divisions.

Comme les fusiliers marins à Dixmude, les cavaliers avaient vaillamment rempli la mission qui leur avait été confiée.

Depuis, bravement et stoïquement, ils ont tenu dans la tranchée. On les vit devant Lens, devant Arras, en Champagne, aux endroits les plus exposés, faisant l'admiration des fantassins par leur entrain et leur belle humeur.

Ils attendent impatiemment le jour où ils pourront, bientôt, je l'espère, lancer leurs escadrons à la poursuite de l'ennemi.

L'énigme balkanique.

Autrefois, posté sur la route de Thèbes, le Sphinx dévorait les passants qui ne pouvaient deviner l'énigme qu'il leur posait. Un jour Œdipe vint et trouva la solution, mais sa perspicacité ne fut guère récompensée, lui et sa famille furent voués aux plus horribles calamités.

Aujourd'hui le Sphinx semble être revenu sur les routes des Balkans pour y poser de nouveau ses redoutables énigmes. Mais l'histoire ancienne nous permet de prévoir le sort réservé à l'empereur Guillaume qui se vante d'en avoir trouvé les solutions. Nouvel Œdipe, il paraît, comme lui, voué à toutes les fureurs des Euménides.

Ses crimes ne sont pas involontaires comme ceux du malheureux fils de Laïus qui avait tué son père sans le connaître et épousé sa mère sans s'en douter.

C'est la volonté seule de Guillaume qui a causé cette guerre, la plus épouvantable de toutes les guerres, dans laquelle quelque dix millions d'hommes ont déjà trouvé la mort. C'est sa volonté qui a guidé la main des soldats assassins et incendiaires, c'est elle encore qui a dirigé la torpille de ses sous-marins, qui précipitait les femmes et les enfants au fond des océans.

Aussi l'inquiétude perce au milieu de l'enthousiasme de commande qui accueille l'écrasement des Serbes.

Que vont faire les troupes austro-allemandes dans les sombres défilés de la Serbie et de la Macédoine, si elles ne parviennent pas à détruire complètement l'armée serbe ?

Ces troupes n'auront-elles pas bientôt à surmonter des difficultés autrement considérables que celles que peuvent rencontrer les forces des Alliés débarquées à Salonique ?

De quel aide les Bulgares pourront-ils être aux Allemands, même en admettant l'armée serbe anéantie, ce que rien n'autorise à prévoir jusqu'ici ?

Les pertes éprouvées par les Allemands ne seront-elles pas hors de proportion avec les résultats obtenus ?

La route de Constantinople est ouverte, mais où mène-t-elle ? Les mirages qui s'étaient formés le long du chemin se dissipent à mesure que l'on marche. A qui Guillaume fera-t-il croire qu'une entrée à Constantinople est une opération décisive ? Les Turcs eux-mêmes en seront-ils convaincus ? De quel œil verront-ils l'entrée triomphale de l'Empereur allemand ? Est-ce pour cela qu'ils se sont battus ?

Soyez-en convaincus, toutes ces énigmes se présentent à la fois devant l'Empereur. En vain il essaie d'échapper à l'étreinte du destin et, frappé de vertige, il contemple l'abîme vers lequel il est entraîné.

L'or et le sang.

Les journaux annoncent que le ministre de l'Instruction publique a prescrit de donner en dictée à tous les élèves de nos écoles publiques la partie du discours de M. Ribot où le ministre des Finances expose à tous les Français que leur devoir est de souscrire à l'emprunt et compare l'armée de l'épargne à l'armée qui se bat.

Et la presse d'applaudir; j'avoue que, pour mon compte, la mesure me révolte.

Quoi ! Pour la première fois on impose un devoir aux écoliers de France et ce devoir glorifie la puissance de l'argent.

Nous avons besoin d'argent, c'est un fait; le ministre trouve que le meilleur moyen de s'en procurer est d'emprunter; il est certainement dans le vrai.

En ce qui me concerne je n'ai qu'un regret c'est de ne pas avoir fait d'économies en quarante ans de services, ce qui m'aurait permis de pouvoir les placer à 5,73 p. 100 en rentes sur l'État.

Mais comparer le patriotisme de ceux qui consentent un prêt à intérêt à celui des millions de Français qui font le sacrifice de leur vie me semble une flatterie un peu forte pour les banquiers et pour ceux qui ont su se constituer un bas de laine. Non. Ce ne sont pas les capitalistes qui donneront la victoire à la France, pas plus que l'or si généreusement répandu par l'Allemagne à toute la presse du monde et à toutes les personnalités influentes n'a été suffisant pour amener son triomphe.

Voulez-vous savoir ce qui a sauvé la France ? lisez la lettre suivante, que m'envoie un de mes amis, qui avait eu la cruelle mission d'annoncer à une femme la mort de son mari :

« Mon capitaine,

« Je vous remercie du fond du cœur pour la bonté et le dévouement que vous avez témoignés à mon cher mari.

« Ma douleur est immense, mais si quelque chose peut l'atténuer, c'est de savoir qu'il dort son dernier sommeil enseveli par vos mains pieuses. Je vous serai éternellement reconnaissante, ainsi que mes enfants, de ce que vous avez fait pour leur père qui les aimait tant.

» Mon chagrin est grand, mais j'aurai du courage avec l'aide de Dieu, pour remplir ma tâche et je n'y faillirai pas. Je travaillerai tant que je pourrai pour qu'ils ne manquent de rien. Je leur parlerai de leur père et, dans leurs prières, matin et soir, j'associerai votre nom à celui de notre cher mort. Oui, nous prierons avec ferveur pour que Dieu vous conserve la vie et pour que nous ayons le bonheur de revoir la tombe de mon pauvre mari, mon seul soutien. »

Voilà les femmes françaises qui ont plus fait pour la victoire que tous nos capitalistes.

Croyez-vous, Monsieur le ministre de l'Instruction publique, que cette lettre ne mériterait pas d'être insérée dans un manuel de dictées pour les écoles publiques ?

Frédéric II et Guillaume II.

« Le public croit assez légèrement que les événements qui tournent à l'avantage des princes sont le fruit de leur prévoyance et de leur habileté », écrivait Frédéric II à son ami de Sühm.

Il me plaît de rencontrer cette vérité sous la plume du souverain qui fut peut=être le plus habile et le plus prévoyant de tous les siècles.

Tant que ceux qui présidèrent aux destinées de la Prusse restèrent fidèles aux principes de sagesse, de philosophie et de modération véritable que l'on rencontre toujours dans les écrits du grand roi, on vit toujours croître la puissance de la nation.

Frédéric II, convaincu autant que Bossuet, de la fragilité des choses humaines, avait cherché à prévenir ses successeurs des dangers que leur ferait courir la folie des grandeurs; il leur avait dit dans ses *Mémoires*.

« Ce n'est pas une singularité affectée à notre siècle qu'il y ait des politiques abusés : il en a été de même dans tous les âges où l'ambition humaine enfante de grands projets. La plupart des grandes entreprises eurent une fin presque opposée à l'intention de ceux qui en étaient les promoteurs. C'est que les choses humaines manquent de solidité et que les hommes, leurs projets et les événements sont assujettis à une vicissitude perpétuelle. »

Mais Guillaume II n'écouta pas les sages conseils. Il avait pour lui la force et la science, il avait la Kultur. Il rêva de poser sur son front la double couronne des empereurs d'Occident et d'Orient.

Sur la foi des spéculations les plus profondes, il avait cru que les opérations militaires seraient très rapides, que l'offensive avait une puissance irrésistible et foudroyante, et tout avait été préparé avec un soin méticuleux pour s'assurer le succès dans ces conditions.

Voilà, au contraire, que l'offensive allemande est brisée à la Marne, puis à l'Yser et que, depuis lors, le caractère spécial de cette guerre est la lenteur, la lenteur qui donne au facteur Temps une valeur insoupçonnée.

On a toujours le temps, c'est le principe nouveau, le temps n'est limité que par les ressources dont disposent les belligérants.

Le temps qui fut le salut des Alliés et qui inversement sera la perte inéluctable des Allemands.

Le temps qui ruinera les espérances de Guillaume II dans les Balkans, comme il a fait s'écrouler ses projets ambitieux pour conquérir l'Occident et l'Orient.

Les Alliés doivent trouver un nouvel espoir dans ces autres paroles de Frédéric II.

« Les bonnes intentions et la douceur sont préférables à l'activité de ces hommes remuants qui semblent être nés pour bouleverser le monde. »

Villehardouin.

Quelques mois avant la guerre, je m'occupais des questions balkaniques. J'avais sous mes ordres le lieutenant-colonel Pierre, qui était le seul Français connaissant à fond les Balkans et en parlant toutes les langues.

Pauvre Pierre, c'était le plus brave des soldats, je l'ai vu grièvement blessé à la Marne, et l'on m'annonce aujourd'hui sa mort survenue à la suite de nouvelles blessures.

Un jour, il vint me trouver avec un gros livre, c'était *Villehardouin*, et il me dit : « Lisez cet ouvrage et vous en saurez autant que moi sur l'état des esprits dans les Balkans. »

Je m'aperçois aujourd'hui combien il avait raison. « La Chronique de la conquête de Constantinople », « l'Histoire merveilleuse de la quatrième croisade et de la fondation du royaume latin de Constantinople » semble un chapitre de la guerre actuelle.

Aujourd'hui, comme il y a huit cents ans, ce sont les peuples qui font la guerre. En 1200, les rois restèrent insensibles aux prédications de Foulques de Neuilly et, lorsque le menu peuple et les grands vassaux ont pris la croix et qu'il fallut avoir des vaisseaux pour transporter l'armée, cette délibération du conseil de la République de Venise ne semble-t-elle pas rédigée en 1914 :

« Pour fournir les vaisseaux et les vivres, nous demandons quatre millions et demi, plus la moitié du butin et des conquêtes. »

Heureusement le peuple était là, les petites gens de Venise qui ne trafiquaient point et qui rendirent aux commissaires enthousiasme pour enthousiasme. C'est dans la grande église de Saint-Marc qu'ils furent consultés sur le marché à conclure ; ils crièrent tous : « Nous l'octroyons, nous l'octroyons. »

Quand l'armée fut sur le point de s'embarquer, il manquait cinq cent mille livres. « Qu'à cela ne tienne, dirent les Vénitiens, vous nous payerez en monnaie de héros. Les Hongrois nous ont pris la ville de Zara, allez la leur enlever, nous vous tiendrons quitte du restant de votre dette. »

On prit Zara pour les Vénitiens, puis Constantinople pour Alexis. Mais partout les intrigues grecques, en Épire, à Nicée, partout les trahisons bulgares sont sous les pas des croisés. Le temps s'écoule, Jérusalem qui est le but s'éloigne dans le lointain.

Avec Villehardouin, on assiste à la création de cet Empire latin de Constantinople qui devait durer soixante ans et se conserver pendant près de deux cents ans dans la Grèce centrale.

Quant à Villehardouin, il est mort sur cette terre de Grèce, après avoir été fait maréchal de Roumanie, après avoir assisté à la défaite d'Andrinople, après avoir vu périr à ses côtés ce brillant marquis de Montferrat, son chef et son héros. La plume est tombée de ses mains avant que la croisade ait abouti d'une manière définitive, mais il nous a laissé le tableau immortel de l'esprit des Balkaniques, esprit qui n'a pas changé depuis huit cents ans.

Ambassadeurs extraordinaires.

Il a fallu tous les échecs successifs de notre diplomatie dans les Balkans pour que les Gouvernements français et anglais eussent recours à l'envoi d'ambassadeurs extraordinaires à Athènes.

L'Allemagne n'avait jamais manqué à cette tradition qui était celle de toute notre vieille diplomatie et qui, en diverses circonstances, sous la troisième République, avait procuré des résultats satisfaisants à la politique française. Ce fut grâce à une ambassade de cette nature que furent rétablies les relations amicales entre la France et l'Espagne, lorsque l'atmosphère se troubla un instant entre les deux nations, au moment où le roi Alphonse XII fut sifflé à Paris, pour avoir accepté de l'empereur Guillaume Ier le grade de colonel honoraire d'un régiment de la garde en garnison à Strasbourg.

Des missions analogues ne furent pas sans effet pour arriver à la conclusion de l'alliance franco-russe.

Donc M. Denys Cochin et Lord Kitchener ont été envoyés en Grèce.

Nous avons ainsi agi sur les Grecs par la manière douce et la manière forte.

Nul choix n'était meilleur que celui de M. Denys Cochin pour persuader les Grecs de ne pas oublier les liens traditionnels qui les rattachent à la France.

Qui n'aimerait notre ministre d'État ? Il n'a pas un ennemi. C'est un philhellène convaincu et agissant. Il n'avait pas désespéré de trouver un terrain d'entente entre le Pape et M. Combes ; il arriverait certainement à concilier les idées du roi Constantin avec celles de M. Venizelos.

Les prévisions se sont réalisées et M. Cochin a reçu à Athènes un accueil enthousiaste.

De son côté, lord Kitchener paraît avoir eu recours à d'autres arguments. Tout d'abord, il a notifié que les Alliés cesseraient de ravitailler la Grèce ; il ne m'étonnerait pas qu'il ait même fait envisager au roi d'autres éventualités.

Dès que nous avons eu envoyé un académicien et les Anglais un militaire, les Grecs ont compris les raisons de notre susceptibilité.

Avoir mis leur armée dans notre dos à Salonique, sans avoir déclaré pour lequel des belligérants ils entendaient prendre parti, était une simple méprise de leur part, ils ne l'avaient placée là que pour nous servir de réserve.

Ravitailler les sous-marins allemands, ils n'y ont jamais pensé.

C'était un acte digne d'un roi bulgare que d'avoir entouré d'un champ de mines Dédéadatch, alors qu'il affirmait être le meilleur ami de la Quadruple-Entente. Jamais il ne pourrait venir à l'idée d'un Grec d'en faire autant dans la baie de Salamine, dans la baie de Patras ou dans le golfe de Salonique.

Il n'y a eu qu'une série de malentendus.

Lorsque M. Cochin va revenir à Athènes, il recevra de nouvelles ovations, mais à sa place, comme Énée, je me méfierais des Grecs, même s'ils me portaient en triomphe.

Notre diplomate en Orient.

Il y avait à la cathédrale de Reims un magnifique tableau qui représentait l'entrée à Jérusalem du cardinal Langénieux, archevêque de Reims, légat du pape.

Le bombardement et l'incendie de la cathédrale par les Allemands ont dû, avec tant d'autres souvenirs, détruire ce témoignage de notre grandeur passée en Orient.

Vingt ans après la réception triomphale du cardinal Langénieux, Guillaume II paradait dans la Ville sainte et, devant l'univers, se posait en défenseur et protecteur de la chrétienté.

Par quelles fautes notre diplomatie en était-elle arrivée à perdre en quelques années la situation privilégiée que la France avait acquise par huit cents ans de lutte ?

Ce sont de cruels souvenirs. Mais il est nécessaire de se rendre compte que là plus qu'ailleurs, nous fûmes coupables.

Pour donner idée de notre politique, je raconterai seulement comment fut perdue notre influence en Égypte et comment commença à décliner, il y a près de vingt-cinq ans, notre position en Orient.

Comme chacun le sait, à cette époque, les Anglais et les Français se partageaient le protectorat de l'Égypte.

Éclate la révolte d'Arabi. Pas un instant, les Anglais ne sont dupes. Ils ne peuvent, sous le masque d'Arabi, se laisser dépouiller par les Allemands de la maîtrise du canal de Suez.

Ils se décident à intervenir et loyalement nous invitent à marcher avec eux.

Notre ministre des Affaires étrangères, président du Conseil, n'écoute pas les voix autorisées, il préfère s'en rapporter à l'avis de ceux qui croient à la puissance et à la vertu d'Arabi, il laisse les Anglais libres de marcher seuls.

Les Anglais bombardent alors Alexandrie et commencent l'expédition.

Cependant, l'amiral Conrad, qui commandait l'escadre française, file sur Port-Saïd et, sur l'invitation du conseil municipal, décide de mettre à terre les compagnies de débarquement et d'occuper ce point le plus important de l'Égypte.

Mais à ce moment monte à bord M. de Lesseps qui supplie l'amiral de ne pas se livrer à un pareil acte d'hostilité contre Arabi. L'amiral refuse. Toutefois, sur les instances de M. de Lesseps, il consent à remettre à midi l'opération qui devait se faire à huit heures du matin.

Ce fut son tort. A 11 heures arrivait de Paris la défense de débarquer.

Voilà comment nous avons perdu l'Égypte et comment notre prestige en Orient reçut le premier coup.

Le cardinal Lavigerie, dont la politique nous avait donné la Tunisie, et qui voulait étendre notre protectorat sur toute la rive méridionale de la Méditerranée, mourut en voyant ses espérances détruites et ses rêves envolés.

Mayence.

Je ne sais si vous avez remarqué que les grandes

villes du Rhin sont toutes situées sur la rive gauche du fleuve.

C'est que ces villes ont été bâties et peuplées par les Romains pour s'opposer aux invasions germaines. Le fleuve leur servait de protection.

Voyez Mayence. Les bastions de la place s'appellent encore, Drusus, Germanicus, Tacite et Alarme, à moins qu'on ne les ait débaptisés en ces dernières années.

Un monceau de pierres écroulées est le tombeau de Drusus. C'est là que le gendre d'Auguste, que le fondateur de Mayence vint mourir de cette mort mystérieuse et funeste qui semble appartenir à la légende plus qu'à l'histoire. Il avait chassé devant lui les hordes germaines et pénétré avec ses aigles jusqu'à l'Elbe.

Tout à coup une femme, une prêtresse sort des profondeurs des bois, les cheveux épars, l'œil hagard, saisit la bride du cheval de Drusus en prononçant de sauvages imprécations. Drusus, peu de jours après, expira à Mayence dans les murs du fort bâti par lui.

Nos pères n'ont-ils pas, eux aussi, marqué leur glorieuse empreinte aux murs de Mayence?

Lisez dans Gœthe le récit du siège de Mayence. Vous y verrez déjà le récit de la barbarie allemande qui rejette sous le canon de la place les habitants que Kléber a voulu évacuer pour ménager les vivres de la place. Les malheureux expirent, pris entre les canons prussiens et français.

Puis c'est, le 27 juin 1793, la sortie glorieuse de la garnison qui a obtenu les honneurs de la guerre. C'est encore Gœthe qui parle.

« Le défilé commence, les Français sortent marquant le pas, l'arme sur l'épaule, les enseignes déployées. L'apparition la plus frappante fut celle des chasseurs à cheval, ils s'étaient avancés jusqu'à nous dans un complet silence. Tout à coup leur musique fit entendre *la Marseillaise*. Ce *Te Deum* révolutionnaire a quelque chose de triste et de menaçant, et le coup d'œil fut imposant, quand les cavaliers, qui étaient tous de grande taille et d'un certain âge et dont la mine s'accordait avec les accents, passèrent devant nous. »

Nous ferons encore entendre dans Mayence les échos de *la Marseillaise*, non d'une *Marseillaise* triste, mais d'une *Marseillaise* joyeuse et triomphante.

Mayence doit redevenir française. Elle est nôtre par son origine, elle est nécessaire à notre défense, c'est assez de deux invasions en un siècle !

Cologne-Coblentz.

Je ne sais pas quelles conditions de paix il faudra imposer aux Allemands pour nous permettre de relever les ruines qu'ils ont faites en notre pays, mais ce que je sais c'est qu'au point de vue militaire il nous faut la frontière du Rhin, si nous voulons à la fin être maîtres chez nous. Ce que je sais de plus c'est qu'au point de vue historique, comme au point de vue militaire, le Rhin est la frontière entre la Germanie et les Gaules.

J'ai déjà montré que les grandes villes du Rhin, toutes sur la rive gauche du Rhin, y avaient été bâties par les Romains pour défendre les Gaules contre les invasions germaines, et que Mayence avait été construite dans ce but par Drusus.

Il en fut de même de Cologne et de Coblentz.

Les Ubiens menacés par les Germains, implorent le secours de Rome. Marcus Agrippa leur ouvre l'asile fortifié de son camp et alors s'opère un changement décisif. La rive gauche du Rhin est gagnée à la civilisation, tandis que la rive droite reste plongée dans la barbarie, on n'y voit ni villes ni villages.

Coblentz, assise sur le Rhin, à l'embouchure de la Moselle, ce vieux fleuve gaulois, a les mêmes origines. C'est la capitale d'une région que nous avons possédée pendant longtemps. Le roi Dagobert éleva les premières pierres de la forteresse.

C'est à quelques minutes de ses murs que s'élève le monument sur lequel on peut lire :

Ici repose Marceau, né à Chartres,
Soldat à 16 ans, général à 22.
Il mourut en combattant pour sa Patrie,
le dernier jour de l'an IV de la R. F.

Dans un des bastions de la place était enterré Hoche. Ses cendres y reposaient jusqu'à ces dernières années, lorsqu'une décision bizarre les fit transporter dans les oubliettes du Panthéon. Les Prussiens étaient enchantés de se débarrasser de ce glorieux témoignage de nos victoires passées.

Le sang de nos jeunes héros de 20 ans, nous rendra le terrain sur lequel étaient tombés les Hoche et les Marceau.

La frontière du Rhin est pour nous une nécessité militaire.

Sainte-Barbe.

Ce fut vraiment une fête réconfortante pour tous ceux qui y assistèrent que la Sainte-Barbe célébrée à F..., l'an dernier.

Vous avez pris grand'peine, ô politiciens! pour enlever à l'armée tout ce qui faisait sa force; vous avez cherché à y diminuer la discipline, et à en arracher toutes les traditions.

Vous aviez considéré comme dangereuse la solennité de la Sainte-Barbe et vous aviez interdit les joyeuses fêtes des artilleurs en l'honneur de leur patronne. J'aurais voulu vous inviter à passer avec nous la Sainte-Barbe de 1914 : vous vous seriez peut-être rendu compte de ce que sont ces influences morales que vous cherchez toujours et partout à combattre.

Dès le matin, des salves de coups de canon annoncent aux Allemands que nous fêtons sainte Barbe.

Croient-ils que tous nos canonniers vont se griser et être incapables de manœuvrer leurs pièces? Je n'en sais rien. En tout cas, ils choisissent l'après-midi du 4 décembre pour lancer sur nos lignes d'Argonne l'attaque la plus furieuse qu'ils aient jamais tentée, et nous courûmes les plus grands dangers.

Sainte Barbe n'aurait pas voulu que le jour de sa fête fût un jour de triomphe pour nos ennemis! Cette vierge martyre ne saurait être l'amie des Allemands destructeurs de cathédrales. Avant l'aube, chaque régiment n'avait-il pas fait dire une messe en son honneur ? et tous les artilleurs qui n'étaient pas de service avaient prié pour leurs morts, en même temps qu'ils invoquaient la sainte pour le succès de nos armes.

Le soir, je me trouvais au milieu des artilleurs de montagne, de campagne et de siège pour le banquet traditionnel.

Des menus illustrés représentaient des canonniers débouchant des bouteilles de Champagne dont les bouchons allaient éclater sur les tranchées boches.

Tous passèrent des heures inoubliables. Des toasts enthousiastes terminèrent la fête au moment où nous apprenions que les Allemands étaient repoussés et pendant que le canon grondait à côté de nous.

Mes chers camarades, j'étais, cette année aussi, de cœur au milieu de vous, avec le regret éternel de ne plus être à votre tête. Depuis un an, combien de vous sont tombés au champ d'honneur ! Ceux qui survivent vous vengeront, et sainte Barbe continuera à protéger l'artillerie française.

Frédéric II et la paix.

Au moment où l'on commence à entendre des bruits de paix qui viennent d'Allemagne, il est intéressant de voir quelles étaient, à la fin de la guerre de Sept ans, les considérations qui engageaient le roi de Prusse à préférer des conditions de paix modestes et modérées à d'autres plus avantageuses.

« C'est que, écrit Frédéric II dans ses *Mémoires*, il était d'autant moins à propos de rehausser ces conditions dans l'état où se trouvaient les choses, qu'on n'aurait obtenu des dédommagements que par des victoires et que l'armée se trouvait trop ruinée et trop dégénérée pour qu'on pût s'en promettre des exploits éclatants.

« Les bons généraux se faisaient rares. Les vieux officiers étaient péris dans tant d'actions meurtrières où ils avaient combattu pour la patrie. Les jeunes officiers, à peine sevrés, étaient dans un âge si débile qu'on ne pouvait s'attendre à de grands services de leur part. Ces vieux soldats respectables, ces chefs de bande n'existaient plus et les nouveaux dont l'armée était composée consistaient le grand nombre en déserteurs, ou dans une jeunesse faible, au-dessous de dix-huit ans, incapable de soutenir les fatigues d'une rude campagne. D'ailleurs beaucoup de régiments ruinés à différentes reprises, avaient été formés trois fois pendant la guerre, de sorte que les troupes, dans l'état où elles étaient, ne pouvaient s'attirer la confiance de ceux qui devaient les commander.

« Outre toutes ces circonstances, il y avait tout à craindre que la prolongation de la guerre n'occasionnât la peste en Saxe, en Silésie et dans le Brandebourg, parce que la plupart des champs demeurant en friche, les vivres étaient rares et à un prix excessif, et les campagnes dépeuplées d'hommes et de bestiaux, de sorte qu'on ne voyait dans ces provinces que des traces affreuses de la guerre, et des signes précurseurs des plus grandes calamités pour l'avenir, on avait tout à craindre en continuant la guerre. »

On comprend que dans la situation où il se trouvait,

Frédéric II se soit montré sage en acceptant des contions de paix qui ne faisaient que consolider les conquêtes qu'il avait faites dans des guerres antérieures.

Au lieu de critiquer dans ses commentaires les opérations du roi de Prusse, au point de vue purement militaire, Napoléon aurait mieux fait de s'inspirer des considérations si justes qui ont toujours empêché Frédéric II de se laisser entraîner par l'imagination, ou leurrer par l'espérance de succès problématiques.

Quant aux Alliés de 1915, ils doivent tirer de la guerre de Sept ans l'enseignement qu'un État réduit à un état de détresse réel, malgré des victoires apparentes, se trouve dans un état très critique.

Contre lui, il faut continuer la guerre sans merci, si l'on veut jamais, comme le dit Frédéric II à la dernière ligne de ses *Mémoires*, « anéantir la maison de Brandebourg et exterminer à jamais ce qui portait le nom Prussien ! »

Les buts de la guerre.

Maximilien Harden intitule son dernier article dans le *Zukunft* « Aspirations à la paix » et demande la discussion des « buts de la guerre ». Le parti socialiste réclame de même dans le *Vorwaerts* que le gouvernement définisse les conditions de paix qu'il entend dicter aux Alliés.

Ni Maximilien Harden, ni les socialistes n'ignorent pourtant quel est le but que se sont proposé les Allemands en nous déclarant la guerre. Ce but, l'empereur, les généraux, les professeurs, les philosophes l'ont crié à tous les échos :

Deutschland über alles

et toutes les classes de la société ont répété par acclamation :

Deutschland über alles.

En août 1914, l'Allemagne est donc partie à la conquête de l'univers. C'était son but. Que veut savoir de plus Maximilien Harden ?

Rien. Seulement les Allemands ont échoué dans la réalisation de leur rêve de domination mondiale, et Maximilien Harden désirerait les voir limiter les risques que leur fait courir la prolongation des hostilités. Alors il spécule sur la lassitude des Alliés, qu'il juge d'après celle de ses compatriotes et il voudrait les amener à conclure une paix qui serait avantageuse à l'Allemagne, tout en réservant l'avenir.

Le piège est grossier. Ces bons Allemands se figurent que nous ne connaissons pas aussi bien qu'eux la théorie de la guerre moderne et qu'en tout cas ils sont les seuls à pouvoir l'appliquer.

Dès le siècle dernier, Clausewitz considérait comme

exceptionnelle en Europe une guerre à succès limité ; il condamnait par suite l'offensive à but restreint pour se faire l'apôtre de l'offensive absolue.

Du temps de Frédéric II, alors que le plus fort des deux adversaires parvenait à la décision en s'emparant d'une province ou en assiégeant une place forte, le vainqueur arrivait ainsi à décourager le vaincu sans l'avoir écrasé. On pouvait par suite, au dix-huitième siècle, donner comme but à la guerre la conquête d'une province.

Napoléon et de Moltke ont transformé les conditions et les principes de la guerre. Les Allemands le savent mieux que nous.

Les Allemands ont voulu la grande guerre, ils en subiront les lois inéluctables.

Le conflit ne peut se terminer que par la victoire définitive de l'un des partis.

D'après votre article, Maximilien Harden, les Allemands auraient renoncé à l'espérer. Cela indique chez eux un singulier affaiblissement de leurs forces et un immense désarroi moral.

Alors leur écrasement est fatal et dans ce cas, le but de la guerre, vous le connaissez, c'est l'anéantissement de la puissance militaire allemande.

Les morts qui parlent.

Pourquoi, mon Dieu, durant cette guerre, vos coups s'acharnent-ils sur certaines familles ? C'est le secret de votre Providence. Nous sommes sûrs que leurs sacrifices n'auront pas été inutiles.

Que de deuils par exemple dans cette vieille ville de Grenoble, où j'ai passé deux mois. Elle est la garnison de ces chasseurs alpins qui depuis le début de la campagne ont été toujours aux postes de danger et d'honneur.

Parmi ces morts glorieuses, je veux parler aujourd'hui de celle de Robert Dubarle, ancien député de Grenoble, capitaine de chasseurs, cité à l'ordre de l'armée. Son frère, le capitaine Dubarle, du même bataillon, l'idole de ses soldats, cité deux fois à l'ordre, son beau-frère, le commandant Chanzy, petit-neveu du général, commandant un bataillon de chasseurs, étaient déjà tombés au champ d'honneur.

Je revois le jeune Robert Dubarle, à la distribution des prix de Mongré, où il se trouvait avec mes fils dont il était le meilleur ami. Tous les lauriers étaient pour lui et c'était encore une couronne de laurier qui devait orner sa tombe.

De vieille famille de robe, il ne put suivre la carrière de ses pères. On trouvait trop indépendants des magistrats de telle race.

Il entra au barreau. A 27 ans il était député de Grenoble. Il ne fut pas réélu aux dernières élections.

Sa mort est un discours plus éloquent que tous ceux prononcés au Parlement.

Les voix qu'il faut écouter aujourd'hui ce sont celles de nos glorieux morts. A eux doivent aller nos pensées pour les venger. Écoutez-les, ils nous pressent de nous unir pour terminer l'œuvre pour laquelle ils ont donné leur vie.

Nos pensées, elles doivent aussi se porter vers ces vieilles familles françaises, qui paient si cruellement leur dette à la Patrie,

Consolons-nous ! Ces familles subsisteront, elles sont le roc sur lequel est fondée la civilisation française.

Aujourd'hui, les orphelins pleurent la mort de leurs pères, mais ils seront élevés avec le culte de leurs mémoires, dans la foi de la France, délivrés du joug qui, pendant 44 ans, a pesé sur notre génération, ils marcheront fiers dans la vie, soutenus qu'ils seront par la voix de leurs morts.

Dans leurs chambres ils auront le portrait de leur père, à ce portrait sera suspendue la Croix de guerre. En le regardant tous les jours, ils recevront de leurs morts le plus vivant des enseignements.

Vous tous, Français, n'entendez-vous pas la voix de vos morts qui vous parlent? Ils sont des milliers, des centaines de milliers. Si quelqu'un d'entre vous n'a parmi eux ni père, ni fils, ni frère, qu'il aille près de ceux qui sont en deuil et, lui aussi, il entendra les morts qui parlent.

La guerre de Sécession.

Depuis bientôt sept mois, j'ai, à tout propos, indiqué les analogies profondes qui existent entre la guerre de Sécession et la guerre actuelle. C'est en me basant sur ces ressemblances singulières que j'ai montré que la lutte dans laquelle nous sommes engagés ne finirait que par l'usure de nos ennemis. J'avais conclu, en effet, des événements de guerre qui s'étaient passés sous mes yeux, que nous ne pouvions espérer ni percée, ni bataille décisive.

La supériorité numérique de nos forces nous était au contraire un sûr garant de la victoire. C'était cette supériorité qui avait assuré le triomphe des Nordistes dans des conditions analogues à celles où nous combattons.

Grant s'était toujours heurté en vain contre les positions de Lee, jamais il n'avait pu réussir une manœuvre contre son habile adversaire. Mais considérant la faiblesse numérique de cet adversaire, il l'avait usé par des batailles sans décision, de véritables boucheries, et avait mis fin à la guerre par ce moyen primitif.

Je suis heureux de voir les mêmes arguments présentés par M. Gaston Roupnel, dans un article intitulé « Une guerre d'usure, la guerre de Sécession », publié par *la Grande Revue*. Le cadre dans lequel se développe l'étude de M. Roupnel est plus vaste que celui réservé à mes modestes billets, par suite il a été permis à l'auteur d'entrer dans des détails particulièrement intéressants qui ne font que confirmer la thèse.

Ses conclusions sont d'ailleurs identiques aux miennes. Que le lecteur en juge :

« Sauf sur mer, à aucun moment les États du Nord n'ont remporté un succès glorieux ou imprévu, un succès à pavoisement. Ils n'ont connu que la lente réussite des longues marches ou des difficiles résistances. Les assauts meurtriers de Grant, en 1864 et 1865, ont provoqué plus d'effroi que d'enthousiasme. Jusqu'au dernier moment, au contraire, les Sudistes ont pu s'enorgueillir de succès à panache. L'avant-veille de sa capitulation, Lee faisait encore prisonnier le général Greeg. Jamais guerre ne fut si ingrate pour le vainqueur. L'espoir des foules n'était que dans cette paix sans désavantages réciproques, qui confirme les ruines, inutilise les efforts, prépare de nouveaux conflits. Trois semaines avant la fin de la guerre, Lee était encore maître de ses lignes, on lui reconnaissait le génie qui ne faillit jamais; mais on lui prêtait des forces qu'il n'avait plus. Quelques jours, et tout, pour lui, s'effondra. Ce fut comme la banqueroute subite d'une maison de commerce qui, jusqu'à la dernière minute, a payé à bureau ouvert. »

Que s'était-il passé? Il s'était passé que quatre ans de guerre, une vingtaine de grandes batailles, plus de deux mille combats avaient épuisé la réserve d'hommes des États du Sud.

La kultur.

J'ai vu l'invasion, j'ai vu le flot des émigrants s'enfuir épouvanté devant les hordes teutonnes, j'ai vu nos villes systématiquement incendiées, nos églises en ruines, nos campagnes dévastées, et plein d'angoisse, je me disais : « Périssent les derniers enfants de la France, plutôt qu'être asservis à ces barbares. Mieux vaut l'exil et la mort que la vie sous la botte des Germains. Dieu nous sauve de ces malheurs. »

La rage au cœur, les Allemands durent s'arrêter sans avoir mis à feu et à sang notre capitale, sans avoir vu crouler ses grands palais, sans avoir fait défiler leurs régiments dans les Champs-Élysées, aux lueurs sanglantes d'incendies colossaux.

N'oublions pas ces heures tragiques. En y pensant, secourons les misères trop nombreuses qui nous environnent, mais ne nous plaignons pas trop haut de la vie chère. Ne nous glorifions pas trop non plus des flots d'or que nous versons pour la victoire. C'est par le fer et par le sang que nous assurerons notre triomphe définitif.

Pour raviver vos souvenirs, rehausser vos courages, retremper vos énergies, tournez vos regards vers l'Orient : Vous comprendrez mieux à quel danger vous avez échappé, vous pourrez vous faire une idée de ce qu'est la kultur Allemande alliée à la kultur Bulgare et à la kultur Turque.

Belgrade n'est plus et les Allemands se vantent que la cité ne sera pas reconstruite. Il n'en reste que des ruines fumantes, les derniers incendies éclairent le Danube de leurs reflets. Vieillards, femmes, enfants, se sont enfuis de toute la Serbie. C'est l'odyssée de tout un peuple par les affreux défilés des montagnes.

Du haut du sentier sur lequel il s'est fait porter, le roi Pierre malade exhorte son armée qui lutte héroïquement pour essayer de protéger les derniers lambeaux de la patrie, et des ruisseaux de sang inondent les neiges des Balkans.

Regardez plus loin encore à l'Orient et vous verrez la nation arménienne détruite, les évêques martyrisés, des milliers de prêtres égorgés, un million de chrétiens assassinés.

La grande route de Berlin à Bagdad s'ouvre devant le Kaiser. Il pourra y passer en triomphateur : elle est toute blanche d'ossements humains. Les Allemands, les Bulgares et les Turcs ont passé avant lui. Mais non ! déjà Guillaume hésite sur la route de Constantinople. Le châtiment de tant de crimes ne peut tarder. Bientôt la vague menaçante sera arrêtée à l'Orient comme à l'Occident et les Allemands périront écrasés sous les ruines qu'ils auront amoncelées.

Toujours le temps.

En temps de guerre c'est lâcheté et désertion que gronder ou disputer. Je dirai même que c'est folie, tant sont vains les efforts pour essayer de résister à cette force souveraine et maîtresse absolue que vous pouvez nommer, selon qu'il vous plaira, Providence ou Destin. Se jouant des deux adversaires, elle montre qu'elle entend seule mener à bien la guerre actuelle.

Du reste le gouvernement lui-même semble converti à ma thèse. Pour éviter toute gronderie ou dispute, il a choisi M. Denys Cochin pour l'envoyer en mission à Athènes puis, en Italie, et notre employé a continué à Rome le jeu qu'il a mené en Grèce.

Quelle énergie il a fallu à ce ministre catholique pour se tenir à l'écart du Vatican. En en franchissant les portes, il aurait pu faire quelque chose, agir sur les événements. Il fallait l'éviter à tout prix. Les coups de théâtre, c'est affaire allemande.

Je ne puis qu'applaudir. D'ailleurs je ne puis critiquer, la censure m'a accablé de ses foudres pour avoir osé comparer l'héroïsme de M. Rhallys à celui de Canaris. Heureusement elle a respecté les vers de Victor Hugo. C'était ce qu'il y avait de mieux dans l'article.

Bon pour M. Clemenceau d'attaquer la conduite du gouvernement et d'insinuer que les fautes commises par une nation peuvent se payer. Heureusement pour lui, il ne peut être soupçonné de cléricalisme. Ce n'est pas du haut d'une chaire, mais dans les colonnes d'un journal qu'il soulève de pareils problèmes. Sans cela, il y a longtemps qu'il serait un « homme enchaîné » autrement qu'au figuré.

Indépendamment du droit que lui confère la vieillesse à gronder et à disputer, M. Clemenceau est le seul homme politique de la troisième République qui ait des idées à lui, une volonté à lui. Il aurait été capable, s'il avait été au pouvoir, d'influencer les événements. Combien nous sommes heureux qu'il ait été tenu à l'écart.

Ce diable d'homme aurait peut-être cherché à faire opposition au Temps ; au Temps qui marche pour nous avec une inébranlable fidélité, et dont les Alliés sont solidaires, écrirait un ministre.

Grâce à lui, nous voyons progressivement s'éteindre cet astre de l'Allemagne, si brillant il y a seize mois, et qui prétendait, comme un soleil, faire graviter toutes les nations autour de lui. Cependant la nébuleuse des Alliés se condense et en arrive à constituer petit à petit une masse à laquelle nulle force ne pourra résister.

Croyez et espérez.

En ce sombre hiver où les jours sitôt finis font place aux interminables soirées, gardez-vous, en rentrant au foyer dont vos enfants sont partis, de vous laisser aller aux tristes pensées.

Croyez et espérez en eux.

Croyez et espérez en vous-même.

Croyez et espérez en la France.

Croyez et espérez en Dieu.

Depuis bientôt cinq cents jours vous vous êtes couchés en vous demandant ce que vous apporterait demain, et demain est venu et le livre du Destin est resté obstinément fermé. Si parfois la victoire a semblé nous sourire, ce n'était que pour ranimer nos espoirs et nous permettre d'affronter, avec un nouveau courage de nouvelles vicissitudes, et de nouveaux combats.

Les jours passent et puis les nuits, et, lorsque l'incendie diminue d'intensité sur un point, c'est pour éclater plus formidable sur d'autres contrées, et les bruits lointains qui nous parviennent maintenant de l'Orient mystérieux où le feu redouble ses ravages, augmentent notre anxiété en faisant naître les angoisses du péril inconnu.

Ne vous étonnez pas de la longueur de la guerre. Pour refondre le monde dans le creuset divin, un jour ne suffit pas. Pour enseigner aux hommes l'inanité de leurs ambitions, la sottise de leurs théories, il faut une longue et dure expérience. Pour dissiper les ombres accumulées depuis des siècles, est-ce trop de quelques mois?

Regardez autour de vous, écoutez les discours que tiennent ceux qui peuvent parler, voyez certains actes qui se passent sous vos yeux, et vous vous rendrez compte du nombre de gens qui n'ont encore rien oublié et rien appris en seize mois de guerre.

D'un autre côté, il était nécessaire que toute une génération d'Allemands fût fauchée, pour convaincre ce peuple que la force ne prime pas le droit et que la préparation à la guerre ne suffit pas à conquérir le monde.

En un mot, cette longue guerre apparaît la suite fatale des doctrines enseignées, des jalousies et des haines entretenues depuis si longtemps.

Quand finira-t-elle? C'est le secret de Dieu. Quant

à nous, Français, les événements écoulés depuis un an nous sont un sûr garant de l'avenir.

Notre belle et douce France ne peut sortir que grandie de la guerre. C'est l'héroïsme de ses enfants qui a sauvé le monde de la barbarie allemande.

Bien qu'ayant supporté les plus rudes coups, c'est encore elle qui la première a volé à Salonique et y a soutenu l'honneur des Alliés.

Lorsque les passions qui bouillonnent en Orient auront fini de fermenter, la crise se dénouera d'elle-même et le drapeau français flottera glorieusement de l'Orient à l'Occident, et tous les peuples reconnaîtront à la France le nom de grande parmi les nations.

La situation.

« Craindre en tout heurt est indice de gros et lasche cœur, c'est avoir œil de chien et cœur de lièvre. » Il ne faut jamais mesurer le péril à l'aune de la peur, mais à celle des réalités.

C'est pourquoi je rappelais que le seul principe qui permît d'apprécier sainement une situation militaire est que « la victoire appartient aux gros bataillons » Dans la guerre que nous faisons, les situations d'effectifs, sont les seuls documents qui ont un intérêt primordial en permettant de se rendre compte de l'état réel de chacun des belligérants.

Les Allemands ont fait un effort surhumain et qui a dépassé toute prévision. Combien de temps pourront-ils le continuer? Pouvons-nous tenir aussi longtemps qu'eux et quelle sera la situation des Alliés à ce moment? Voilà les questions seules qui doivent nous intéresser.

Je me suis évidemment trompé en indiquant la fin de septembre comme le moment où la force des armées allemandes serait assez diminuée pour que l'avantage passât aux Alliés.

Me suis-je autant trompé que cela? Je n'en sais rien. Mais en tout cas, on ne me reprendra plus à me laisser leurrer.

Toutefois, s'il pouvait y avoir pour moi une consolation, c'est de ne pas avoir été seul à m'illusionner. En tout cas, je n'ai jamais commis la faute de principe de ne pas saisir le caractère spécial de la guerre sur notre front. Dès le mois de janvier 1915, j'ai crié sur tous les toits que la volonté est impuissante à triompher des obstacles qui nous sont opposés, et que, pour enlever des tranchées, il ne suffit pas de commander de les prendre « coûte que coûte ».

Les effectifs allemands ont été plus forts que nos estimations. Leurs pertes ont peut-être été moins considérables qu'il ne paraissait. Il nous faudra, par suite, quelques mois de plus pour arriver au résultat. Voilà tout.

Mettons, cette fois, les choses au pire et posons la question des effectifs des belligérants.

Aujourd'hui je me bornerai à mettre sous les yeux du lecteur le tableau suggestif des populations respectives des puissances belligérantes.

Russie	130 millions
Angleterre	45 —
France	40 —
Italie	35 —
Belgique	3 —
Serbie et Monténégro	3 —
Total	256 millions
Allemagne	64 millions
Autriche	51 —
Turquie	8 —
Bulgarie	5 —
Total	128 millions

Je me contenterai, pour cette fois, de constater que les populations des nations alliées sont deux fois plus nombreuses que les populations qui les combattent. Cela, sans tenir compte des colonies de la France et de l'Angleterre. J'ai réduit au minimum la population de la Serbie et de la Belgique dont l'effort militaire a déjà été très supérieur à celui qui pourrait résulter du nombre d'habitants indiqué.

Où est la solution ?

— Ce que vous nous racontez sur la situation militaire est bête comme chou. Vous nous rappelez des choses que tout le monde sait, lorsque vous nous dites que la victoire appartient aux gros bataillons ; que c'est le canon qui gagne les batailles ; que les Austro-Allemands avec leurs Turcs et leurs Bulgares sont deux fois moins nombreux que les Alliés. Ces histoires-là ne sont pas intéressantes. L'énigme balkanique, l'expédition d'Égypte, de Bagdad : voilà des choses qui nous préoccupent et nous intéressent.

— Vous ne voyez donc pas que toutes ces questions ont leur solution simple dans les principes que je vous expose, et comme vous ne semblez pas convaincu, je vous demanderai de vous remettre sous les yeux le tableau des populations belligérantes.

Russie	130 millions
Angleterre.	45 —
France	40 —
Italie	35 —
Belgique	3 —
Serbie et Monténégro	3 —
Total	256 millions

Allemagne	64 millions
Autriche.	51 —
Turquie	8 —
Bulgarie	5 —
Total.	128 millions

L'examen approfondi de ce tableau permettra d'éclairer toutes les questions qui font l'objet de vos préoccupations.

Remarquez d'abord le faible appoint que les Bulgares procurent aux forces austro-allemandes. Donc la solution de la guerre n'est pas aux Balkans. Ce n'est pas par là que passe la résultante des forces en action.

Je comprends les déceptions que vous avez éprouvées de la trahison bulgare. Je les ai partagées, et il a fallu que ma raison mît un frein à mon imagination et à ma sensibilité. En cette longue période de guerre, l'œil épouvanté croit voir partout dans le ciel des nuages de plomb.

Regardez le tableau et vous vous rendrez compte de la petite influence de la défection bulgare. En revanche, vous remarquerez l'appoint considérable fourni aux Alliés par les forces italiennes que l'on semble en France ne pas apprécier suffisamment à leur valeur qui est très grande, beaucoup plus grande que ne se l'imaginent la plupart des Français.

Une autre conclusion particulièrement réconfortante nous vient du fait que la population des Alliés étant plus du double de celle des ennemis, il nous suffit d'un effort moitié du leur pour leur opposer des forces égales.

L'équilibre subsiste tant que nos forces ne peuvent trouver où s'employer, et tant que les forces allemandes sont suffisantes à résister à la pression sur l'ensemble du front. De plus, nous pouvons tirer la conclusion suivante qui peut paraître paradoxale : nous avons tout avantage à l'extension du front. La diversion balkanique ne peut tourner à l'avantage des Allemands.

Leur dépérissement.

Au début de la campagne un de nos plus brillants conférenciers militaires disait : « La guerre sera pour nous un simple voyage d'état-major. » La réalité a dû apporter des modifications profondes à ses conceptions. L'art militaire a été ramené à toute la simplicité antique du siège de Troie, et nous pouvons nous rendre compte des résultats obtenus et à obtenir en partant de la simple définition :

La guerre est une opération qui a pour but de ruiner les forces de l'ennemi.

Si nous pouvons déterminer dans quelle proportion

sont diminuées à l'heure qu'il est les forces allemandes et les forces des Alliés, nous verrons de combien nous nous sommes rapprochés du but.

Je m'excuse d'entrer dans des calculs, qui pourront paraître un peu arides, mais qui sont nécessaires pour bien montrer que je ne raisonne que sur des réalités.

Il est facile tout d'abord de se rendre compte que les Austro-Allemands n'ont pas pu enrôler plus de 16 millions et demi de soldats.

Si vous considérez, en effet, qu'en France, une classe jeune, exploitée à fond, donne environ 200.000 conscrits, vous en conclurez qu'une classe austro-allemande ne peut pas dépasser 600.000 hommes, puisque la population austro-allemande de 115 millions n'est pas supérieure à trois fois la population française de 40 millions d'habitants.

Vingt-huit classes austro-allemandes comprenant tous les hommes de 18 à 45 ans, donneraient un total de 18 millions d'hommes. Il n'est pas exagéré d'estimer à 1 million et demi le déchet causé dans les vieilles classes par les infirmités et la mort. Nous arrivons ainsi au chiffre de 16 millions et demi d'hommes incorporables dont j'ai parlé plus haut.

L'appoint que peuvent fournir les hommes de 46 à 52 ans qui ont été appelés, notamment en Autriche, est, d'autre part, certainement inférieur au nombre d'ouvriers qu'il faut laisser dans les usines, dans les chemins de fer, etc...

Ce chiffre de 16 millions et demi d'hommes correspond, du reste, à 14,8 p. 100 de la population totale des deux empires. Jamais pareil effort n'avait été envisagé.

Sur cet effectif total et d'après les propres aveux de nos ennemis on peut considérer que les pertes austro-allemandes s'élevaient au moins à 7 millions d'hommes au 1er décembre.

Il en résulte que nos ennemis ont déjà perdu plus de 42 p. 100 des hommes incorporables et, si nous tenons compte du fait que les éléments disparus sont les meilleurs, nous sommes en droit de dire que leurs forces sont d'ores et déjà diminuées de 50 p. 100, c'est-à-dire de moitié.

Nous pouvons ajouter que, chaque mois, les Allemands perdent environ 300.000 hommes, soit 1/50 environ de leurs forces initiales.

Ces éléments permettent de calculer très approximativement le degré de dépérissement de l'Allemagne à un moment quelconque.

Attendons le printemps.

— Tous vos principes sont admirables, me disait hier un grincheux. Mais bien que la population des nations alliées soit supérieure au double de celles des

Austro-Boches, il n'en est pas moins vrai que nous et les Russes avons été à deux doigts de notre perte : qu'aujourd'hui encore les Allemands peuvent crier sur les toits qu'ils sont partout victorieux. S'il est un fait certain c'est qu'ils n'ont jamais subi un échec sérieux, et qu'ils remportent encore des succès incontestables en Orient.

— Mais moi, je ne vois là qu'une application rigoureuse des principes.

Les Allemands ont lancé à l'Orient et à l'Occident de plus gros bataillons que les Alliés et j'ai à mainte reprise reconnu que nous n'avions que providentiellement échappé aux dangers qui nous ont menacés.

Les Austro-Allemands avaient préparé la guerre. Leurs ressources en hommes pouvaient s'élever à plus de 16 millions de soldats. S'inspirant des principes que Clausewitz rappelle si souvent et qu'il appelle l'économie des forces « dans le temps », ils ont fait participer jusqu'ici aux opérations le plus grand nombre d'hommes dont ils ont pu disposer et ce nombre est supérieur à celui que les Alliés sont parvenus à réunir jusqu'ici.

Nos ennemis ont certainement formé la plus formidable armée de campagne qui ait jamais été vue. Grâce à la supériorité des forces dont ils disposaient ils avaient compté nous écraser avant que nous ayons pu réunir nos forces. Ils ont échoué.

Aujourd'hui, à la clarté des événements qui se sont

passés depuis plus d'un an, je n'hésite pas à évaluer à 8 millions le nombre de soldats que les Austro-Allemands ont mis à la fois en action.

C'est ainsi que les Allemands seuls ont formé plus de 70 corps d'armée à 50.000 dont l'effectif total était de 3 millions et demi d'hommes. Si, à ce nombre, vous ajoutez un million d'hommes pour les divisions de landsturm, les formations d'armées, les troupes d'étapes, de chemin de fer, etc., nous arrivons à estimer à 4 millions et demi d'hommes les effectifs de l'armée allemande.

Admettons que les Autrichiens ont fait un effort analogue, et le total énorme de 8 millions de soldats pour l'ensemble des deux armées ne semblera pas exagéré.

Il est nécessaire, d'autre part, d'arriver à cette conception, si nous voulons comprendre la vigueur de la défensive allemande à l'Ouest en même temps que l'énergie de son offensive contre la Russie.

L'énormité de ces effectifs des armées austro-allemandes au cours de l'année 1915, nous permet encore de nous expliquer comment nos ennemis ont pu détacher une armée dans les Balkans.

Je ne crois pas que l'on puisse évaluer à 8 millions d'hommes les armées alliées pendant la même période.

Mais l'heure approche, si elle n'est pas déjà venue, où nos ennemis ne pourront plus entretenir cette armée.

A partir de ce moment-là, que je montrerai ne pas pouvoir être reculé au delà du 1ᵉʳ mai, en mettant les choses au pire, les Allemands seront atteints dans leurs œuvres vives, leurs forces diminueront progressivement et très rapidement.

Quand ils ne pourront plus réparer leurs pertes.

Si les comptes sont chose horripilante pour ceux qui n'arrivent pas à équilibrer leur malheureux budget, en revanche que de gens j'ai connus qui éprouvaient une suprême jouissance à faire la balance de leurs recettes et de leurs dépenses. Ce sont ceux-ci qui sont les sages. au dire du monde. Pendant la guerre, il ne me déplaît pas de constater que les Alliés se trouvent parmi ces heureux de la terre.

Nous avons constaté que les Allemands avaient perdu déjà 42 p. 100 de leurs effectifs et que cette perte correspond à 50 p. 100 au moins de leurs forces, si nous tenons compte du fait que ce sont leurs meilleurs éléments qui sont tombés.

C'est un affaiblissement énorme et il semblerait que nous devrions déjà sentir l'effet de cette diminution.

M. Gaston Roupnel, qui comme moi, a étudié la

guerre de Sécession, en la comparant à la guerre actuelle, écrit même à ce sujet dans *la Grande Revue* :

« L'exemple de la guerre américaine nous apprend que la capacité de résistance d'une armée est complètement épuisée lorsque son effectif nominal est réduit de 50 p. 100. »

Il s'est trompé comme moi, les Allemands pousseront beaucoup plus loin la résistance. Il est facile du reste de se rendre compte des causes qui le leur permettent.

L'effectif des armées en campagne entretenues à la fin de l'été par les Austro-Allemands pouvait être évalué à 8 millions d'hommes. Nous ne nous apercevrons réellement de la diminution de leurs forces qu'au moment où ils cesseront de pouvoir alimenter cette armée.

Les Allemands en seront réduits là vers la fin de mai.

A partir de ce moment, tout se passera comme si nos ennemis perdaient chaque mois une armée de 300.000 hommes, sans pouvoir la remplacer.

L'usure sera d'autant plus forte, qu'elle portera exclusivement sur les unités combattantes.

Il n'en résultera pas que, dès le mois de mai, les Allemands ne seront plus en état de résister sur leurs positions et même de prendre l'offensive sur des points déterminés, mais ils ne pourront plus réparer leurs pertes.

J'estime que pour envisager leur recul comme certain, il faudrait que leurs effectifs fussent réduits à 6 millions d'hommes. A ce moment-là, si nous comptons 1 million de troupes d'étapes ou de services, 600.000 hommes pour le front italien, il resterait moins de 5 millions pour les deux fronts principaux, effectif notoirement insuffisant.

En admettant que les moyennes des pertes soient constantes, cette heure sonnerait au commencement d'août. Alors les Allemands auront perdu 9 millions d'hommes, soit plus de 50 p. 100 de leurs effectifs globaux et 8,8 p. 100 de leur population.

« Économie des forces dans le temps ».

Je disais l'autre jour que les Allemands, en portant leurs armées de campagne aux effectifs maximum que permettaient d'atteindre les ressources du recrutement, avaient agi ainsi en conformité du principe de l'économie des forces dans le temps.

Je m'aperçois que je n'ai pas été compris. La faute en est à la bizarrerie de la terminologie militaire et à ses prétentions métaphysiques. L'expression « économie des forces dans le temps » veut dire qu'il faut employer le plus vite possible les forces dont on dispose. Je comprends que les rentiers qui ne sont pas habitués à traiter ainsi leurs capitaux, et hésitent à mettre tous leurs œufs dans le même panier, aient été surpris de cette manière d'économiser les forces.

Pour bien montrer dans quel sens l'expression doit être entendue, je citerai le texte de Clausewitz qui peut être considéré comme l'auteur de cette théorie.

« Il nous faut pratiquer l'économie des forces *dans l'espace et dans le temps*, c'est-à-dire employer le plus de troupes possible au même point et au même instant. »

Il faut, disait en 1900 le colonel Foch, utiliser toutes les troupes, quelle qu'en soit l'espèce. Quelle folie de réserver les moins bonnes pour les luttes désespérées de la dernière heure ! Les mobiles de Coulmiers, de Bapaume, de Villersexel n'auraient-ils pas combattu plus utilement aux côtés de l'armée de Châlons ?

C'est ainsi qu'en tablant sur des ressources égales à 16 millions d'hommes chez nos ennemis, tenant compte, d'autre part, de leurs pertes pendant la campagne de 1914 et la campagne d'hiver de 1915, j'en suis arrivé à conclure que les effectifs austro-allemands avaient pu atteindre près de 8 millions d'hommes à la fin de l'été 1915.

C'est à cette manière d'opérer qu'ils doivent leurs succès.

Nous pouvons même dire que s'ils n'ont pas obtenu des succès décisifs au commencement de la campagne de France, c'est qu'à ce moment leurs armées étaient loin d'atteindre ces effectifs et que s'ils s'étaient organisés pour nous envahir avec 300.000 hommes de plus, il est bien probable que nous ne les aurions pas arrêtés sur la Marne et qu'ils auraient réalisé une singulière économie de forces dans le temps et dans l'espace.

Messe de minuit sur le front.

Pendant la nuit de Noël 1914, dans la forêt d'Argonne, les rudes combats sans trêve ni merci ne s'interrompent pas.

Au milieu des ténèbres, nos petits fantassins combattaient vaillamment et nos artilleurs veillaient auprès des pièces, prêts à lancer la mitraille sur l'ennemi.

Cependant, dans la forêt, derrière les tranchées, les prêtres soldats célébraient la messe de minuit.

Les artilleurs, eux aussi, voulurent fêter la naissance du Sauveur dans le réduit qui servait de poste central au commandement des batteries.

La grotte qu'ils offraient comme abri à l'Enfant-Dieu était aussi misérable que celle de Bethléem. Ni âne, ni bœuf n'auraient pu y pénétrer et les Rois Mages auraient sali leurs magnifiques vêtements s'ils avaient cherché à y entrer.

Pourtant dans cette grotte toute l'immensité de la grandeur divine allait descendre auprès de la plus grande force qu'ait inventée le génie humain. Toutes deux, la puissance céleste et la puissance humaine, étaient dissimulées sous les plus humbles apparences.

Au fond de la grotte l'autel était dressé.

L'autre côté de l'abri était occupé par une table grossière fixée sur des souches non équarries. D'énormes étais soutenaient la voûte formée de troncs de hêtres.

Deux grosses lampes éclairaient le centre de l'abri dont les profondeurs se perdaient dans une ombre mystérieuse.

Le colonel et tous les officiers disponibles se pressaient devant l'autel. Les canonniers s'étaient entassés dans le boyau de communication.

Le capitaine de service assis à la table, le téléphone à l'oreille, recevait des renseignements des tranchées, prêt à commander le feu.

Cependant l'office divin se déroulait dans un calme impressionnant.

A l'élévation on entendit la voix du capitaine commander au téléphone :

« Batterie B, C, D, salve de vingt et un coups de canon. »

Lui-même, aussitôt, entonnait l'hymne d'Adam : « Minuit chrétiens ! » pendant que la voix des canons accompagnait la sienne.

Nuit de Noël 1915, vous allez voir encore s'accomplir dans les tranchées les rites sacrés.

Jamais, depuis 1.900 ans, la naissance du Sauveur n'avait été célébrée dans des temples rappelant davantage la misère de la crèche de Bethléem.

Nuit de Noël, serez-vous encore une fois l'aube des temps nouveaux ? Un siècle nouveau va-t-il naître ? Encore une fois se sont tus les prophètes et les augures. Parlerez-vous, Seigneur ? Le monde vous attend.

24 décembre 1915.

Quand leurs effectifs fondront.

Du côté austro-allemand la situation peut se résumer comme il suit :

Les Austro-Allemands disposent encore de forces considérables dans leurs armées de campagne dont on peut évaluer les effectifs à environ huit millions d'hommes. D'ores et déjà ils ne parviennent que difficilement à entretenir ces effectifs énormes qui fondront très rapidement à partir du mois de mai. Si rapidement même qu'à partir de ce moment chaque mois coûtera aux Austro-Allemands environ deux armées qu'ils ne pourront plus remplacer.

Dans ces conditions, que vont faire les Allemands ? Deux solutions seules peuvent être envisagées : Ou les Allemands essaieront de prolonger le plus possible leur résistance en ménageant leurs soldats, ou ils feront un effort considérable pour chercher un succès décisif qui leur a échappé jusqu'ici et qu'ils ne peuvent pas attendre plus longtemps.

Je crois que la première hypothèse doit être écartée.

Tout d'abord elle est absolument contraire aux principes allemands.

En outre, plutôt que de laisser prolonger une situation qui, pour eux, s'aggrave tous les jours et qui les conduit sûrement à une lente agonie, nos ennemis préféreront certainement courir le risque d'une mort plus rapide, mais essayer d'obtenir un succès possible qui pourrait nous décourager et nous amener à traiter.

Nous pouvons donc, et je dirai nous devons, nous attendre à une attaque des plus violentes sur notre front, dès que les Allemands auront réuni en armées tous les éléments qu'ils pourront distraire de leurs divers fronts en ne laissant sur ceux-ci que les forces strictement nécessaires pour s'y maintenir pendant la durée de cette offensive.

Ils savent, comme nous, mieux que nous, que c'est le dernier effort qu'ils puissent tenter. Pourront-ils distraire 6 ou 10 corps d'armée? Je n'en sais rien.

En tout cas, ils joindront à ces corps d'armée une artillerie formidable et tenteront des attaques à la Mackensen sur notre front.

Les mouvements de troupes signalés vers l'Occident me semblent donc parfaitement vraisemblables et nous devons nous préparer à repousser cette dernière tentative de l'ennemi pour échapper à sa ruine définitive.

Envisageons avec confiance cette dernière bataille, notre affaire de tous les jours est de nous rendre plus forts que nous-mêmes.

26 décembre 1915.

Où se portera leur suprême effort.

Le discours de M. de Bethmann-Hollweg a été à la fois un aveu et un avertissement. Il reconnaît que les Allemands n'ont plus la supériorité du nombre, mais en ajoutant que le nombre n'est pas tout, il indique chez nos ennemis la volonté bien arrêtée d'utiliser les forces encore très considérables dont ils disposent pour tenter un suprême effort.

Où et quand sera tenté cet effort ? A mon avis il le sera le plus tôt possible, il le sera sur Paris.

Je dis d'abord que logiquement, les Allemands doivent lancer cette offensive le plus tôt possible. Ils sont arrivés au moment où leurs forces vont diminuer, cette diminution sera très sensible dès les premiers mois du printemps. D'autre part, les Allemands savent très bien que nos forces vont en augmentant, que ce n'est qu'au printemps que nos usines donneront la quantité de canons et de munitions supérieures à celle que peuvent fabriquer les Allemands. Que d'autre part, c'est à la même époque que de nouvelles armées russes seront prêtes à entrer en ligne et que l'armée anglaise sera renforcée d'un million d'hommes. Il s'agit donc pour les Allemands de faire vite. Nous les connaissons, ils n'hésiteront pas, ils ne peuvent hésiter. La nécessité les pousse, aussi bien que le désespoir. Attendons-nous donc à une attaque extrêmement violente. Les coups les plus importants sont toujours portés en cas d'impérieuse nécessité. La fureur et la rage sont de dangereuses bêtes.

Aussi, cette fois, ils n'ont plus le temps de ruser. Il leur faut Paris pour échapper à la ruine.

Ils peuvent venir, nous sommes prêts à les recevoir.

27 décembre 1915.

Leur seul objectif.

En avons-nous bientôt fini de nous préoccuper de Salonique ou de l'Égypte, de nous inquiéter des intrigues grecques ou roumaines ? Je ne dis pas que ces questions n'ont aucune importance, mais elles en ont une bien faible. L'habileté de l'ennemi a été de détourner notre attention et nos forces sur des points où aucune décision ne saurait intervenir. Je crois l'avoir démontré à tout homme non prévenu. Nous ne pouvions évidemment laisser le champ libre et les coudées franches aux Allemands dans les Balkans ou sur le canal de Suez. Aussi, je ne critique nullement les mesures de sécurité indispensables.

Mais ce que nous ne devons pas perdre de vue, c'est que le seul objectif que puissent avoir les Allemands en ce moment : c'est Paris.

Voilà une proie d'importance, qui peut réveiller toutes les convoitises teutonnes, et faire oublier aux Allemands les souffrances qu'ils endurent.

Nos ennemis vont voir rapidement fondre les effectifs de leurs armées. Dès le mois de mai ces pertes s'aggraveront très rapidement pendant qu'augmenteront les armées alliées.

Nul doute à avoir, les Allemands lanceront sur nous avant le printemps tous les hommes qu'ils pourront rendre disponibles. Pour chercher à réaliser leur rêve, ils feront tuer jusqu'à leur dernier soldat.

Mais il ne faut pas que cette attaque, pour nous, soit une surprise. Députés et citoyens doivent en être prévenus.

Nous sommes, du reste, en bonne situation pour la recevoir.

La saison est défavorable aux opérations offensives. La brièveté des jours ne permet pas de poursuivre rapidement un succès partiel et facilite l'amenée des réserves sur les points menacés. De plus le terrain sur lequel les Allemands seront conduits à développer leurs attaques nous est particulièrement avantageux.

Mais là, plus qu'ailleurs, apparaît le défaut de coordination des efforts des armées alliées.

Je préfèrerais voir une armée italienne à Paris, plutôt qu'à Valona.

Les troupes anglaises, même médiocrement instruites, dès qu'elles sont armées, complèteraient aussi bien leur instruction en France que dans l'intérieur du Royaume-Uni, etc...

En un mot, il apparaît, pour moi, de manière évidente, que la dernière partie va se jouer sur notre territoire.

Mauvaise humeur.

— D'où vous vient depuis quelques jours cette humeur chagrine et sombre à laquelle vous ne nous avez pas habitués? La probabilité d'une attaque allemande sur Paris vous donnerait-elle quelque inquiétude?

— Non, mon cher ami, les Allemands ne sont pour rien dans ma méchante humeur. Je considère, il est vrai, comme probable une offensive de nos ennemis sur Paris, mais je suis trop vieil artilleur pour m'effrayer du bruit du canon. Comme, d'autre part, seule la bataille amène la victoire, je serai enchanté que les Allemands nous offrent l'occasion d'un succès décisif. A mon avis, les Allemands préféreront certainement périr de mort violente, plutôt que de consomption. Une dernière offensive à l'Occident est donc pour eux la seule opération logique, *s'ils disposent encore de forces supérieures à celles qu'exige la stricte défensive sur leurs autres fronts.*

Mais ne vous figurez pas que cela soit pour me déplaire, je n'ai pas le moindre doute sur le résultat définitif qui sera la ruine définitive des Boches.

Ce dont j'enrage, c'est de la tenue de ces politiciens qui ne songent qu'à leurs rancunes personnelles, alors que l'ennemi est à 80 kilomètres de la capitale et que le moment semble proche où ils vont faire sur elle une tentative désespérée.

Je suis particulièrement ému du rôle tenu à la Chambre par mon député, le vaillant et intrépide capitaine Accambray, mon député, qui a pris l'héroïque devise :

Que s'il n'en reste qu'un je serai celui-là.

Avoir pour représentant le capitaine Accambray ! Quelle gloire immortelle pour notre chère garnison dont les troupes et tous les enfants se sont si bien battus, je puis en témoigner !

Trois colonels, anciens du capitaine Accambray, un chef d'escadron, dix capitaines, ses camarades, sont déjà tombés au champ d'honneur, il peut en être fier.

Dès que nous serons rentrés dans la vieille cité, le capitaine Accambray peut compter sur moi pour accoler son nom à celui de nos glorieux soldats.

Expédients frivoles.

Je viens de lire avec intérêt la brochure de M. Paul de Leoni, dont *la France de Demain* a parlé : « Deux dates, 1870-1914. » L'auteur y résume ce que chacun doit savoir sur les origines de la guerre et ce que nul ne devra oublier quand sonnera l'heure prochaine où il faudra imposer aux Allemands les sanctions nécessaires pour les mettre dans l'impossibilité de nuire.

Il est un point cependant où M. de Leoni ne me paraît pas avoir pénétré suffisamment l'âme allemande. En tant qu'il est possible d'admettre que le Boche ait une âme !

« L'Allemagne, dit-il avec raison, n'est ni inventrice, ni créatrice... En politique, en diplomatie, en turpitudes de tous les genres elle se répète invariablement. »

Parfait. Mais où je ne suis plus de l'avis de l'auteur, c'est quand il ajoute : « Routinière du crime, elle s'expose toutefois à un redoutable écueil. Elle n'a pas le droit de manquer son coup, elle est désemparée, prise de vertige, condamnée à l'ébranlement de toutes ses facultés perverses. »

Pas du tout, le Boche n'est pas pris de vertige pour si peu de chose. Pris la main dans le sac, il sourit agréablement, et demeure convaincu que chacun l'a trouvé très fort pour avoir pris la montre ou la pendule de son voisin ou lui avoir planté un coup de poignard dans le dos.

En agissant ainsi, il procède par une espèce d'atavisme. Il faut remonter bien plus haut que 1870 pour en retrouver l'origine. Frédéric II, le véritable père de la *kultur*, a tracé la voie dans laquelle tous ses descendants ont marché depuis près de deux cents ans.

Lorsqu'à la fin de la guerre de Sept ans, le roi de Prusse se trouva dans une situation qui n'était pas sans analogie avec celle de l'Allemagne à la fin de 1915, il employa des moyens semblables à ceux dont se servent actuellement nos ennemis.

« Dans l'état où se trouvait le Roi, écrit Frédéric II dans ses mémoires, il fallait avoir recours à tout, employer la ruse et la négociation, enfin tous les moyens possibles pour adoucir la situation des affaires. D'ailleurs, *on ne perdait, en faisant des tentatives, que la peine d'avoir imaginé des expédients frivoles.* »

Expédients frivoles, toutes les notes que la chancellerie allemande échange avec les États-Unis ! Expédients frivoles, les missions des princes de Bülow, de

Reuss ou de Mecklembourg! Couler la *Lusitania* ou l'*Ancona*, encore expédients frivoles!

Il leur faut encore une fois, comme le faisait Frédéric II, avoir recours à tout, employer la ruse et tous les moyens possibles pour adoucir la situation des affaires. Nous nous en apercevons, à nous de ne pas nous laisser prendre. N'espérons pas qu'ils se lassent jamais. Quelques-uns de ces expédients frivoles réussissent, cela leur suffit.

Vers de terre et escargots.

La guerre avait éclaté entre l'organisme le plus puissant de l'univers et les forces invertébrées éparses dans le monde.

Petit à petit, ces forces parvenaient à se grouper, à s'ordonner. La lutte n'avait pas tourné à leur désavantage, autant qu'on aurait pu le craindre.

C'est que l'été et l'automne de l'année où avait commencé cette guerre avaient été fort chauds et comme tout le pays était en feu les vers de terre, escargots, limaces, tous les animaux marchant sur le ventre et laissant partout traînée de bave, s'étaient « mussés », comme on dit en Normandie. Ne trouvez-vous pas comme moi cette expression rappelant *mus*, qui veut dire « rat », tout à fait propre en la circonstance?

Je la préfère à caché, terré et même embusqué. Se musser fait image. On voit toute la race malfaisante des animaux malpropres et répugnants disparaître dans leurs trous à rats.

Mais de longs mois de pluie succèdent à la période de chaleur, le soleil reste caché dans les nuées, le brouillard enveloppe les cités et les campagnes, et voilà vers de terre, escargots et limaces qui se mettent à grouiller, à chaque pas on rencontre annelé ou gastéropode.

— Enfin, s'écrie le ver de terre, je suis le roi de l'univers. Je suis le premier échelon de l'être et je suis le dernier. Je suis le principe de la création et j'en suis la fin. C'est de moi que viennent tous les êtres organisés. Le transformisme le démontre. C'est moi qui détruis les derniers restes de ces hommes orgueilleux qui se figurent conduire le monde. De leurs dépouilles enfouies dans mes domaines souterrains, j'extrais les germes délétères que je rejette à la surface de la terre pour empoisonner leurs troupeaux et décimer leurs cités.

Je suis Dieu, à quoi peut servir le cerveau qui pense, la tête qui commande, le cœur qui entraîne ? Ai-je un cerveau, une tête ou un cœur et pourtant je suis Dieu.

Allons, à la rescousse Escargots et Limaces ! couvrez de bave ce que je ne parviendrai pas à salir.

Que chacun de nous commande pendant vingt-quatre heures. N'est-ce pas le meilleur moyen de trouver un chef qui sera victorieux ? Que nous parle-t-on de guerre savante ? Nous ne savons rien et nous sommes les Dieux.

Tout à coup, un grand vent s'élève. La tourmente fait rage, le soleil paraît, la terre desséchée se fendille. Vers de terre, escargots et limaces se mussent de nouveau en leurs trous ténébreux.

Prenez garde aux reptiles !

Un des plus grands dangers que nous ayons à courir, à l'heure qu'il est, vient des reptiles allemands qui se sont glissés partout, ont tout sali de leur bave et empoisonné de leur venin tous les organismes des pays étrangers.

Que de mal nous a fait l'habileté de l'Allemand à diriger les grandes manœuvres de presse !

Je ne citerai qu'une vieille histoire :

En 1867, le colonel von der Burg, qui avait lié de précieuses amitiés dans l'armée française, en faisant dans nos rangs l'expédition du Mexique, vint à Paris, à l'Exposition, dans la suite du roi de Prusse.

Dînant un jour avec un colonel français, il lui dit : « Avant cinq ans, l'Alsace aura fait retour à l'Allemagne. »

Son interlocuteur se récrie en disant qu'il faudrait que le Dieu des batailles intervînt.

— Oh ! votre armée, je la connais et je l'estime, reprit von der Burg, mais son organisation est loin d'être à la hauteur de la nôtre. Puis, comment voulez-vous lutter contre nous? Par la presse, nous sommes maîtres chez vous. Ainsi, l'an dernier, lorsque l'empereur Napoléon a voulu mobiliser son armée pour se battre aux côtés de l'Autriche, M. de Bismarck envoya en France un agent, avec un million de marks, pour rendre l'opinion favorable à la Prusse. Immédiatement ce fut dans tous les journaux un merveilleux concert.

« Comment ! l'Empereur voudrait faire la guerre à la Prusse qui représente le libéralisme, le progrès, la civilisation ; à la Prusse la véritable héritière des traditions de Voltaire. » L'Empereur intimidé par ce qu'on est convenu d'appeler « l'opinion publique », ne lança pas le décret de mobilisation. Le million de marks n'était pas encore dépensé, que déjà il nous avait gagné une campagne. »

Que de fois, nous, Français, nous avons, depuis cette époque, entendu le concert dont le chef d'orchestre siège à la Wilhelmstrasse.

Toute la presse française est imbue aujourd'hui de sentiments trop patriotiques, elle est trop avertie pour que nous ayons à redouter une manœuvre analogue,

Le soldat et l'emprunt.

« Veux-tu savoir ce que c'est qu'un écu ? Cherche à l'emprunter, » disaient nos aïeux.

Je sais ce qu'est un écu, mais vous dire ce qu'est un milliard, j'en suis incapable, n'ayant jamais eu l'idée d'en emprunter un.

Cela doit faire beaucoup d'écus et être joliment difficile à emprunter.

M. Ribot en a trouvé quatorze.

Très bien ! Le peuple de France a confiance en ses soldats et le moral de l'armée est bon. Voilà tout ce que j'y vois.

L'or est comme l'eau qui va à la rivière.

J'avais pourtant eu un instant d'inquiétude, c'est lorsque j'avais lu l'appel fait à la bourse de nos troupiers. Un député avait même demandé que les bonis des ordinaires fussent employés à l'emprunt ; en était-on à avoir recours à ces expédients ! J'avais reçu à ce sujet, d'un jeune officier du front la lettre suivante :

« Bravo pour votre article « l'Or et le sang ». Nous venons de recevoir la proclamation nous engageant à souscrire à l'emprunt. « Soldats, vous êtes mal nourris et presque nus, je vous conduirai dans les riches plaines du Piémont. » Ça c'est d'un autre temps ! Il y a cent ans on disait aux soldats : « Mes enfants, nous n'avons que nos fusils et nos canons, nous trouverons chez l'ennemi le reste. » La guerre a bien changé, les professeurs, qui seuls la comprennent, trouvent que pour la terminer il faut demander aux poilus de la galette. Va ! Mais est-ce qu'ils se figurent que nous en avons ? Je veux bien que le poilu touche maintenant cinq fois plus qu'autrefois, mais ça ne fait jamais que cinq sous et un camembert coûte 30 sous ! Les sous-officiers ! on leur a enlevé cinq sous sur leur maigre solde et le peu qu'ils peuvent économiser est envoyé à leurs femmes ! C'est sans doute chez les officiers que l'on pourrait trouver quelque chose : Mon Dieu ! si l'appel avait été fait un jour de solde, je ne dis pas, mais à la fin du mois ! Faites vider les porte-monnaies et vous verrez ce que produira la quête ! Pour ma part, il me reste 40 francs. Il est vrai que la vie aux tranchées n'est pas chère. Mais l'emprunt n'est pas émis au taux de 40 francs. Je donnerai cent sous de plus à mon ordonnance, cent sous à un poilu qui est allé pendant la nuit me chercher du bois. Nous allons être obligés à notre retour au cantonnement de boire à la victoire et ces 10 francs de champagne ne seront pas mal placés. Il nous paieront plus de 5,73 p. 100 en gaîté et en entrain. Oui... avec cela il me restera un louis. Quelle fortune ! Les vingt braves de mon escadron qui, tout près dans la tranchée, dorment leur dernier sommeil y ont bien droit. Il faut qu'ils soient au ciel pour le jour de la victoire. Ils ont sauvé la France, ils ont bien droit au véritable emprunt national. »

Les généraux de la Révolution.

Divers journaux ont mené une campagne pour que le Parlement en revienne à la tradition de nos grands ancêtres de 1793 et qu'un Comité de salut public organise la victoire et désigne les généraux.

MM. Aulard et Bérenger ont exploité la légende révolutionnaire, MM. Chuquet et Ernest Daudet ont remis les choses au point.

Mais ni l'un ni l'autre de ces derniers n'ont montré les effets plus que médiocres que le système des représentants aux armées avait produit au point de vue militaire.

Lorsqu'en 1792, il faut tenir tête à la coalition, il se trouve un seul homme supérieurement doué, mais peu instruit, Dumouriez, pour soutenir quelque temps l'honneur de nos armes, et après sa disparition, nul n'est plus en état de commander une armée. Il n'y a d'ailleurs pas plus de talents parmi les généraux émigrés que parmi les patriotes.

A défaut de généraux habiles à la tête des armées, un membre du Comité de Salut public se montre capable d'imprimer aux opérations une activité nouvelle :

c'est Carnot qui, doué d'une vaste intelligence, d'une volonté ardente, a le sens de la guerre nouvelle, veut la bataille, la solution prompte et décisive.

Sans cesse, il recommande à Pichegru, à Jourdan, la réunion des forces, l'action en masse.

Mais c'est là l'intention, le désir dans l'application, il est le premier à ordonner la division, le morcellement, la dissémination.

Il prescrit aux armées du Rhin et de la Moselle d'agir avec ensemble, mais il ne les soumet pas à un commandement unique.

Le 1er brumaire, an II, tandis qu'il ordonne à Pichegru l'offensive la plus énergique, il lui recommande de ne pas s'éloigner des places.

Qu'on soit en 1795 et 1796, ou en 1793 et 1794, les armées sont morcelées et agissent sans ensemble et les généraux ne comprennent pas les meilleurs plans de Carnot. Mal compris par Hoche, par Jourdan, il faut qu'il vienne diriger les opérations lui-même po u amener les succès de Wattignies et de Fleurus.

En résumé, écrit le lieutenant-colonel Colin, à qui j'ai emprunté les détails ci-dessus, pendant les longues guerres de la Révolution, les opérations sont pauvres en combinaisons rationnelles et en mouvements vigoureux. Si la valeur est vite venue aux troupes, les généraux *sortis de terre* sont plutôt de la trempe des Soubise et des Contades que des Villars et des Berwick.

Au-dessus de toutes ces médiocrités, Bonaparte seul va émerger. Il serait facile de voir que les représentants aux armées ne sont pour rien dans sa fortune et que Barras y contribua plus que Saliceti. Bonaparte ne commanda d'ailleurs réellement qu'à partir de 1796 et depuis longtemps le régime du Comité de Salut public avait cessé. Seul Carnot y avait survécu et était membre du Directoire.

Les hommes, les marks et les cochons.

Que se passe-t-il chez nos ennemis ?

Il est certain que leurs ressources en hommes s'épuisent et qu'ils ne peuvent pas prolonger la lutte au delà de quelques mois. D'un autre côté, des symptômes évidents de crise alimentaire et de crise économique apparaissent en Allemagne.

« Le peuple à jeun est incapable de conserver la discipline », disaient les Romains. Cet adage s'appliquerait-il aux Allemands, le plus discipliné des peuples ? Mais certainement. Si le Boche est discipliné, l'estomac et le ventre ont chez lui une influence prépondérante. Aussi, les manifestations incontestables de mécontentement qui se sont produites dans les grandes villes d'Allemagne sont certainement des signes de la réelle lassitude dont la valeur est singulièrement augmentée par le fait que la fraction dissidente du parti socialiste au Reichstag a refusé son vote aux crédits pour la guerre et répudié toute politique de conquête.

Tous les socialistes allemands avaient applaudi à la guerre. Comme une meute affamée, ils avaient mené la chasse, dans l'espoir de se gorger à la curée qui leur était promise.

Aujourd'hui, après 17 mois de guerre, l'ouvrier allemand, le ventre vide, s'aperçoit que la prolongation des hostilités ne vaudra jamais à l'Allemagne la domination du monde ; que c'en est fait de la curée à laquelle il avait été convié.

Il en témoigne son dépit, mais pas encore sa colère. Il lui faudra supporter encore d'autres souffrances pour en arriver là.

J'avoue d'ailleurs n'avoir aucune pitié pour lui, et je suis convaincu que l'ouvrier français qui a donné tant de preuves du plus pur patriotisme n'éprouve pas des sentiments beaucoup plus tendres à l'égard des bandits qui ont commis tant de crimes.

Le peuple allemand n'en est du reste qu'au début de ses souffrances.

Le parti militaire, le parti bourgeois et la majorité des députés socialistes qui ne sont que des bourgeois, se rendent bien compte que les seules conditions de paix que pourraient accepter les Alliés, entraîneraient la banqueroute et la déconfiture de l'Allemagne et, par suite, la ruine de tous les intérêts qu'ils représentent.

Aussi, ils lutteront tant qu'ils auront un homme, un mark et un cochon.

Mais ils ne pourront aller plus loin, et c'est maintenant par mois qu'ils doivent compter le temps de leur résistance, car hommes, marks et cochons s'épuisent en même temps, et la chute de leurs forces économiques coïncidera avec celle de leur puissance militaire.

L'année 1916.

Que seras-tu, année qui commence dans la guerre et finiras dans la paix ?

Déjà les armes de l'ennemi ont perdu de leurs forces; France tu triompheras du temps et des barbares, tu triompheras de toi-même.

Ce ne sont pas les sages, ce ne sont pas les savants, ce ne sont pas les puissants qui auront fait ce miracle.

Une fois encore sera vérifiée la parole de l'apôtre : Où sont les sages ? Où sont les docteurs ? Qu'ont opéré ceux qui ont recherché les sciences de ce monde ?

Ce sont nos morts que nous pleurons, ce sont

nos souffrances, c'est notre résignation qui auront accompli le miracle.

Obéissant à l'ordre, ils sont tombés pour l'ordre, côte à côte, soldats de toutes les classes; nous les admirerons, les respecterons et nous chérirons en eux le double mystère de l'ordre et de la beauté.

Leur sacrifice n'aura pas été inutile.

Il y a, nous dit Plutarque, entre les choses d'un ordre supérieur et entre les choses naturelles des liaisons et des correspondances secrètes.

En vain, philosophes et politiques modernes, essayez-vous de nier ce qu'ont reconnu la sagesse antique et la sagesse chrétienne!

Oh! maudits soyez-vous, vous qui enlevez au soldat l'idéal, au mourant l'espérance, à la veuve, à l'orphelin la consolation.

Mais il ne faut pas maudire. La mort réunira les deux cités, les deux Frances, dans la vie.

Déjà nous percevons les signes favorables et devinons l'arc-en-ciel qui, le soir, viendra baigner ses pieds sur les flots calmés et amener la fin de la tourmente.

Année 1916, cet arc-en-ciel de gloire couronnera ton automne. Il marquera pour notre France le commencement d'une ère nouvelle, pendant laquelle notre patrie continuera à accomplir dans le monde la mission qui lui fut confiée: être le soldat de Dieu, celui des justes causes et des grandes idées.

1ᵉʳ août 1916.

Il y a sept mois qu'a été écrite la dernière de ces causeries. La grande guerre, tout en déjouant toutes les prévisions humaines, a continué à se développer conformément aux lois de la logique.

Pour tous et pour chacun en particulier l'épreuve est devenue plus dure.

Après mon fils, mon gendre le capitaine Paul Laurent est tombé le 21 juin au champ d'honneur devant Verdun.

La veille de sa mort, il était cité à l'ordre de l'armée dans les termes suivants :

A fait preuve, au cours des combats du 15 au 18 juin 1916, des plus belles qualités de sang-froid, de décision et d'initiative. A effectué les reconnaissances les plus périlleuses. A fourni pendant tout le combat des renseignements précieux au commandement et, par des tirs très précis, a arrêté, par deux fois, le 15 et le 18, une contre-attaque de l'ennemi, en lui infligeant de lourdes pertes.

Chrétien fervent, soldat admirable, le capitaine Laurent était issu d'une de ces vieilles familles parisiennes et j'ajouterai polytechniciennes, où semblent se réunir toutes les qualités de la race française.

Quelle consolation pourrait-on apporter à ceux qui

portent de tels deuils, s'ils n'avaient la foi en l'éternité bienheureuse de ceux qu'ils ont perdus, s'ils ne croyaient à la vertu du sacrifice qu'ils ont accompli?

« Nous savons, comme l'a dit Psichari, que ce n'est pas en vain que la terre a bu notre sang. »

Nos hommes politiques, nos philosophes peuvent continuer à nier la Providence. Richelieu, Henri IV, Napoléon ont cru à son action; Newton, Descartes, Bossuet s'en sont fait les défenseurs; J.-B. Dumas, Leverrier, Pasteur lui ont manifesté leur foi, en pleine Académie des sciences.

Dans leur orgueil, il est encore des hommes qui se refusent à reconnaître que le mystère nous environne de partout et que, même sur le terrain scientifique, nos connaissances dépassent infiniment nos compréhensions.

Pourtant, jamais mieux qu'en temps de guerre n'est apparue la vérité de la parole de Moïse :

« Les choses visibles ont été faites de choses invisibles. »

Nous vivons au milieu de choses invisibles qui se manifestent visiblement.

Interrogez à ce sujet tous ceux qui reviennent de la grande guerre.

Ils vous diront que nous n'avons qu'à bénir la Providence qui nous a traités en enfants gâtés ou mieux en enfants prodigues.

Ayons confiance !

Les Allemands, comme autrefois les Perses dans la Grèce envahie, n'ont pas craint de dépouiller les Dieux, de profaner et d'incendier les temples. Comme le dit Eschyle : « Déjà leurs crimes ont reçu leur salaire, mais tout n'est pas fini, ils moissonneront une moisson de douleurs. » C'est aux Allemands que s'appliquera la parole du roi David :

« La désolation frappera mon ennemi.

« Leur force défaillera tout à coup ; ils périront en raison de leur iniquité, comme le songe d'un homme qui s'éveille. »

FIN

TABLE DES MATIÈRES

	Pages.
Préface	v
Vision d'avenir	1
Mon grand-père était corsaire	3
L'usure	4
Le réconfort	6
La « colline inspirée » de l'Artois	8
La croisade	11
La stratégie russe	13
Nos officiers et les leurs	15
Les troupiers chantent	17
Ne soyez jamais inquiets	19
Ce qu'on pourrait leur faire	21
Notre supériorité morale	23
Vous avez entendu dans la nuit, grand-père ?	26
L'Italie et la Triple-Alliance	28
Le passage d'où l'homme ne sort jamais vivant	30
Les amours germano-italiens	33
Les victoires blessées à mort	34
Nos amis les Anglais	36
La bataille unique	38
La supériorité du feu	41
Encore la supériorité du feu	43
La prophétie d'Orval	45
L'arbre porte ses fruits en son temps	49

	Pages.
L'armée russe	52
La taupe et le moineau.	54
La vision	56
La meilleure part.	58
Le plan de l'Italie.	60
Le triomphe... de la logique.	62
De vraies Françaises	64
La guerre des peuples	67
La consolation des mères	69
Le sonneur ne peut suivre la procession.	72
Ils continueront... Avec quoi ?	74
La discipline	76
Le Rhin « marche » de l'Occident . . .	78
Le champ d'Annibal	80
Aix-la-Chapelle, capitale des Gaules .	82
Il faut que l'Allemand nous bénisse .	84
L'idéal nous poursuit	86
Gloire aux vainqueurs !	88
L'ouvrage Blanleuil en Argonne	90
Ce qu'on entend en chemin de fer. . . .	92
Les conditions de la lutte en Argonne .	94
L'art de la guerre.	96
La poutre et la paille	98
Causerie diplomatique	101
Ils sont incorrigibles.	103
Le destin entraîne les nations	105
Le 23 juillet 1914	107
Les permissionnaires.	109
La discipline chez les Alliés	111
Les neutres	112
La victoire du 27 juillet	115
Un grand directeur d'artillerie . . .	117
L'or et les munitions.	119
Le 1er août	121
La brume, les perdrix et la pipe. . .	124
La tempête	126
Le 4 août	129
Les chats, l'alouette et le rossignol.	131
Nous avons le temps.	133

TABLE DES MATIÈRES

	Pages.
Le principe de Guibert.	136
L'invasion par la Belgique.	138
Le serment de l'Empereur.	140
Le 12 août 1914.	143
La première quinzaine d'août.	145
Le soldat français.	147
L'artillerie française.	149
« Rien de nouveau. »	151
La guerre industrielle.	153
L'entrée en Belgique.	155
Le 22 août.	158
Coriolan.	161
23, 24, 25 août.	163
La fourmilière.	166
Dialogue sur la plage.	168
La Meuse et la Vistule.	170
31 août.	172
Rappelons-nous la victoire de Riga.	174
Le 2 septembre.	177
Longwy.	179
Les nuits de la Marne.	182
La retraite.	184
La bataille de la Marne.	186
Le ravitaillement pendant la bataille.	189
Les journées de la Marne.	191
La bataille de la Marne.	194
Honneur et profit.	196
Le Service de santé.	199
Le 13 septembre.	201
La poudre.	203
La guerre absolue.	206
Quintus Fabius Maximus.	208
A E I O U.	210
L'Empire allemand.	213
Le général de Courcy à Kars.	215
Notre guerre commence.	217
Sébastopol.	220
L'utilité des places fortes.	222
D'où vient la barbarie allemande?	224

	Pages.
Pélissier	226
Canonniers à vos pièces!	228
Fin septembre 1914. L'arrêt	230
Les communiqués du 26	233
Causerie diplomatique	235
Gouraud, Marchand	238
La fortune pour les Alliés	240
Les traditions françaises et anglaises	242
Le sens de la mort	245
Le sens de la vie	247
XIIIe et XXe siècles	249
La guerre chronique	251
Les mutilés	253
La poursuite	255
En Orient	257
« La Carrière »	259
Affaires étrangères	261
La bataille des Flandres	263
L'autre guerre	266
« Les animaux malades de la peste »	268
La fête des Morts	270
Le nouveau ministère	272
Les faux dieux	274
La chute des feuilles	277
Dixmude	279
Les roitelets	282
Quelques réflexions	284
Théorie et pratique	286
Le casque	288
La cavalerie	291
Pédantisme et fantaisie	293
L'odyssée d'une route	295
Sommes-nous à la suite ?	298
La lutte à outrance	300
La cavalerie après la Marne	302
L'énigme balkanique	304
L'or et le sang	306
Frédéric II et Guillaume II	308
Villehardouin	311

TABLE DES MATIÈRES

	Pages.
Ambassadeurs extraordinaires	313
Notre diplomate en Orient	315
Mayence	317
Cologne-Coblentz	319
Sainte-Barbe	321
Frédéric II et la paix	332
Les buts de la guerre	325
Les morts qui parlent	328
La guerre de Sécession	330
La Kultur	323
Toujours le temps	334
Croyez et espérez	336
La situation	338
Où est la solution ?	341
Leur dépérissement	343
Attendons le printemps	345
Quand ils ne pourront plus réparer leurs pertes	348
« Economie des forces dans le temps »	350
Messe de minuit sur le front	352
Quand leurs effectifs fondront	354
Où se portera leur suprême effort ?	356
Leur seul objectif	357
Mauvaise humeur	359
Expédients frivoles	361
Vers de terre et escargots	363
Prenez garde aux reptiles	365
Le soldat et l'emprunt	367
Les généraux de la Révolution	369
Les hommes, les marks et les cochons	371
L'année 1916	373
1er août 1916	375

4176. — Tours, imprimerie E. ARRAULT et Cie

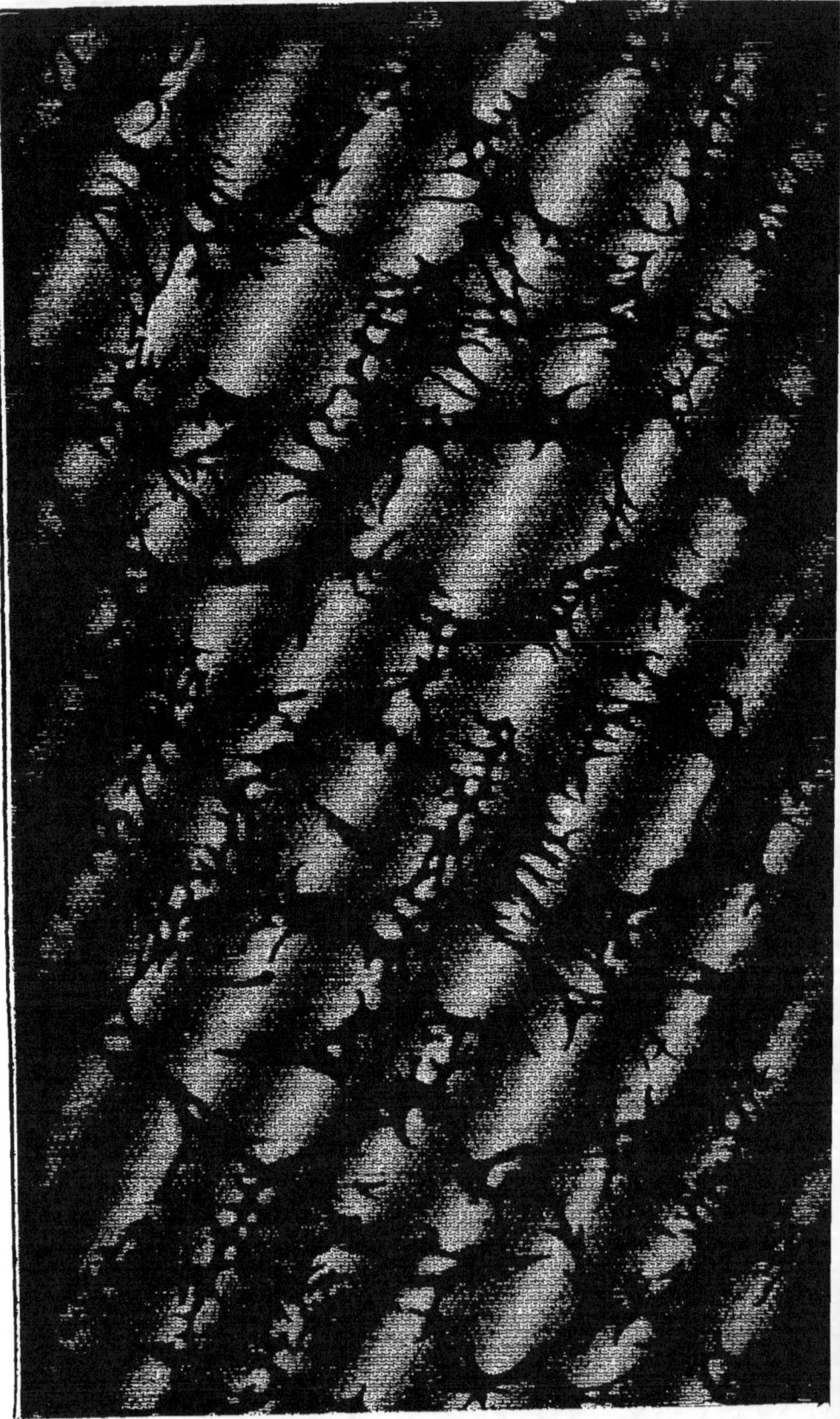